Müge Durmuş

ALMANCADA FİİL ÇEKİMLERİ VE KULLANILIŞLARI

VERBKONJUGATION IN DER DEUTSCHEN SPRACHE UND DEREN ANWENDUNG

FONO
ÖZEL EĞİTİM KURUMLARI

FONO YAYINLARI : 438
GRAMER KİTAPLARI DİZİSİ

Kapak tasarımı : Ülkü GEZER
Sayfa tasarımı : M. Aydan TAŞKIRAN
Dizgi : Gökhan MUTLU
Kapak baskı : Begüm Ofset
Baskı ve Cilt : Ayhan Matbaa
Basım tarihi : Ocak 2011

ISBN : **978 975 471 419 7**
Yayıncı Sertifika No: **11627**

FONO ÖZEL EĞİTİM KURUMLARI VE YAYIN DAĞITIM SAN. VE TİC. LTD. ŞTİ.
Ambarlı, Beysan Sitesi Birlik Cad. No:32 Avcılar-İstanbul
Tel: 0212 422 77 60 Faks: 0212 422 29 01
fono@fono.com.tr
www.fono.com.tr

ALMANCADA
FİİL ÇEKİMLERİ
VE KULLANILIŞLARI

Hazırlayan:
M. Aydan TAŞKIRAN

VORWORT / ÖNSÖZ

Yazılı ve sözlü anlatımda, ya da algılandığı varsayılan duygu ve bir hareket, bir iş, bir oluş ya da durumun bildirilmesinde ya da duygu ve düşüncelerin ifade edilmesinde kullanılan fiil, her dilin en önemli ögesidir. Bir cümlenin fiilini doğru kullandığımız takdirde cümlemiz yarı yarıya kurulmuş olur. Bu sebepten fiil çekimlerini çok iyi bilmemiz gerekir.

Almancada bir fiilin yalnızca anlamını bilmek, onu doğru olarak kullanmaya yetmez. Bunun yanı sıra fiilin sahip olduğu yapısal ve karakteristik özelliklerin de tam olarak bilinmesi gerekir. Bir fiilin tek başına kullanıldığında sahip olduğu anlam, cümle içinde bir başka bağlamda kullanıldığında farklı anlam taşıyabilir. Özellikle de deyim içinde kullanılan fiillerin ne kadar değişik anlamlara dönüştüğünü, verilen örneklerden kolaylıkla görebiliriz.

Biz bu kitapta, Alman dilinde sıkça kullanılan 100 düzenli ve düzensiz fiil çekimini, bu fiillerle kurulmuş örnek cümleleri, fiillerin cümle içinde deyim olarak kullanılışını, fiillerin aldıkları (ayrılabilen ya da ayrılamayan) farklı ön eklerle türetilen şekillerini, değişen anlamlarını ve son olarak da bu fiillerle yapılan emir kiplerini Türkçe karşılıklarıyla ve telaffuzlarıyla bilgilerinize sunuyoruz.

Bu suretle Almancayı okulda veya kendi kendine öğrenmekte olanlara, yapılarına göre farklı özellikler taşıyan fiilleri çekimleme ve kolaylıkla öğrenme olanağı sağlanmaktadır. Pratik öneriler ve kolay yöntemlerin gösterildiği bu fiil tabloları kitabı, Almancayı öğrenenlerin ve fiil çekimi konularında kaynak arayacakların devamlı izleyebilecekleri çok yararlı bir öğretim kitabı niteliği taşımaktadır.

FONO

INHALTSVERZEICHNIS / İÇİNDEKİLER

Vorwort / Önsöz 5
Inhaltsverzeichnis / İçindekiler 6
Das Verb / Fiil Nedir? 7
Konjugation / Fiil Çekimi 7
Analyse nach Kategorien / Kategorilere Göre İnceleme 8
Die Gruppen der Verben / Fiil Grupları 8
Bedeutungsgruppen / Anlam Grupları_ 8
Vollverben, Hilfsverben / Tam Fiiller, Yardımcı Fiiller_ 9
Vollverben / Tam Fiiller_ 9
Hilfsverben / Yardımcı Fiiller_ 9
Indikativ / Haber Kipi_ 13
Konjugation im Indikativ / Haber Kipindeki Çekimler_ 13
Konjunktiv / Dilek Kipi 15
Konjugation im Konjunktiv / Dilek Kipindeki Çekimler_ 15
Imperativ / Emir Kipi_ 17
Imperativ Singular / Tekil Emir Kipi_ 18
Imperativ Plural / Çoğul Emir Kipi_ 18
Imperativ - Höflichkeitsform / Nazik Çağrı Şekli_ 19
Sätze im Imperativ / Emir Kipi İle Yapılan Cümleler_ 19
Verbtabellen-Beispielsverben / Fiil Tabloları-Örnek Fiiller_ 20-39
Verbtabellen von A bis Z / A'dan Z'ye Kadar Fiil Tabloları_ 40-219
Unregelmäßige Verben / Düzensiz Fiiller Listesi_ 221-225
Konjunktiv I und II der unregelmäßige Verben /
Düzensiz Fiillerin Konjunktiv I ve Konjunktiv II Şekilleri_ 226-230
Verbtabellen in der alphabetischen Reihenfolge /
Alfabetik Fiil Tablosu_ 231-236

DAS VERB / FİİL NEDİR?

Gehen-gitmek, **kommen**-gelmek, **schreiben**-yazmak, **lesen**-okumak, **lachen**-gülmek, **sterben**-ölmek, **singen**-şarkı söylemek gibi sözcüklere fiil denir.

Fiiller, bir şahıs ya da bir cismin ne yaptığını, ne durumda olduğunu ya da kendisine ne yapıldığını belirten sözcüklerdir. Başka bir deyişle fiiller bir hareket, oluş ve durum bildirirler. Fiiller çeşitli şekillerde çekimlenir ve çeşitli zamanları dile getirir. Fiillerle cümlenin yüklemi meydana getirilir.

Ich schreibe einen Brief. Bir mektup yazıyorum.
Gestern gingen wir ins Kino. Dün sinemaya gittik.
Niemand hat dem armen Mann geholfen. Fakir adama hiç kimse yardım etmedi.
Geh jetzt! Git şimdi!

Örneklerde gördüğümüz, **schreibe, gingen, hat ... geholfen, geh** sözcükleri çeşitli biçimlerde, hallerde kullanılmış fiillerdir ve içinde bulundukları cümlenin yüklemini meydana getirmektedirler.

Fiillerin zaman, şahıs, çatı vs. gibi ölçülere göre biçimlerinde meydana gelen değişime "çekim" anlamına gelen **Konjugation** [konyugatsyon] denir. Fiillerin köklerine çeşitli takılar alarak ya da köklerinin değişmesiyle biçim değiştirmeleri "çekimlenme" olarak adlandırılır.

DIE KONJUGATION / FİİL ÇEKİMİ

Almancada fiiller şu durumlara göre çekimlenir:

- **Person** / Fiilin birlikte kullanıldığı şahıs: 1.,2.,3. **Person**-Şahıs.

- **Numerus** / Fiilin tekil ya da çoğul halde olması: **Singular**-Tekil / **Plural**-Çoğul.

- **Tempus** / Fiilin zamanı: **Präsens**-Şimdiki zaman, **Präteritum**-Şimdiki zamanın Hikayesi, **Perfekt**-Di'li geçmiş zaman, **Plusquamperfekt**-Miş'li geçmiş zaman, **Futur I** - Gelecek zaman, **Futur II** - Gelecekte bitmiş zaman.

- **Modus** / Fiilin kipi: **Indikativ**- Bildirme kipi, **Konjunktiv**-Dilek kipi, **Imperativ**-Emir kipi.

- **Genus** / Fiilin çatısı: **Aktiv**-Etken (aktif), **Passiv**-Edilgen (pasif).

Analyse nach Kategorien / Kategorilere Göre İnceleme

Düzgün bir Almanca cümlenin fiilinin dilbilgisi açısından incelenmesi gerektiğinde fiile bu beş grup açısından yaklaşmak ve kullanılan şekli taşıdığı beş ayrı özelliği ile açıklamak gerekir.

Timo geht heute ins Kino. Timo bugün sinemaya gidiyor...

şeklindeki bir cümlede bulunan **geht** şeklindeki fiilin böyle bir tahlili şu sonuçları verecektir:

Person / Şahıs	: **3. Person** / 3. Şahıs
Numerus / Tekil ya da çoğul hal	: **Singular** / Tekil
Modus / Kip	: **Indikativ** / Bildirme Kipi
Tempus / Zaman	: **Präsens** / Şimdiki zaman
Genus / Çatı	: **Aktiv** / Etken çatı

DIE GRUPPEN DER VERBEN / FİİL GRUPLARI

Fiiller anlamlarına ve dilbilgisi kurallarına göre kullanılış şekilleri bakımından çeşitli gruplara ayrılır.

BEDEUTUNGSGRUPPEN / ANLAM GRUPLARI

Fiilleri anlamlarına göre üç genel grupta toplamak mümkündür:

* **Handlungsverben** / Eylem, faaliyet gösteren fiiller
* **Vorgangsverben** / Olay, değişim gösteren fiiller
* **Zustandsverben** / Durum gösteren fiiller

Eylem, faaliyet gösteren fiiller, bir kimsenin herhangi bir eylemi, işi yaptığını dile getirir ve cümlenin öznesinin bir faaliyeti, hareketi gerçekleştirmesini belirtir.

spielen	oynamak
gehen	gitmek

fiilleri bu gruptandır. Almancadaki fiillerin çok büyük bir bölümü bu gruptan sayılır.

Olay, değişim gösteren fiiller öznenin bünyesinde cereyan eden bir olay ya da değişimi anlatır:

fallen	düşmek
erfrieren	donmak

fiilleri bu grubun tipik örnekleridir.

Durum gösteren fiiller ise, bir hareketten çok, içinde bulunulan durumu ifade ettikleri için hareketsizlik anlamı içerirler:

stehen	durmak (dik olarak)
liegen	durmak (yatık olarak)

VOLLVERBEN, HILFSVERBEN / TAM FİİLLER, YARDIMCI FİİLLER

Biz bu kitabımızda fiillerin zamanlara göre çekimlenmesi (**Tempus-Die Tempora**) ile fiil tablolarını ve fiillerin kullanılışını göreceğiz.

Fiiller, dilbilgisi kurallarına göre kullanılışları açısından iki ana gruba ayrılır: Tam fiiller ve yardımcı fiiller. Bu iki gruptan yardımcı fiiller kendi içlerinde de gruplara ayrılabilir. Biz kitabımızda bu iki fiil şekli ile ilgili tanımlarımızı yaptıktan sonra, öncelikle yardımcı fiilleri kısaca ele alacak, arkasından da tam fiilleri zamanlarıyla ve örnekleriyle birlikte işleyeceğiz.

VOLLVERBEN / TAM FİİLLER

Tam fiiller, kesin sözlük anlamı bulunan ve cümle içinde tek başlarına kullanılarak yüklemi meydana getirebilen fiillerdir. Çok az sayıdaki yardımcı fiilin dışında kalan bütün fiiller tam fiildir.

Katrin bekommt einen Brief.	Katrin bir mektup alıyor.
Wir gehen heute ins Kino.	Bugün sinemaya gidiyoruz.
Die Kinder spielen im Garten.	Çocuklar bahçede oynuyor.

Yukarıdaki örnek cümlelerdeki fiillerin hepsi tam fiildir. Bunlar görüldüğü gibi tek başlarına cümlenin yüklemini oluşturmaktadır.

HILFSVERBEN / YARDIMCI FİİLLER

Almancada normal yardımcı fiil olarak aslında üç fiil mevcuttur: **Haben, sein, werden**. Bu üç fiilin dışında **Modalverb** denen "kip belirteci" görevindeki yardımcı fiiller de bir alt grubu meydana getirir. Kip belirteci fiiller grubunu da fiil tablolarında inceleyeceğiz.

Yardımcı fiillerin çeşitli görevleri vardır. Bu görevlere göre de çeşitli özellikleri mevcuttur. Ancak gerek üç normal yardımcı fiilin gerekse kip belirteci durumundaki yardımcı fiillerin temel ve değişmez özelliği, adlarından da belli olduğu gibi, cümle içinde ya da herhangi bir yerde tek başlarına kullanılmamalarıdır. Tüm yardımcı fiiller mutlaka başka bir tam fiille kullanılmak zorundadır.

Yardımcı fiillerin temel görevi, birlikte kullanıldıkları tam fiillerin anlamlarını değiştirmek ya da di'li geçmiş zaman, miş'li geçmiş zaman gibi zamanların meydana getirilmesini sağlamaktır. Bu görevleri nedeniyle doğrudan Türkçeye çevrilmeleri imkânsızdır.

Normal yardımcı fiil olarak nitelendirdiğimiz

haben
sein
werden

fiilleri sadece **Präteritum (Imperfekt), Perfekt** ve **Plusquamperfekt** denen geçmiş zamanları ve **Futur** denen gelecek zamanları ya da **Passiv** olarak adlandırılan edilgen çatıyı meydana getirmek için kullanılır. Bu görevi yerine getirirken de daima cümlenin asıl yüklemi olan bir tam fiil ile birlikte kullanılırlar.

Geçmiş zamanları, gelecek zamanları ve edilgen çatıyı ileride incelerken bu üç yardımcı fiili sık sık kullanacağız. Bu konuları tam olarak anlayabilmek ve yanlışsız kullanabilmek için bu üç fiilin de şahıslara göre değişimini, yani çekimini çok iyi öğrenmek gerekir.

haben yardımcı fiilinin çekimi:

Şahıslar		Präsens	Präteritum	Perfekt
Tekil 1. Şahıs / ben	**ich**	**habe**	**hatte**	**habe ... ..gehabt**
Tekil 2. Şahıs / sen	**du**	**hast**	**hattest**	**hast ... ...gehabt**
Tekil 3. Şahıs / o	**er**	**hat**	**hatte**	**hat ... .gehabt**
Tekil 3. Şahıs / o	**sie**	**hat**	**hatte**	**hat ... .gehabt**
Tekil 3. Şahıs / o	**es**	**hat**	**hatte**	**hat ....gehabt**
Çoğul 1. Şahıs / biz	**wir**	**haben**	**hatten**	**haben ... gehabt**
Çoğul 2. Şahıs / siz	**ihr**	**habt**	**hattet**	**habt ... ...gehabt**
Çoğul 3. Şahıs / onlar	**sie**	**haben**	**hatten**	**haben ... gehabt**
Nazik hitap (2. Şahıs / siz)	**Sie**	**haben**	**hatten**	**haben ... gehabt**

sein yardımcı fiilinin çekimi:

Şahıslar		Präsens	Präteritum	Perfekt
Tekil 1. Şahıs / ben	**ich**	**bin**	**war**	**bin … ..gewesen**
Tekil 2. Şahıs / sen	**du**	**bist**	**warst**	**bist …. gewesen**
Tekil 3. Şahıs / o	**er**	**ist**	**war**	**ist … …gewesen**
Tekil 3. Şahıs / o	**sie**	**ist**	**war**	**ist …... gewesen**
Tekil 3. Şahıs / o	**es**	**ist**	**war**	**ist … ...gewesen**
Çoğul 1. Şahıs / biz	**wir**	**sind**	**waren**	**sind ... gewesen**
Çoğul 2. Şahıs / siz	**ihr**	**seid**	**wart**	**seid ... gewesen**
Çoğul 3. Şahıs / onlar	**sie**	**sind**	**waren**	**sind ... gewesen**
Nazik hitap (2. Şahıs / siz)	**Sie**	**sind**	**waren**	**sind ... gewesen**

werden yardımcı fiilinin çekimi:

Şahıslar		Präsens	Präteritum	Perfekt
Tekil 1. Şahıs / ben	**ich**	**werde**	**wurde**	**bin …. geworden**
Tekil 2. Şahıs / sen	**du**	**wirst**	**wurdest**	**bist….. geworden**
Tekil 3. Şahıs / o	**er**	**wird**	**wurde**	**ist ….. geworden**
Tekil 3. Şahıs / o	**sie**	**wird**	**wurde**	**ist ….. geworden**
Tekil 3. Şahıs / o	**es**	**wird**	**wurde**	**ist … .. geworden**
Çoğul 1. Şahıs / biz	**wir**	**werden**	**wurden**	**sind ... geworden**
Çoğul 2. Şahıs / siz	**ihr**	**werdet**	**wurdet**	**seid ... geworden**
Çoğul 3. Şahıs / onlar	**sie**	**werden**	**wurden**	**sind ... geworden**
Nazik hitap (2. Şahıs / siz)	**Sie**	**werden**	**wurden**	**sind ... geworden**

Haben, sein ve **werden** yardımcı fiillerini, gerek fiillerin zamanlarını ve bu zamanlardaki çekimlerini incelerken ve gerekse zamanları tamamladıktan sonra tüm yardımcı fiilleri topluca bir kere daha ele alırken ayrıntılarıyla birlikte göreceğiz.

Yukarıda bu üç yardımcı fiilin şimdiki zaman **(Präsens)** ile iki geçmiş zamandaki **(Präteritum** ve **Perfekt)** çekimlerini kısaca vermemizin nedeni önümüzdeki sayfalarda, zamanlarla ilgili vereceğimiz bilgileri kolaylıkla izleyebilmeniz içindir.

Perfekt ile **Plusquamperfekt** olarak adlandırılan geçmiş zamanlar ile **Futur I** ve **Futur II** olarak adlandırılan gelecek zamanlar bu üç yardımcı fiil kullanılarak yapılmaktadır. Dolayısıyla bu zamanları incelemeden önce bu yardımcı fiillerin çekimini iyice öğrenmenizde yarar vardır.

Zamanların oluşturulmasında bu üç yardımcı fiilden hangisinin ve hangi şeklinin kullanılacağı şöyle özetlenebilir:

Yapılacak zaman	Kullanılan yardımcı fiil	Yardımcı fiilin bulunması gereken zaman
Präsens	Yardımcı fiile gerek yoktur.	
Präteritum (Imperfekt)	Yardımcı fiile gerek yoktur.	
Perfekt	**haben, sein**	**Präsens** şekli
Plusquamperfekt	**haben, sein**	**Präteritum** şekli
Futur I	**werden**	**Präsens** şekli
Futur II	**werden**	**Präsens** şekli

Biz bu kitabımızda, fiillerin zamanlara göre çekimlenmesini görecek, Almancada kullanımını yani **Indikativ** (Haber kipi) ve **Konjunktiv** (Dilek kipi) şeklinde inceleyecek, örneklerini de bu iki kiple oluşturacağız.

Kitabımızda fiil tablolarında sadece 1. tekil şahısta Türkçe okunuş ve anlamı örnek olarak verilmiştir. Ancak şimdi düzenli bir fiil olan "**sagen**-söylemek" fiili ile her bir zamanı ayrı ayrı ele alarak okunuşları ve Türkçe karşılıklarıyla örnekleyelim. Böylece kitabımızda yer alan Almancada sık kullanılan 100 fiil için de bu yöntemi kullanarak Türkçeleştirmemiz mümkün olacaktır.

INDIKATIV-HABER KİPİ

Indikativ - Haber kipindeki çekimler:

Präsens - Şimdiki Zaman

Fiil çekimi	Okunuşu	Türkçesi
ich sage	[**ih** za:gı]	(ben söylüyorum)
du sagst	[du za:kst]	(sen söylüyorsun)
er, sie, es sagt	[**e:r,** zi:, es za:kt]	(o söylüyor)
wir sagen	[vi:**r** za:gın]	(biz söylüyoruz)
ihr sagt	[i:**r** za:kt]	(siz söylüyorsunuz)
sie sagen	[zi: za:gın]	(onlar söylüyor)
Sie sagen	[zi: za:gın]	(siz söylüyorsunuz)

Präteritum - Şimdiki Zamanın Hikayesi

Fiil çekimi	Okunuşu	Türkçesi
ich sagte	[**ih** za:ktı]	(ben söyledim)
du sagtest	[du za:ktest]	(sen söyledin)
er, sie, es sagte	[**e:r**, zi:, es za:ktı]	(o söyledi)
wir sagten	[vi:**r** za:ktın]	(biz söyledik)
ihr sagtet	[i:**r** za:ktıt]	(siz söylediniz)
sie sagten	[zi: za:ktın]	(onlar söyledi)
Sie sagten	[zi: za:ktın]	(siz söylediniz)

Perfekt - Di'li Geçmiş Zaman

Fiil çekimi	Okunuşu	Türkçesi
ich habe gesagt	[**ih** ha:bı gıza:kt]	(ben söyledim)
du hast gesagt	[du hast gıza:kt]	(sen söyledin)
er, sie, es hat gesagt	[**e:r**, zi:, es hat gıza:kt]	(o söyledi)
wir haben gesagt	[vi:**r** ha:bın gıza:kt]	(biz söyledik)
ihr habt gesagt	[i:**r** hapt gıza:kt]	(siz söylediniz)
sie haben gesagt	[zi: ha:bın gıza:kt]	(onlar söyledi)
Sie haben gesagt	[zi: ha:bın gıza:kt]	(siz söylediniz)

Plusquamperfekt - Miş'li Geçmiş Zaman

Fiil çekimi	Okunuşu	Türkçesi
ich hatte gesagt	[ih ha:tı gıza:kt]	(ben söylemiştim)
du hattest gesagt	[du hatest gıza:kt]	(sen söylemiştin)
er, sie, es hatte gesagt	[e:r, zi:, es hatı gıza:kt]	(o söylemişti)
wir hatten gesagt	[vi:r ha:tın gıza:kt]	(biz söylemiştik)
ihr hattet gesagt	[i:r hatıt gıza:kt]	(siz söylemiştiniz)
sie hatten gesagt	[zi: ha:tın gıza:kt]	(onlar söylemişti)
Sie hatten gesagt	[zi: ha:tın gıza:kt]	(siz söylemiştiniz)

Futur I - Gelecek Zaman

Fiil çekimi	Okunuşu	Türkçesi
ich werde sagen	[ih ve:rdı za:gın]	(ben söyleyeceğim)
du wirst sagen	[du virst za:gın]	(sen söyleyeceksin)
er, sie, es wird sagen	[e:r, zi:, es virt za:gın]	(o söyleyecek)
wir werden sagen	[vi:r ve:rdın za:gın]	(biz söyleyeceğiz)
ihr werdet sagen	[i:r ve:rdıt za:gın]	(siz söyleyeceksiniz)
sie werden sagen	[zi: ve:rdın za:gın]	(onlar söyleyecek)
Sie werden sagen	[zi: ve:rdın za:gın]	(siz söyleyeceksiniz)

Futur II - Gelecekte Bitmiş Zaman

Fiil çekimi	Okunuşu	Türkçesi
ich werde gesagt haben	[ih ve:rdı gıza:kt ha:bın]	(ben söylemiş olacağım)
du wirst gesagt haben	[du virst gıza:kt ha:bın]	(sen söylemiş olacaksın)
er, sie, es wird gesagt haben	[e:r, zi:, es virt gıza:kt ha:bın]	(o söylemiş olacak)
wir werden gesagt haben	[vi:r ve:rdın gıza:kt ha:bın]	(biz söylemiş olacağız)
ihr werdet gesagt haben	[i:r ve:rdıt gıza:kt ha:bın]	(siz söylemiş olacaksınız)
sie werden gesagt haben	[zi: ve:rdın gıza:kt ha:bın]	(onlar söylemiş olacak)
Sie werden gesagt haben	[zi: ve:rdın gıza:kt ha:bın]	(siz söylemiş olacaksınız)

KONJUNKTIV - DİLEK KİPİ

Şimdi de **Konjunktiv-**Dilek kipindeki zamanlara bakalım. Ancak daha önce, Türkçeleştirmesi sözcüğü sözcüğüne mümkün olmayan ve ille de aynı yer ve anlamlarda kullanılmayan **Konjunktiv-**Dilek kipindeki zamanların Almanca dilinde kullanıldığı yerlere kısaca bir gözatmakta yarar görüyoruz.

Konjunktiv I, 3. kişinin ağzından anlatılanları yani dolaylı anlatımı ifade eder.

Örneğin, konuşan 3. kişi bir şey anlatıyor;

Sie sagte mir, dass sie nicht kommen werde. O, bana gelmeyeceğini söyledi.
Sie hat mir gesagt, sie sei krank. O, bana hasta olduğunu söyledi.

Görüldüğü gibi konuşan kişi, söylenilenin doğru olup olmadığından emin değil (ayrıca söylenilen doğru da olabilir).

Konjunktiv II ise, kişinin aklından geçirdiği (düşündüğü), ancak gerçek olmayan bir şeyi ifade eder. Aşağıda örneklerde görülen iki şekilde de yapılır. Birincisi "**werden**" fiilinin **Konjuktiv II**'deki hali olan "**würde**" + **Infinitiv** yani fiilin mastar hali. İkincisi fiilinin **Konjuktiv II**'deki hali. Biz tablolarımızda ikinci örnek formu kullanacağız.

Wenn ich Geld hätte, würde ich eine Weltreise machen.
Param olsaydı bir dünya seyahati yapardım.
Wenn er diese Frau geheiratet hätte, wäre er nicht glücklich geworden.
Bu kadınla evlenseydi, mutlu olamazdı.

Konjunktiv-Dilek kipindeki çekimler:

Konjunktiv I

Fiil çekimi	Okunuşu	Türkçesi
ich sage	[**ih** za:gı]	(ben söylerim)
du sagest	[du za:gest]	(sen söylersin)
er, sie, es sage	[**e:r**, zi:, es za:gı]	(o söyler)
wir sagen	[vi:**r** za:gın]	(biz söyleriz)
ihr saget	[i:**r** za:get]	(siz söylersiniz)
sie sagen	[zi: za:gın]	(onlar söyler)
Sie sagen	[zi: za:gın]	(siz söylersiniz)

Konjunktiv II

Fiil çekimi	Okunuşu	Türkçesi
ich sagte	[ih za:ktı]	(ben söylerdim)
du sagtest	[du za:ktest]	(sen söylerdin)
er, sie, es sagte	[e:r, zi:, es za:ktı]	(o söylerdi)
wir sagten	[vi:r za:ktın]	(biz söylerdik)
ihr sagtet	[i:r za:ktıt]	(siz söylerdiniz)
sie sagten	[zi: za:ktın]	(onlar söylerdi)
Sie sagten	[zi: za:ktın]	(siz söylerdiniz)

Perfekt - Di'li Geçmiş Zaman

Fiil çekimi	Okunuşu	Türkçesi
ich habe gesagt	[ih ha:bı gıza:kt]	(ben söylemişim)
du habest gesagt	[du ha:best gıza:kt]	(sen söylemişsin)
er, sie, es habe gesagt	[e:r, zi:, es ha:bı gıza:kt]	(o söylemiş)
wir haben gesagt	[vi:r ha:bın gıza:kt]	(biz söylemişiz)
ihr habet gesagt	[i:r ha:bet gıza:kt]	(siz söylemişsiniz)
sie haben gesagt	[zi: ha:bın gıza:kt]	(onlar söylemiş)
Sie haben gesagt	[zi: ha:bın gıza:kt]	(siz söylemişsiniz)

Plusquamperfekt - Miş'li Geçmiş Zaman

Fiil çekimi	Okunuşu	Türkçesi
ich hätte gesagt	[ih he:tı gıza:kt]	(ben söylemiş olsaydım)
du hättest gesagt	[du hetest gıza:kt]	(sen söylemiş olsaydın)
er, sie, es hätte gesagt	[e:r, zi:, es hetı gıza:kt]	(o söylemiş olsaydı)
wir hätten gesagt	[vi:r he:tın gıza:kt]	(biz söylemiş olsaydık)
ihr hättet gesagt	[i:r hetıt gıza:kt]	(siz söylemiş olsaydınız)
sie hätten gesagt	[zi: he:tın gıza:kt]	(onlar söylemiş olsaydı)
Sie hätten gesagt	[zi: he:tın gıza:kt]	(siz söylemiş olsaydınız)

Futur I - Gelecek Zaman

Fiil çekimi	Okunuşu	Türkçesi
ich werde sagen	[ih ve:rdı za:gın]	(ben söyleyecekmişim)
du werdest sagen	[du ve:rdest za:gın]	(sen söyleyecekmişsin)
er, sie, es werde sagen	[e:r, zi:, es ve:rdı za:gın]	(o söyleyecekmiş)
wir werden sagen	[vi:r ve:rdın za:gın]	(biz söyleyecekmişiz)
ihr werdet sagen	[i:r ve:rdet za:gın]	(siz söyleyecekmişsiniz)
sie werden sagen	[zi: ve:rdın za:gın]	(onlar söyleyecekmiş)
Sie werden sagen	[zi: ve:rdın za:gın]	(siz söyleyecekmişsiniz)

Futur II - Gelecekte Bitmiş Zaman

Fiil çekimi	Okunuşu	Türkçesi
ich werde gesagt haben	[ih ve:rdı gıza:kt ha:bın]	(ben söylemiş olacaktım)
du werdest gesagt haben	[du ve:rdest gıza:kt ha:bın]	(sen söylemiş olacaktın)
er, sie, es werde gesagt haben	[e:r, zi:, es ve:rdı gıza:kt ha:bın]	(o söylemiş olacaktı)
wir werden gesagt haben	[vi:r ve:rdın gıza:kt ha:bın]	(biz söylemiş olacaktık)
ihr werdet gesagt haben	[i:r ve:rdıt gıza:kt ha:bın]	(siz söylemiş olacaktınız)
sie werden gesagt haben	[zi: ve:rdın gıza:kt ha:bın]	(onlar söylemiş olacaktı)
Sie werden gesagt haben	[zi: ve:rdın gıza:kt ha:bın]	(siz söylemiş olacaksınız)

DER IMPERATIV / EMİR KİPİ

Açıklamalarımıza son olarak da “Fiil Tablolarımızda” yer verdiğimiz Emir kiplerine kısaca değinelim. Emir kipi, bir çağrıyı bir ya da birden fazla şahsa yöneltmek için kullanılır. Bu çağrı bir emir, bir dilek, bir arzu ya da benzeri bir istek olabilir.

Bir emir ya da istek en fazla üç şekilde ifade edilebildiği için **Imperativ**'in de sadece üç şekli mevcuttur. Ancak biz Almancada kullanımı olduğundan dolayı fiil tablolarımızda **Imperativ**'in **“wir-**biz” şekline de yer vereceğiz.

Tablolarımızda bazı fiillerin emir kiplerinin olmadığını göreceğiz. Almancada **gebraucht werden-** kullanılmak gibi pasif fiilerde, **wollen -** istemek, **sollen -** gerekli gibi yardımcı fiillerde **Imperativ** – emir şekli olmadığından, bu fiillerin tablolardaki yerleri boş bırakılmıştır.

1. Imperativ Singular-Tekil Emir Kipi

"Gel, git, getir, götür, kapa" gibi tek bir şahsa yapılan çağrı fiilin köküne **–e** takısı eklenerek meydana getirilir. Bu birinci Emir şekline **Imperativ Singular** / Tekil Emir Kipi denir.

Das Verb / Fiil	**Imperativ Singular**
bringen-getirmek	**Bringe!-**Getir!
gehen-gitmek	**Gehe!-**Git!
kommen-gelmek	**Komme!-**Gel!

Fiilin köküne eklenen **-e** takısı genellikle günlük konuşmalarda kullanılmaz ve bu durumda tekil emir kipinde fiilin kökü tek başına kullanılmış olur.

Bringe!	**Bring!**
Gehe!	**Geh!**
Komme!	**Komm!**

Ancak fiil kökünün **-d, -t, -m, -n** harfleri ya da **-eln** ya da **-ern** harfleriyle bitmesi halinde köke mutlaka **-e** eklenmesi gerekir.

binden-bağlamak	**Binde!-**Bağla!
arbeiten-çalışmak	**Arbeite!-**Çalış!
atmen-nefes almak	**Atme!-**Nefes al!

Düzensiz fiillerden kökleri **Präsens**'te üçüncü tekil şahısta (**er, sie, es**) değişenler, emir kipinin de tekilini bu değişmiş kökle meydana getirirler ve bunların bu değişen köklerinin sonuna **-e** harfi eklenmez.

lesen - okumak	**Lies! -** Oku!
essen - yemek	**Iss! -** Ye!
geben - vermek	**Gib! -** Ver!

2. **Imperativ Plural-** Çoğul Emir Kipi

Emir ya da istek bildirimi birden fazla şahsa ya da bir gruba da yapılabilir. Bu durumda yukarıdaki örnekten farklı bir emir kipi kullanılır. **Imperativ Plural** olarak da adlandırılan bu şekil fiilin köküne **-t** ya da **-et** eklenerek elde edilir. Emir kipinin bu çoğul şekli **Präsens** / Şimdiki zaman'daki ikinci çoğul şahıs (**ihr**) için olan çekimin aynısıdır.

Fiil	**Imperativ Plural**
gehen	**Geht!** - Gidin!
kommen	**Kommt-** Gelin!
arbeiten	**Arbeitet!** - Çalışın!

3. **Imperativ / Höflichkeitsform-** Nazik çağrı şekli

Bir istek, arzu ve çağrıyı bir emirden çok bir rica şeklinde tek bir şahsa karşı "Geliniz!, Gidiniz!, Getiriniz!" gibi nazik bir şekilde de ifade etmek mümkündür. Bu durumda fiilde hiçbir değişiklik olmaz ve mastar halinde "siz" anlamına gelen ve ilk harfi cümle içinde de büyük yazılan **Sie** zamiri ile birlikte kullanılır. Bu nazik hitap şeklini **Präsens** ve diğer zamanlardan da bilmekteyiz. Emir kipinde sadece, şimdiki zamandaki nazik hitap halinde kullanılan çekim şeklinde fiil ile **Sie** zamiri yer değiştirmiş olur.

Fiil	**Imperativ / Höflichkeitsform**
kommen	**Kommen Sie!** - Geliniz!
gehen	**Gehen Sie!** - Gidiniz !
schreiben	**Schreiben Sie!** - Yazınız!

Sätze im Imperativ-Emir kipi ile yapılan cümleler

Emir kipinin üç şeklini yukarıda incelemiş olduk. Çeşitli fiiller için örnekler vermeden önce emir kipiyle ilgili önemli birkaç kuralı daha belirteceğiz. Emir kipinde cümle mutlaka fiille başlar. Fiilin başka bir yerde bulunmasına imkân yoktur. Emir ya da emir cümlesi Türkçedeki gibi mutlaka bir ünlem işaretiyle sona erer.

Emir kipi uzun cümlelerin içinde de yer alabilir. Bu durumda emir kipi için verdiğimiz bilgiler aynen geçerlidir ve emir kipinin yapısında bir değişiklik olmaz. Sadece sona cümle yapısında gerekli diğer sözcükler eklenir.

Bring mir eine Tasse Kaffee!	Bana bir fincan kahve getir!
Geht nicht ins Kino!	Sinemaya gitmeyin!
Geben Sie mir Ihren Pass, bitte!	Lütfen bana pasaportunuzu veriniz!

1 haben [ha:bın] sahip olmak, var olmak

haben [ha:bın] - **hatte** [hatı] - **hat gehabt** [hat gıhapt]

INDIKATIV — BİLDİRME KİPİ

Präsens

ich habe
[ih ha:bı]
(benim var)
du hast
er, sie, es hat
wir haben
ihr habt
sie, Sie haben

Perfekt

ich habe gehabt
[ih ha:bı gıhapt]
(benim vardı)
du hast gehabt
er, sie, es hat gehabt
wir haben gehabt
ihr habt gehabt
sie, Sie haben gehabt

Futur I

ich werde haben
[ih ve:rdı ha:bın]
(sahip olacağım)
du wirst haben
er, sie, es wird haben
wir werden haben
ihr werdet haben
sie, Sie werden haben

Präteritum

ich hatte
[ih hatı]
(benim vardı)
du hattest
er, sie, es hatte
wir hatten
ihr hattet
sie, Sie hatten

Plusquamperfekt

ich hatte gehabt
[ih hatı gıhapt]
(sahipmiştim)
du hattest gehabt
er, sie, es hatte gehabt
wir hatten gehabt
ihr hattet gehabt
sie, Sie hatten gehabt

Futur II

ich werde gehabt haben
[ih ve:rdı gıhapt ha:bın]
(sahip olmuş olacağım)
du wirst gehabt haben
er, sie, es wird gehabt haben
wir werden gehabt haben
ihr werdet gehabt haben
sie, Sie werden gehabt haben

KONJUNKTIV — DİLEK KİPİ

Konjunktiv I

ich habe
[ih ha:bı]
(sahibim)
du habest
er, sie, es habe
wir haben
ihr habet
sie, Sie haben

Perfekt

ich habe gehabt
[ih ha:bı gıhapt]
(sahipmişim)
du habest gehabt
er, sie, es habe gehabt
wir haben gehabt
ihr habet gehabt
sie, Sie haben gehabt

Futur I

ich werde haben
[ih ve:rdı ha:bın]
(sahip olacaktım)
du werdest haben
er, sie, es werde haben
wir werden haben
ihr werdet haben
sie, Sie werden haben

Konjunktiv II

ich hätte
[ih hetı]
(sahiptim)
du hättest
er, sie, es hätte
wir hätten
ihr hättet
sie, Sie hätten

Plusquamperfekt

ich hätte gehabt
[ih hetı gıhapt]
(sahip olmuş olsaydım)
du hättest gehabt
er, sie, es hätte gehabt
wir hätten gehabt
ihr hättet gehabt
sie, Sie hätten gehabt

Futur II

ich werde gehabt haben
[[ih ve:rdı gıhapt ha:bın]
(sahip olmuş olacaktım)
du werdest gehabt haben
er, sie, es werde gehabt haben
wir werden gehabt haben
ihr werdet gehabt haben
sie, Sie werden gehabt haben

Kullanım bilgisi ve örnekleri:

“Sahip olmak” anlamına gelen “**haben**” fiili, Almancada “**sein**” fiili gibi en çok kullanılan iki fiilden birisidir. Hem tam fiil hem de “**Perfekt**” yani “di’li geçmiş zaman” ve “**Plusquamperfekt**” yani “miş’li geçmiş zaman” yapılırken yardımcı fiil olarak kullanılır.

Mein Freund hat ein neues Auto.
Arkadaşımın yeni bir otomobili var. (Arkadaşım yeni bir otomobile sahiptir).

Istanbul hat 15 Millionen Einwohner.
İstanbul 15 milyon nüfusa sahiptir.

Wir haben heute keine Schule.
Bugün okulumuz yok.

Deyim şeklindeki kullanılışı:

Viel Arbeit haben. Çok işi olmak.

Noch zu haben sein. Bekâr durumda olmak, evli olmamak.

Etwas nicht haben können. Bir şeyden hoşlanmamak.

Hinter sich haben. Zor bir engeli aşmış olmak.

Lieber haben. Tercih etmek.

Kein Geld haben. Parası olmamak.

Türetilen şekilleri:

anhaben [anha:bın] üstünde olmak, giyinmiş olmak /ein neues Hemd anhaben / Er hatte einen Hut auf.

aufhaben [aufha:bın] açık olmak; (şapka) başında olmak; (gözlük) gözünde olmak

aushaben [ausha:bın] bitirmiş/kapatmış olmak; (elbise) çıkarmış olmak

innehaben [inı’ha:bın] sahip olmak, elinde bulundurmak

vorhaben [fo:r’ha:bın] niyetinde olmak, planlamak Ich habe vor, zu

zuhaben [tsu’ha:bın] kapalı olmak

Imperativ	Emir şekli
du – hab(e)!	sahip ol!
haben wir!	sahip olalım!
ihr – habt!	sahip olun!
haben Sie!	sahip olunuz!

2 sein [zayn] olmak

sein [zayn] - **war** [va:r] - **ist gewesen** [ist gıve:zın]

INDIKATIV — BİLDİRME KİPİ

Präsens	Perfekt	Futur I
ich bin	**ich bin gewesen**	**ich werde sein**
[**ih** bin]	[**ih** bin gıve:zın]	[**ih** ve:**r**dı zayn]
(ben ...im)	(oldum)	(olacağım)
du bist	**du bist gewesen**	**du wirst sein**
er, sie, es ist	**er, sie, es ist gewesen**	**er, sie, es wird sein**
wir sind	**wir sind gewesen**	**wir werden sein**
ihr seid	**ihr seid gewesen**	**ihr werdet sein**
sie, Sie sind	**sie, Sie sind gewesen**	**sie, Sie werden sein**

Präteritum	Plusquamperfekt	Futur II
ich war	**ich war gewesen**	**ich werde gewesen sein**
[**ih** va:**r**]	[**ih** va:**r** gıve:zın]	[**ih** ve:**r**dı gıve:zın zayn]
(benim idim)	(olmuştum)	(olmuş olacağım)
du warst	**du warst gewesen**	**du wirst gewesen sein**
er, sie, es war	**er, sie, es war gewesen**	**er, sie, es wird gewesen sein**
wir waren	**wir waren gewesen**	**wir werden gewesen sein**
ihr wart	**ihr wart gewesen**	**ihr werdet gewesen sein**
sie, Sie waren	**sie, Sie waren gewesen**	**sie, Sie werden gewesen sein**

KONJUNKTIV — DİLEK KİPİ

Konjunktiv I	Perfekt	Futur I
ich sei	**ich sei gewesen**	**ich werde sein**
[**ih** zay]	[**ih** zay gıve:zın]	[**ih** ve:**r**dı zayn]
(olurum)	(olmuştum)	(olacakmışım)
du sei(e)st	**du sei(e)st gewesen**	**du werdest sein**
er, sie, es sei	**er, sie, es sei gewesen**	**er, sie, es werde sein**
wir seien	**wir seien gewesen**	**wir werden sein**
ihr sei(e)t	**ihr sei(e)t gewesen**	**ihr werdet sein**
sie, Sie seien	**sie, Sie seien gewesen**	**sie, Sie werden sein**

Konjunktiv II	Plusquamperfekt	Futur II
ich wäre	**ich wäre gewesen**	**ich werde gewesen sein**
[**ih** ve:**r**ı]	[**ih** ve:**r**ı gıve:zın]	[**ih** ve:**r**dı gıve:zın zayn]
(olurdum)	(olmuş olsaydım)	(olmuş olacaktım)
du wär(e)st	**du wär(e)st gewesen**	**du werdest gewesen sein**
er, sie, es wäre	**er, sie, es wäre gewesen**	**er, sie, es werde gewesen sein**
wir wären	**wir wären gewesen**	**wir werden gewesen sein**
ihr wär(e)t	**ihr wär(e)t gewesen**	**ihr werdet gewesen sein**
sie, Sie wären	**sie, Sie wären gewesen**	**sie, Sie werden gewesen sein**

AÇIKLAMALAR

Kullanım bilgisi ve örnekleri:

"Olmak" anlamına gelen "**sein**" fiili, Almancada "**haben**" fiili gibi en çok kullanılan iki fiilden birisidir. Hem tam fiil hem de "**Perfekt**" yani "di'li geçmiş zaman" ve "**Plusquamperfekt**" yani "miş'li geçmiş zaman" yapılırken yardımcı fiil olarak kullanılır.

Mein Vater ist Lehrer.
Babam öğretmendir.

Wir sind im Schwimmbad gewesen.
Yüzme havuzuna gittik.

Die Kinder sind jetzt in der Schule.
Çocuklar şimdi okuldadır.

Warst du schon mal in Hamburg?
Sen hiç Hamburg'a gittin mi?

Morgen bin ich in Köln.
Yarın Köln'de olacağım.

Deyim şeklindeki kullanılışı:

Spät sein. Geç kalmış olmak.

Böse sein. Kızgın olmak.

Krank sein. Hasta olmak.

Es ist kalt. Hava soğuktur.

Satt sein. Doymuş olmak.

Da sein. Var olmak, bulunmak.

Sicher sein. Emin olmak.

So ist es! İşte böyle!

Was ist los? Ne var? (Ne oldu?)

Sein oder Nichtsein. Olmak ya da olmamak.

Imperativ	Emir şekli
du – sei!	ol!
seien wir!	olalım!
ihr – seid!	olun!
seien Sie!	olunuz!

3 werden [ve:rdın] olmak

werden [ve:rdın] - **wurde** [vu:rdı] - **ist geworden** [ist gıvordın]

INDIKATIV — BİLDİRME KİPİ

Präsens	Perfekt	Futur I
ich werde	**ich bin geworden**	**ich werde werden**
[ih ve:rdı]	[ih bin gıvordın]	[ih ve:rdı ve:rdın]
(ben olacağım)	(oldum)	(olacağım)
du wirst	**du bist geworden**	**du wirst werden**
er, sie, es wird	**er, sie, es ist geworden**	**er, sie, es wird werden**
wir werden	**wir sind geworden**	**wir werden werden**
ihr werdet	**ihr seid geworden**	**ihr werdet werden**
sie, Sie werden	**sie, Sie sind geworden**	**sie, Sie werden werden**

Präteritum	Plusquamperfekt	Futur II
ich wurde	**ich war geworden**	**ich werde geworden sein**
[ih vu:rdı]	[ih va:r gıvordın]	[ih ve:rdı gıvordın zayn]
(oldum)	(olmuştum)	(olmuş olacağım)
du wurdest	**du warst geworden**	**du wirst geworden sein**
er, sie, es wurde	**er, sie, es war geworden**	**er, sie, es wird geworden sein**
wir wurden	**wir waren geworden**	**wir werden geworden sein**
ihr wurdet	**ihr wart geworden**	**ihr werdet geworden sein**
sie, Sie wurden	**sie, Sie waren geworden**	**sie, Sie werden geworden sein**

KONJUNKTIV — DİLEK KİPİ

Konjunktiv I	Perfekt	Futur I
ich werde	**ich sei geworden**	**ich werde werden**
[ih ve:rdı]	[ih zay gıvordın]	[ih ve:rdı ve:rdın]
(olurum)	(olmuştum)	(olacakmışım)
du werdest	**du sei(e)st geworden**	**du werdest werden**
er, sie, es werde	**er, sie, es sei geworden**	**er, sie, es werde werden**
wir werden	**wir seien geworden**	**wir werden werden**
ihr werdet	**ihr sei(e)t geworden**	**ihr werdet werden**
sie, Sie werden	**sie, Sie seien geworden**	**sie, Sie werden werden**

Konjunktiv II	Plusquamperfekt	Futur II
ich würde	**ich wäre geworden**	**ich werde geworden sein**
[ih vürdı]	[ih ve:rı gıvordın]	[ih ve:rdı gıvordın zayn]
(olurdum)	(olmuş olsaydım)	(olmuş olacaktım)
du würdest	**du wär(e)st geworden**	**du werdest geworden sein**
er, sie, es würde	**er, sie, es wäre geworden**	**er, sie, es werde geworden sein**
wir würden	**wir wären geworden**	**wir werden geworden sein**
ihr würdet	**ihr wär(e)t geworden**	**ihr werdet geworden sein**
sie, Sie würden	**sie, Sie wären geworden**	**sie, Sie werden geworden sein**

AÇIKLAMALAR

Kullanım bilgisi ve örnekleri:

"**Werden**" fiili "olmak" anlamına gelir. Hem tam fiil olarak kullanılır, hem de "**Futur**" yani "gelecek zaman" yapılırken ve "**Passiv**" yani "pasif-edilgen" cümle kuruluşu yapılırken, yardımcı fiil olarak kullanılır.

Nach dem Training werde ich müde.
Antrenmandan sonra yorgun olurum.

Mein Freund wird Arzt.
Arkadaşım doktor olacak.

Das Auto wird gewaschen.
Otomobil yıkanıyor.

Sie ist sehr reich geworden.
O çok zengin oldu.

Bist du verrückt geworden?
Delirdin mi sen?

Und was wurde dann?
Ya sonra ne oldu?

Deyim şeklindeki kullanılışı:

Spät werden. Geç olmak.

Erster werden. Birinci olmak.

Etwas/Nichts werden. Bir şey/Hiçbir şey olmamak.

Krank werden. Hasta olmak.

Rot werden. Kızarmak, kıpkırmızı olmak.

Es wird Tag. Gündüz oluyor.

Zu Eis werden. Buza dönüşmek, buzlanmak.

Imperativ	Emir şekli
du – werde!	ol!
werden wir!	olalım!
ihr – werdet!	olun!
werden Sie!	olunuz!

4 sagen [za:gın] söylemek, demek

sagen [za:gın] - **sagte** [za:gtı] - **hat gesagt** [hat gıza:gt]

INDIKATIV BİLDİRME KİPİ

Präsens

ich sage
[ih za:gı]
(söylüyorum)
du sagst
er, sie, es sagt
wir sagen
ihr sagt
sie, Sie sagen

Perfekt

ich habe gesagt
[ih ha:bı gıza:kt]
(söyledim)
du hast gesagt
er, sie, es hat gesagt
wir haben gesagt
ihr habt gesagt
sie, Sie haben gesagt

Futur I

ich werde sagen
[ih ve:rdı za:gın]
(söyleyeceğim)
du wirst sagen
er, sie, es wird sagen
wir werden sagen
ihr werdet sagen
sie, Sie werden sagen

Präteritum

ich sagte
[ih za:ktı]
(söyledim)
du sagtest
er, sie, es sagte
wir sagten
ihr sagtet
sie, Sie sagten

Plusquamperfekt

ich hatte gesagt
[ih hatı gıza:kt]
(söylemiştim)
du hast gesagt
er, sie, es hat gesagt
wir haben gesagt
ihr habt gesagt
sie, Sie haben gesagt

Futur II

ich werde gesagt haben
[ih ve:rdı gıza:kt ha:bın]
(söylemiş olacağım)
du wirst gesagt haben
er, sie, es wird gesagt haben
wir werden gesagt haben
ihr werdet gesagt haben
sie, Sie werden gesagt haben

KONJUNKTIV DİLEK KİPİ

Konjunktiv I

ich sage
[ih za:gı]
(söylerim)
du sagest
er, sie, es sage
wir sagen
ihr saget
sie, Sie sagen

Perfekt

ich habe gesagt
[ih ha:bı gıza:kt]
(söylemişim)
du habest gesagt
er, sie, es habe gesagt
wir haben gesagt
ihr habet gesagt
sie, Sie haben gesagt

Futur I

ich werde sagen
[ih ve:rdı za:gın]
(söyleyecekmişim)
du werdest sagen
er, sie, es werde sagen
wir werden sagen
ihr werdet sagen
sie, Sie werden sagen

Konjunktiv II

ich sagte
[ih za:ktı]
(söylerdim)
du sagtest
er, sie, es sagte
wir sagten
ihr sagtet
sie, Sie sagten

Plusquamperfekt

ich hätte gesagt
[ih hetı gıza:kt]
(söylemiş olsaydım)
du hättest gesagt
er, sie, es hätte gesagt
wir hätten gesagt
ihr hättet gesagt
sie, Sie hätten gesagt

Futur II

ich werde gesagt haben
[ih ve:rdı gıza:kt ha:bın]
(söylemiş olacaktım)
du werdest gesagt haben
er, sie, es werde gesagt haben
wir werden gesagt haben
ihr werdet gesagt haben
sie, Sie werden gesagt haben

AÇIKLAMALAR

Kullanım bilgisi ve örnekleri:

Düzenli fiillere örnek olarak “söylemek, demek” anlamına gelen “**sagen**” fiilini verebiliriz.

Was hast du gesagt?
Sen ne söyledin?

Du darfst es nicht sagen.
Bunu söylememelisin.

Ich werde es meinem Vater sagen.
Babama söyleyeceğim.

Das hat nichts zu sagen.
Bunun hiçbir anlamı yok.

Deyim şeklindeki kullanılışı:

Kurz gesagt. Kısacası, sözün kısası.

Offen gesagt. Açık söylemek gerekirse.

Unter uns gesagt. Aramızda kalsın.

Wie gesagt. Daha önce söylendiği gibi.

Türetilen şekilleri:

absagen [apza:gın] iptal etmek; reddetmek

ansagen [anza:gın] bildirmek; anons etmek

aufsagen [aufza:gın] ezberden okumak

versagen [fer'za:gın] işlememek, çalışmamak; başarı gösterememek

vorsagen [fo:**r**'za:gın] söylemek; dikte etmek

zusagen [tsu'za:gın] kabul etmek; onamak; söz vermek

Imperativ	Emir şekli
du – sag(e)!	söyle!
sagen wir!	söyleyelim!
ihr – sagt!	söyleyin!
sagen Sie!	söyleyiniz!

5 anziehen [antsi:ın] giymek; çekmek, cezbetmek

anziehen [antsi:ın] – **zog an** [tso:k an] - **hat angezogen** [hat angıtso:gın]

INDIKATIV — BİLDİRME KİPİ

Präsens

ich ziehe an
[ih tsiı an]
(giyiyorum)
du ziehst an
er, sie, es zieht an
wir ziehen an
ihr zieht an
sie, Sie ziehen an

Perfekt

ich habe angezogen
[ih ha:bı angıtso:gın]
(giydim)
du hast angezogen
er, sie, es hat angezogen
wir haben angezogen
ihr habt angezogen
sie, Sie haben angezogen

Futur I

ich werde anziehen
[ih ve:rdı antsi:ın]
(giyeceğim)
du wirst anziehen
er, sie, es wird anziehen
wir werden anziehen
ihr werdet anziehen
sie, Sie werden anziehen

Präteritum

ich zog an
[ih tso:k an]
(giydim)
du zogst an
er, sie, es zog an
wir zogen an
ihr zogt an
sie, Sie zogen an

Plusquamperfekt

ich hatte angezogen
[ih hatı angıtso:gın]
(giymiştim)
du hattest angezogen
er, sie, es hatte angezogen
wir hatten angezogen
ihr hattet angezogen
sie, Sie hatten angezogen

Futur II

ich werde angezogen haben
[ih ve:rdı angıtso:gın ha:bın]
(giymiş olacağım)
du wirst angezogen haben
er, sie, es wird angezogen haben
wir werden angezogen haben
ihr werdet angezogen haben
sie, Sie werden angezogen haben

KONJUNKTIV — DİLEK KİPİ

Konjunktiv I

ich ziehe an
[ih tsiı an]
(giyerim)
du ziehest an
er, sie, es ziehe an
wir ziehen an
ihr ziehet an
sie, Sie ziehen an

Perfekt

ich habe angezogen
[ih ha:bı angıtso:gın]
(giymişim)
du habest angezogen
er, sie, es habe angezogen
wir haben angezogen
ihr habet angezogen
sie, Sie haben angezogen

Futur I

ich werde anziehen
[ih ve:rdı antsi:ın]
(giymiş olacakmışım)
du werdest anziehen
er, sie, es werde anziehen
wir werden anziehen
ihr werdet anziehen
sie, Sie werden anziehen

Konjunktiv II

ich zöge an
[ih tsö:gı an]
(giyerdim)
du zögest an
er, sie, es zöge an
wir zögen an
ihr zöget an
sie, Sie zögen an

Plusquamperfekt

ich hätte angezogen
[ih he:tı angıtso:gın]
(giymiş olsaydım)
du hättest angezogen
er, sie, es hätte angezogen
wir hätten angezogen
ihr hättet angezogen
sie, Sie hätten angezogen

Futur II

ich werde angezogen haben
[ih ve:rdı angıtso:gın ha:bın]
(giymiş olacaktım)
du werdest angezogen haben
er, sie, es werde angezogen haben
wir werden angezogen haben
ihr werdet angezogen haben
sie, Sie werden angezogen haben

Kullanım bilgisi ve örnekleri:

Ayrılabilen fiillere “giymek, çekmek” anlamına gelen “**anziehen**” fiilini örnek verebiliriz. Yani fiilin mastar halinden önce bir ön ek vardır ve fiil çekimlenirken bu ön ek en sona gider. “**Sich anziehen**” şeklinde dönüşümlü fiil olarak da kullanılır ve “giyinmek” anlamına gelir.

Sie zieht ihren Sohn an.
O çocuğunu giydiriyor.

Ich ziehe mir den Mantel an.
Paltomu giyiniyorum.

Meine Schwester zog sich heute einen Rock an.
Kızkardeşim bugün bir etek giydi.

Die Ausstellung zog viele Besucher an.
Sergi birçok ziyaretçi çekti.

Der Wagen zieht gut an.
Araba iyi çekiyor.

Der Magnet zieht Eisen an.
Mıknatıs demiri çeker.

Deyim şeklindeki kullanılışı:

Sich anziehen. Giyinmek.

Allein anziehen. Kendi başına giyinmek.

Die Handschuhe anziehen. Eldivenleri giymek.

Gut angezogen. İyi giyimli, üstü başı düzgün.

Jemanden anziehen. Birisini cezp etmek, çekmek.

Sich warm anziehen. Kalın giyinmek.

Einen Geruch anziehen. Bir koku almak.

Die Handbremse anziehen. El frenini çekmek.

Imperativ	Emir şekli
du – zieh(e) an!	giy!
ziehen wir an!	giyelim!
ihr – zieht an!	giyin!
ziehen Sie an!	giyiniz!

6 verstehen [fer'şte:ın] anlamak

verstehen [fer'şte:ın] - **verstand** [fer'ştant] - **hat verstanden** [hat fer'ştandın]

INDIKATIV — BİLDİRME KİPİ

Präsens	Perfekt	Futur I
ich verstehe	**ich habe verstanden**	**ich werde verstehen**
[ih fer'şte:ı]	[ih ha:bı fer'ştandın]	[ih ve:rdı fer'şte:ın]
(anlıyorum)	(anladım)	(anlayacağım)
du verstehst	**du hast verstanden**	**du wirst verstehen**
er, sie, es versteht	**er, sie, es hat verstanden**	**er, sie, es wird verstehen**
wir verstehen	**wir haben verstanden**	**wir werden verstehen**
ihr versteht	**ihr habt verstanden**	**ihr werdet verstehen**
sie, Sie verstehen	**sie, Sie haben verstanden**	**sie, Sie werden verstehen**

Präteritum	Plusquamperfekt	Futur II
ich verstand	**ich hatte verstanden**	**ich werde verstanden haben**
[ih fer'ştant]	[ih hatı fer'ştandın]	[ih ve:rdı fer'ştandın ha:bın]
(anladım)	(anlamıştım)	(anlamış olacağım)
du verstand(e)st	**du hattest verstanden**	**du wirst verstanden haben**
er, sie, es verstand	**er, sie, es hatte verstanden**	**er, sie, es wird verstanden haben**
wir verstanden	**wir hatten verstanden**	**wir werden verstanden haben**
ihr verstandet	**ihr hattet verstanden**	**ihr werdet verstanden haben**
sie, Sie verstanden	**sie, Sie hatten verstanden**	**sie, Sie werden verstanden haben**

KONJUNKTIV — DİLEK KİPİ

Konjunktiv I	Perfekt	Futur I
ich verstehe	**ich habe verstanden**	**ich werde verstehen**
[ih fer'şte:ı]	[ih ha:bı fer'ştandın]	[ih ve:rdı fer'şte:ın]
(anlarım)	(anlamışım)	(anlayacaktım)
du verstehest	**du habest verstanden**	**du werdest verstehen**
er, sie, es verstehe	**er, sie, es habe verstanden**	**er, sie, es werde verstehen**
wir verstehen	**wir haben verstanden**	**wir werden verstehen**
ihr verstehet	**ihr habet verstanden**	**ihr werdet verstehen**
sie, Sie verstehen	**sie, Sie haben verstanden**	**sie, Sie werden verstehen**

Konjunktiv II	Plusquamperfekt	Futur II
ich verstünde / verstände	**ich hätte verstanden**	**ich werde verstanden haben**
[ih fer'ştündı] / [fer'ştendı]	[ih hetı fer'ştandın]	[ih ve:rdı fer'ştandın ha:bın]
(anlardım)	(anlamış olsaydım)	(anlamış olacaktım)
du verstündest / verständest	**du hättest verstanden**	**du werdest verstanden haben**
er, sie, es verstünde / verstände	**er, sie, es hätte verstanden**	**er, sie, es werde verstanden haben**
wir verstünden / verständen	**wir hätten verstanden**	**wir werden verstanden haben**
ihr verstündet / verständet	**ihr hättet verstanden**	**ihr werdet verstanden haben**
sie, Sie verstünden / verständen	**sie, Sie hätten verstanden**	**sie, Sie werden verstanden haben**

Kullanım bilgisi ve örnekleri:

Düzensiz fiillere örnek olarak ayrılmayan ön eki olan ve "anlamak" anlamına gelen "**verstehen**" fiilini verebiliriz. Bu fiiler "**Perfekt**" yani "di'li geçmiş zaman" haline getirilirken başına **ge-** eki almazlar. "**Sich verstehen**" şeklinde dönüşümlü fiil olarak da kullanılır ve "anlaşmak, geçinmek" anlamına gelir.

Die Frau versteht kein Deutsch.
Kadın Almanca bilmiyor.

Wir haben nichts verstanden.
Biz hiçbir şey anlamadık.

Verstehe mich nicht falsch!
Beni yanlış anlama!

Der Schüler versteht diesen Satz nicht.
Öğrenci bu cümleyi anlamıyor.

Ich verstehe deinen Ärger.
Öfkeni anlıyorum.

Ich verstehe dich sehr gut.
Seni çok iyi anlıyorum.

Die Preise verstehen sich zuzüglich Mehrwertsteuer.
Fiyatlara katma değer vergisi dahildir.

Deyim şeklindeki kullanılışı:

Spaß verstehen. Şakadan anlamak.

Richtig verstehen. Doğru anlamak.

Schwer zu verstehen. Anlaması zor.

Verstanden? Anladın mı?

Gut verstehen. İyi anlamak.

Sich gut verstehen. İyi anlaşmak, iyi geçinmek.

Imperativ	Emir şekli
du – versteh(e)!	anla!
verstehen wir!	anlayalım!
ihr – versteht!	anlayın!
verstehen Sie!	anlayınız!

7 sich freuen [zih froyın] sevinmek

sich freuen [zih froyın] – **freute sich** [froytı zih] - **hat sich gefreut** [hat zih gıfroyt]

INDIKATIV — BİLDİRME KİPİ

Präsens

ich freue mich
[ih froyı mih]
(seviniyorum)
du freust dich
er, sie, es freut sich
wir freuen uns
ihr freut euch
sie, Sie freuen sich

Perfekt

ich habe mich gefreut
[ih ha:bı mih gıfroyt]
(sevindim)
du hast dich gefreut
er, sie, es hat sich gefreut
wir haben uns gefreut
ihr habt euch gefreut
sie, Sie haben sich gefreut

Futur I

ich werde mich freuen
[ih ve:rdı mih froyın]
(sevineceğim)
du wirst dich freuen
er, sie, es wird sich freuen
wir werden uns freuen
ihr werdet euch freuen
sie, Sie werden sich freuen

Präteritum

ich freute mich
[ih froytı mih]
(sevindim)
du freutest dich
er, sie, es freute sich
wir freuten uns
ihr freutet euch
sie, Sie freuten sich

Plusquamperfekt

ich hatte mich gefreut
[ih hatı mih gıfroyt]
(sevinmiştim)
du hattest dich gefreut
er, sie, es hatte sich gefreut
wir hatten uns gefreut
ihr hattet euch gefreut
sie, Sie hatten sich gefreut

Futur II

ich werde mich gefreut haben
[ih ve:rdı mih gıfroyt ha:bın]
(sevinmiş olacağım)
du wirst dich gefreut haben
er, sie, es wird sich gefreut haben
wir werden uns gefreut haben
ihr werdet euch gefreut haben
sie, Sie werden sich gefreut haben

KONJUNKTIV — DİLEK KİPİ

Konjunktiv I

ich freue mich
[ih froyı mih]
(sevinirim)
du freuest dich
er, sie, es freue sich
wir freuen uns
ihr freuet euch
sie, Sie freuen sich

Perfekt

ich habe mich gefreut
[ih ha:bı mih gıfroyt]
(sevinmişim)
du habest dich gefreut
er, sie, es habe sich gefreut
wir haben uns gefreut
ihr habet euch gefreut
sie, Sie haben sich gefreut

Futur I

ich werde mich freuen
[ih ve:rdı mih froyın]
(sevinecektim)
du werdest dich freuen
er, sie, es werde sich freuen
wir werden uns freuen
ihr werdet euch freuen
sie, Sie werden sich freuen

Konjunktiv II

ich freute mich
[ih froytı mih]
(sevinirdim)
du freutest dich
er, sie, es freute sich
wir freuten uns
ihr freutet euch
sie, Sie freuten sich

Plusquamperfekt

ich hätte mich gefreut
[ih hetı mih gıfroyt]
(sevinmiş olsaydım)
du hättest dich gefreut
er, sie, es hätte sich gefreut
wir hätten uns gefreut
ihr hättet euch gefreut
sie, Sie hätten sich gefreut

Futur II

ich werde mich gefreut haben
[ih ve:rdı mih gıfroyt ha:bın]
(sevinmiş olacaktım)
du werdest dich gefreut haben
er,sie, es werde sich gefreut haben
wir werden uns gefreut haben
ihr werdet euch gefreut haben
sie, Sie werden sich gefreut haben

Kullanım bilgisi ve örnekleri:

Dönüşlü fiillere örnek olarak "sevinmek" anlamına gelen "**sich freuen**" fiilini verebiliriz. Bu fiil "**Akkusativ**" yani ismin -i hali ile birlikte çekimlenir.

Es freut mich sehr.
Çok sevindim.

Ich freue mich sehr, dass du kommst.
Sen de geleceğin için çok seviniyorum.

Die Schüler freuen sich schon auf die Sommerferien.
Öğrenciler şimdiden yaz tatiline seviniyorlar.

Das Geburtstagskind freut sich auf die Geschenke.
Doğum günü olan çocuk hediyelere seviniyor.

Es freut mich sehr Sie kennen zu lernen.
Sizinle tanıştığıma çok memnun oldum.

Wir freuen uns darauf, euch wieder zu sehen.
Sizi tekrar göreceğimize seviniyoruz.

Ich freue mich sehr, dass es dir gutgeht.
İyi olmana sevindim.

Er kann sich über jede Kleinigkeit freuen.
Ufak tefek şeylerden mutlu olur.

Deyim şeklindeki kullanılışı:

Freut mich! Memnun oldum!

Freu dich nicht zu früh! Erken sevinme öyle!

Sich auf etwas freuen. Olacak bir şeye sevinmek.

Sich über etwas freuen. Olan bir şeye sevinmek.

Sich diebisch freuen. Komşusuna gülmek.

Imperativ	Emir şekli
du – freu(e) dich!	sevin!
freuen wir uns!	sevinelim!
ihr – freut euch!	sevinin!
freuen Sie sich!	sevininiz!

8 sich überlegen [zih übırle:gın] düşünmek, düşünüp taşınmak

sich überlegen [zih übırle:gın] - **überlegte sich** [übırle:gtı zih]
hat sich überlegt [hat zih übırle:gt]

INDIKATIV — BİLDİRME KİPİ

Präsens

ich überlege mir
[ih übırle:gı mi:r]
(düşünüyorum)
du überlegst dir
er, sie, es überlegt sich
wir überlegen uns
ihr überlegt euch
sie, Sie überlegen sich

Präteritum

ich überlegte mir
[ih übırle:gtı mi:r]
(düşündüm)
du überlegtest dir
er, sie, es überlegte sich
wir überlegten uns
ihr überlegtet euch
sie, Sie überlegten sich

Perfekt

ich habe mir überlegt
[ih ha:bı mi:r übırle:gt]
(düşündüm)
du hast dir überlegt
er, sie, es hat sich überlegt
wir haben uns überlegt
ihr habt euch überlegt
sie, Sie haben sich überlegt

Plusquamperfekt

ich hatte mir überlegt
[ih hatı mi:r übırle:gt]
(düşünmüştüm)
du hattest dir überlegt
er, sie, es hatte sich überlegt
wir hatten uns überlegt
ihr hattet euch überlegt
sie, Sie hatten sich überlegt

Futur I

ich werde mir überlegen
[ih ve:rdı mi:r übırle:gın]
(düşüneceğim)
du wirst dir überlegen
er, sie, es wird sich überlegen
wir werden uns überlegen
ihr werdet euch überlegen
sie, Sie werden sich überlegen

Futur II

ich werde mir überlegt haben
[ih ve:rdı mi:r übırle:gt ha:bın]
(düşünmüş olacağım)
du wirst dir überlegt haben
er, sie, es wird sich überlegt haben
wir werden uns überlegt haben
ihr werdet euch überlegt haben
sie, Sie werden sich überlegt haben

KONJUNKTIV — DİLEK KİPİ

Konjunktiv I

ich überlege mir
[ih übırle:gı mi:r]
(düşünürüm)
du überlegest dir
er, sie, es überlege sich
wir überlegen uns
ihr überleget euch
sie, Sie überlegen sich

Konjunktiv II

ich überlegte mir
[ih übırle:gtı mi:r]
(düşünürdüm)
du überlegtest dir
er, sie, es überlegte sich
wir überlegten uns
ihr überlegtet euch
sie, Sie überlegten sich

Perfekt

ich habe mir überlegt
[ih ha:bı mi:r übırle:gt]
(düşünmüşüm)
du habest dir überlegt
er, sie, es habe sich überlegt
wir haben uns überlegt
ihr habet euch überlegt
sie, Sie haben sich überlegt

Plusquamperfekt

ich hätte mir überlegt
[ih hetı mi:r übırle:gt]
(düşünmüş olsaydım)
du hättest dir überlegt
er, sie, es hätte sich überlegt
wir hätten uns überlegt
ihr hättet euch überlegt
sie, Sie hätten sich überlegt

Futur I

ich werde mir überlegen
[ih ve:rdı mi:r übırle:gın]
(düşünecektim)
du werdest dir überlegen
er, sie, es werde sich überlegen
wir werden uns überlegen
ihr werdet euch überlegen
sie, Sie werden sich überlegen

Futur II

ich werde mir überlegt haben
[ih ve:rdı mi:r übırle:gt ha:bın]
(düşünmüş olacaktım)
du werdest dir überlegt haben
er, sie, es werde sich überlegt haben
wir werden uns überlegt haben
ihr werdet euch überlegt haben
sie, Sie werden sich überlegt haben

AÇIKLAMALAR

Kullanım bilgisi ve örnekleri:

Dönüşlü fiillere örnek olarak "düşünmek, düşünüp taşınmak" anlamına gelen "**sich überlegen**" fiilini de verebiliriz. Ancak bu fiil "**Dativ**" yani ismin -e hali ile birlikte çekimlenir.

Du musst dir diese Sache noch mal gut überlegen.
Bu konuyu bir daha iyice düşünmelisin.

Ich muss mir deinen Vorschlag überlegen.
Önerini düşünmem lazım.

Ich habe es mir inzwischen anders überlegt.
Bu arada fikrimi değiştirdim.

Das muss er sich erst überlegen.
Önce bir düşünüp taşınsın.

Das hättest du dir vorher überlegen müssen.
Bunu daha önce düşünecektin.

Ich habe mir Folgendes überlegt.
Şöyle düşündüm.

Sie hat es sich anders überlegt.
O başka bir şekilde düşündü.

Lass mich mal überlegen!
Dur bir düşüneyim!

Deyim şeklindeki kullanılışı:

Sich etwas überlegen. Bir konuda düşünüp taşınmak.

Sich etwas gründlich überlegen. İnceden inceye düşünüp taşınmak.

Sich etwas reiflich überlegen. İyice düşünüp taşınmak.

Überleg nicht so lange! O kadar da uzun boylu düşünme!

Imperativ	Emir şekli
du – überleg(e) dir!	düşünüp taşın!
überlegen wir uns!	düşünüp taşınalım!
ihr – überlegt euch!	düşünüp taşının!
überlegen Sie sich!	düşünüp taşınınız!

9 gebraucht werden [gıbrauht ve:rdın] kullanılmak

gebraucht werden [gıbrauht ve:rdın] - **wurde gebraucht** [vu:rdı gıbrauht]
istgebraucht worden [ist gıbrauht vordın]

INDIKATIV — BİLDİRME KİPİ

Präsens

ich werde gebraucht
[ih ve:rdı gıbrauht]
(kullanılıyorum)
du wirst gebraucht
er, sie, es wird gebraucht
wir werden gebraucht
ihr werdet gebraucht
sie, Sie werden gebraucht

Perfekt

ich bin gebraucht worden
[ih bin gıbrauht vordın]
(kullanıldım)
du bist geworden
er, sie, es ist geworden
wir sind geworden
ihr seid geworden
sie, Sie sind geworden

Futur I

ich werde gebraucht werden
[ih ve:rdı gıbrauht ve:rdın]
(kullanılacağım)
du wirst gebraucht werden
er, sie, es wird gebraucht werden
wir werden gebraucht werden
ihr werdet gebraucht werden
sie, Sie werden gebraucht werden

Präteritum

ich wurde gebraucht
[ih vu:rdı gıbrauht]
(kullanıldım)
du wurdest gebraucht
er, sie, es wurde gebraucht
wir wurden gebraucht
ihr wurdet gebraucht
sie, Sie wurden gebraucht

Plusquamperfekt

ich war gebraucht worden
[ih va:r gıbrauht vordın]
(kullanılmıştım)
du warst gebraucht worden
er, sie, es war gebraucht worden
wir waren gebraucht worden
ihr wart gebraucht worden
sie, Sie waren gebraucht worden

Futur II

ich werde gebraucht worden sein
[ih ve:rdı gıbrauht vordın zayn]
(kullanılmış olacağım)
du wirst gebraucht worden sein
er, sie, es wird gebraucht worden sein
wir werden gebraucht worden sein
ihr werdet gebraucht worden sein
sie, Sie werden gebraucht worden sein

KONJUNKTIV — DİLEK KİPİ

Konjunktiv I

ich werde gebraucht
[ih ve:rdı gıbrauht]
(kullanılırım)
du werdest gebraucht
er, sie, es werde gebraucht
wir werden gebraucht
ihr werdet gebraucht
sie, Sie werden gebraucht

Perfekt

ich sei gebraucht worden
[ih zay gıbrauht vordın]
(kullanılmışım)
du sei(e)st gebraucht worden
er, sie, es sei gebraucht worden
wir seien gebraucht worden
ihr sei(e)t gebraucht worden
sie, Sie seien gebraucht worden

Futur I

ich werde gebraucht werden
[ih ve:rdı gıbrauht ve:rdın]
(kullanılacakmışım)
du werdest gebraucht werden
er, sie, es werde gebraucht werden
wir werden gebraucht werden
ihr werdet gebraucht werden
sie, Sie werden gebraucht werden

Konjunktiv II

ich würde gebraucht
[ih vürdı gıbrauht]
(kullanılırdım)
du würdest gebraucht
er, sie, es würde gebraucht
wir würden gebraucht
ihr würdet gebraucht
sie, Sie würden gebraucht

Plusquamperfekt

ich wäre gebraucht worden
[ih ve:rı gıbrauht vordın]
(kullanılmış olsaydım)
du wär(e)st gebraucht worden
er, sie, es wäre gebraucht worden
wir wären gebraucht worden
ihr wär(e)t gebraucht worden
sie, Sie wären gebraucht worden

Futur II

ich werde gebraucht worden sein
[ih ve:rdı gıbrauht vordın zayn]
(kullanılmış olacaktım)
du werdest gebraucht worden sein
er, sie, es werde gebraucht worden sein
wir werden gebraucht worden sein
ihr werdet gebraucht worden sein
sie, Sie werden gebraucht worden sein

Kullanım bilgisi ve örnekleri:

Bir olayı bildiren ya da bir olayı ifade eden pasif fiillere örnek olarak "kullanılmış olmak" anlamına gelen "**gebraucht werden**" fiilini verebiliriz. Almancada "pasif" şekli "**werden**" "yardımcı fiili ve "**Perfekt**" hali ile yapılır. Ancak bu fiilde "**Perfekt**" ve "**Plusquamperfekt**" çekimlerinde yardımcı fiil olarak "**sein**" kullanılır ve sonuna da "**worden**" sözcüğü getirilir.

Almancada pasif fiiller hem sözlü hem de yazılı olarak kullanılsa da, yazılı olarak kullanımına daha fazla rastlanır.

Für die Bühnenaufbau werden viele Helfer gebraucht.
Sahnenin kurulması için birçok yardımcı eleman lazım.

Diese Teekanne ist nie wieder gebraucht worden.
Bu çaydanlık bir daha hiç kullanılmadı.

Mit den kleinen Kindern wird viel Geduld gebraucht.
Küçük çocuklarla birlikteyken çok sabırlı olmak gerekir.

Für eine Fußballmannschaft werden 11 Spieler gebraucht.
Bir futbol takımı kurmak için 11 oyuncu gerekir.

Das Wort wird meist im Präsens gebraucht.
Sözcük çoğunlukla şimdiki zamanda kullanılır.

Für eine Amerikareise wird viel Geld gebraucht.
Amerika seyahati için çok para gerekir.

Faulenzer werden hier nicht gebraucht.
Burada tembellere yer yok.

Deyim şeklindeki kullanılışı:

Aus Sicherheitsgründen gebraucht werden.
Güvenlik tedbiri olarak kullanılmak.

Türetilen şekilleri:

aufgebraucht werden [aufgıbrau**h**t ve:rdın] harcanmak, tüketilmek

verbraucht werden [fer'brau**h**t ve:rdın] kullanılmak

Imperativ	Emir şekli
-	-
-	-
-	-

10 geflogen sein [gıflo:gın zayn] uçmuş olmak

geflogen sein [gıflo:gın zayn] - **war geflogen** [va:r gıflo:gın]
ist geflogen gewesen [ist gıflo:gın gıve:zın]

INDIKATIV — BİLDİRME KİPİ

Präsens	Perfekt	Futur I
ich bin geflogen	**ich bin geflogen gewesen**	**ich werde geflogen sein**
[ih bin gıflo:gın]	[ih bin gıflo:gın gıve:zın]	[ih ve:rdı gıflo:gın zayn]
(uçmuş oluyorum)	(uçmuş oldum)	(uçmuş olacağım)
du bist geflogen	**du bist geflogen gewesen**	**du wirst geflogen sein**
er, sie, es ist geflogen	**er, sie, es ist geflogen gewesen**	**er, sie, es wird geflogen sein**
wir sind geflogen	**wir sind geflogen gewesen**	**wir werden geflogen sein**
ihr seid geflogen	**ihr seid geflogen gewesen**	**ihr werdet geflogen sein**
sie, Sie sind geflogen	**sie, Sie sind geflogen gewesen**	**sie, Sie werden geflogen sein**

Präteritum	Plusquamperfekt	Futur II
ich war geflogen	**ich war geflogen gewesen**	**ich werde geflogen gewesen sein**
[ih va:r gıflo:gın]	[ih va:r gıflo:gın gıve:zın]	[ih ve:rdı gıflo:gın gıve:zın zayn]
(uçmuş oldum)	(uçmuş olmuştum)	(uçmuş olacağım)
du warst geflogen	**du warst geflogen gewesen**	**du wirst geflogen gewesen sein**
er, sie, es war geflogen	**er, sie, es war geflogen gewesen**	**er, sie, es wird geflogen gewesen sein**
wir waren geflogen	**wir waren geflogen gewesen**	**wir werden geflogen gewesen sein**
ihr wart geflogen	**ihr wart geflogen gewesen**	**ihr werdet geflogen gewesen sein**
sie, Sie waren geflogen	**sie, Sie waren geflogen gewesen**	**sie, Sie werden geflogen gewesen sein**

KONJUNKTIV — DİLEK KİPİ

Konjunktiv I	Perfekt	Futur I
ich sei geflogen	**ich sei geflogen gewesen**	**ich werde geflogen sein**
[ih zay gıflo:gın]	[ih zay gıflo:gın gıve:zın]	[ih ve:rdı gıflo:gın zayn]
(uçmuş olurum)	(uçmuş olmuştum)	(uçmuş olacakmışım)
du sei(e)st geflogen	**du sei(e)st geflogen gewesen**	**du werdest geflogen sein**
er, sie, es sei geflogen	**er, sie, es sei geflogen gewesen**	**er, sie, es werde geflogen sein**
wir seien geflogen	**wir seien geflogen gewesen**	**wir werden geflogen sein**
ihr sei(e)t geflogen	**ihr sei(e)t geflogen gewesen**	**ihr werdet geflogen sein**
sie, Sie seien geflogen	**sie, Sie seien geflogen gewesen**	**sie, Sie werden geflogen sein**

Konjunktiv II	Plusquamperfekt	Futur II
ich wäre geflogen	**ich wäre geflogen gewesen**	**ich werde geflogen gewesen sein**
[ih ve:rı gıflo:gın]	[ih ve:rı gıflo:gın gıve:zın]	[ih ve:rdı gıflo:gın gıve:zın zayn]
(uçmuş olurdum)	(uçmuş olmuş olsaydım)	(uçmuş olmuş olacaktım)
du wär(e)st geflogen	**du wär(e)st geflogen gewesen**	**du werdest geflogen gewesen sein**
er, sie, es wäre geflogen	**er, sie, es wäre geflogen gewesen**	**er, sie, es werde geflogen gewesen sein**
wir wären geflogen	**wir wären geflogen gewesen**	**wir werden geflogen gewesen sein**
ihr wär(e)t geflogen	**ihr wär(e)t geflogen gewesen**	**ihr werdet geflogen gewesen sein**
sie, Sie wären geflogen	**sie, Sie wären geflogen gewesen**	**sie, Sie werden geflogen gewesen sein**

AÇIKLAMALAR

Kullanım bilgisi ve örnekleri:

Bir durum bildiren ya da bir durumu ifade eden pasif fiillere örnek olarak "uçmuş olmak" anlamına gelen "**geflogen sein**" fiilini de verebiliriz. "**Sein**" yardımcı fiili ve "**Perfekt**" ile yapılan ve bir durum bildiren ya da bir durumu ifade eden bu tür fiiller çoğu zaman kullanışsız olup, genellikle sadece "**Präsens**" ya da "**Präteritum**" hali ile kullanılır.

Daha önce de değindiğimiz gibi, Almancada pasif fiiller hem sözlü hem de yazılı olarak kullanılsa da, yazılı olarak kullanımına daha fazla rastlanır.

Die Verwundeten wurden in die Heimat geflogen.
Yaralılar uçakla memleketlerine götürüldü.

Ich war mal mit dem Hubschrauber geflogen.
Ben daha önce helikopterle uçmuştum.

Er ist etwa drei Stunden mit dem Flugzeug geflogen.
Yaklaşık üç saat uçakla uçtu.

Deyim şeklindeki kullanılışı:

Mitgeflogen sein. Birlikte (aynı uçakta) uçmuş olmak.

Rausgeflogen sein. Dışarı atılmış olmak.

Türetilen şekilleri:

angeflogen sein [angıflo:gın zayn] uçarak yaklaşmış olmak

aufgeflogen sein [aufgıflo:gın zayn] havaya uçmuş olmak

verflogen sein [fer'flo:gın zayn] uçup gitmiş olmak

abgeflogen sein [apgıflo:gın zayn] uçmaya başlamış olmak

überflogen sein [ü:bırflo:gın zayn] uçakla üzerinden geçmiş olmak

zurückgeflogen sein [tsu'rükgıflo:gın zayn] uçakla geri dönmüş olmak

Imperativ	Emir şekli
du – sei geflogen!	uçmuş ol!
seien wir geflogen!	uçmuş olalım!
ihr – seid geflogen!	uçmuş olun!
seien Sie geflogen!	uçmuş olunuz!

11 antwortén [antvortın] cevap vermek

antworten [antvortın] - **antwortete** [antvortıtı] - **hat geantwortet** [hat gıantvortıt]

INDIKATIV — BİLDİRME KİPİ

Präsens

ich antworte
[ih antvortı]
(cevap veriyorum)
du antwortest
er, sie, es antwortet
wir antworten
ihr antwortet
sie, Sie antworten

Präteritum

ich antwortete
[ih antvortıtı]
(cevap verdim)
du antwortetest
er, sie, es antwortete
wir antworteten
ihr antwortetet
sie, Sie antworteten

Perfekt

ich habe geantwortet
[ih ha:bı gıantvortıt]
(cevap verdim)
du hast geantwortet
er, sie, es hat geantwortet
wir haben geantwortet
ihr habt geantwortet
sie, Sie haben geantwortet

Plusquamperfekt

ich hatte geantwortet
[ih hatı gıantvortıt]
(cevap vermiştim)
du hattest geantwortet
er, sie, es hatte geantwortet
wir hatten geantwortet
ihr hattet geantwortet
sie, Sie hatten geantwortet

Futur I

ich werde antworten
[ih ve:rdı antvortın]
(cevap vereceğim)
du wirst antworten
er, sie, es wird antworten
wir werden antworten
ihr werdet antworten
sie, Sie werden antworten

Futur II

ich werde geantwortet haben
[ih ve:rdı gıantvortıt ha:bın]
(cevap vermiş olacağım)
du wirst geantwortet haben
er, sie, es wird geantwortet haben
wir werden geantwortet haben
ihr werdet geantwortet haben
sie, Sie werden geantwortet haben

KONJUNKTIV — DİLEK KİPİ

Konjunktiv I

ich antworte
[ih antvortı]
(cevap veririm)
du antwortest
er, sie, es antworte
wir antworten
ihr antwortet
sie, Sie antworten

Konjunktiv II

ich antwortete
[ih antvortıtı]
(cevap verirdim)
du antwortetest
er, sie, es antwortete
wir antworteten
ihr antwortetet
sie, Sie antworteten

Perfekt

ich habe geantwortet
[ih ha:bı gıantvortıt]
(cevap vermişim)
du habest geantwortet
er, sie, es habe geantwortet
wir haben geantwortet
ihr habet geantwortet
sie, Sie haben geantwortet

Plusquamperfekt

ich hätte geantwortet
[ih hetı gıantvortıt]
(cevap vermiş olsaydım)
du hättest geantwortet
er, sie, es hätte geantwortet
wir hätten geantwortet
ihr hättet geantwortet
sie, Sie hätten geantwortet

Futur I

ich werde antworten
[ih ve:rdı antvortın]
(cevap verecektim)
du werdest antworten
er, sie, es werde antworten
wir werden antworten
ihr werdet antworten
sie, Sie werden antworten

Futur II

ich werde geantwortet haben
[ih ve:rdı gıantvortıt ha:bın]
(cevap vermiş olacaktım)
du werdest geantwortet haben
er,sie, es werde geantwortet haben
wir werden geantwortet haben
ihr werdet geantwortet haben
sie, Sie werden geantwortet haben

Kullanım bilgisi ve örnekleri:

Kannst du nicht antworten?
Cevap veremez misin?

Sie antwortete mir nicht auf meine Frage.
Soruma cevap vermedi.

Was sollte ich darauf antworten?
Buna ne cevap verecektim?

Der Schüler antwortet seinem Lehrer.
Öğrenci öğretmenine cevap veriyor.

Was hättest du auf die Frage geantwortet?
Bu soruya nasıl cevap verirdin?

Deyim şeklindeki kullanılışı:

Schriftlich antworten. Yazılı cevap vermek.

Kurz antworten. Kısaca cevap vermek.

Höflich antworten. Nazikçe cevap vermek.

Mit "ja" antworten. Olumlu cevap vermek.

Mit "nein" antworten. Olumsuz cevap vermek.

Türetilen şekilleri:

beantworten [bıantwortın] cevaplandırmak

verantworten [fer'antwortın] sorumluluğunu üstlenmek

sich verantworten [zih fer'antwortın] sorumlu tutulmak

Imperativ	Emir şekli
du – antwort(e)!	cevap ver!
antworten wir!	cevap verelim!
ihr – antwortet!	cevap verin!
antworten Sie!	cevap veriniz!

12 arbeiten [arbaytın] çalışmak

arbeiten [arbaytın] - **arbeitete** [arbaytıtı] - **hat gearbeitet** [hat gıarbaytıt]

INDIKATIV — BİLDİRME KİPİ

Präsens

ich arbeite
[ih arbaytı]
(çalışıyorum)
du arbeitest
er, sie, es arbeitet
wir arbeiten
ihr arbeitet
sie, Sie arbeiten

Perfekt

ich habe gearbeitet
[ih ha:bı gıarbaytıt]
(çalıştım)
du hast gearbeitet
er, sie, es hat gearbeitet
wir haben gearbeitet
ihr habt gearbeitet
sie, Sie haben gearbeitet

Futur I

ich werde arbeiten
[ih ve:rdı arbaytın]
(çalışacağım)
du wirst arbeiten
er, sie, es wird arbeiten
wir werden arbeiten
ihr werdet arbeiten
sie, Sie werden arbeiten

Präteritum

ich arbeitete
[ih arbaytıtı]
(çalıştım)
du arbeitetest
er, sie, es arbeitete
wir arbeiteten
ihr arbeitetet
sie, Sie arbeiteten

Plusquamperfekt

ich hatte gearbeitet
[ih hatı gıarbaytıt]
(çalışmıştım)
du hattest gearbeitet
er, sie, es hatte gearbeitet
wir hatten gearbeitet
ihr hattet gearbeitet
sie, Sie hatten gearbeitet

Futur II

ich werde gearbeitet haben
[ih ve:rdı gıarbaytıt ha:bın]
(çalışmış olacağım)
du wirst gearbeitet haben
er, sie, es wird gearbeitet haben
wir werden gearbeitet haben
ihr werdet gearbeitet haben
sie, Sie werden gearbeitet haben

KONJUNKTIV — DİLEK KİPİ

Konjunktiv I

ich arbeite
[ih arbaytı]
(çalışırım)
du arbeitest
er, sie, es arbeite
wir arbeiten
ihr arbeitet
sie, Sie arbeiten

Perfekt

ich habe gearbeitet
[ih ha:bı gıarbaytıt]
(çalışmışım)
du habest gearbeitet
er, sie, es habe gearbeitet
wir haben gearbeitet
ihr habet gearbeitet
sie, Sie haben gearbeitet

Futur I

ich werde arbeiten
[ih ve:rdı arbaytın]
(çalışacaktım)
du werdest arbeiten
er, sie, es werde arbeiten
wir werden arbeiten
ihr werdet arbeiten
sie, Sie werden arbeiten

Konjunktiv II

ich arbeitete
[ih arbaytıtı]
(çalışırdım)
du arbeitetest
er, sie, es arbeitete
wir arbeiteten
ihr arbeitetet
sie, Sie arbeiteten

Plusquamperfekt

ich hätte gearbeitet
[ih hetı gıarbaytıt]
(çalışmış olsaydım)
du hättest gearbeitet
er, sie, es hätte gearbeitet
wir hätten gearbeitet
ihr hättet gearbeitet
sie, Sie hätten gearbeitet

Futur II

ich werde gearbeitet haben
[ih ve:rdı gıarbaytıt ha:bın]
(çalışmış olacaktım)
du werdest gearbeitet haben
er,sie, es werde gearbeitet haben
wir werden gearbeitet haben
ihr werdet gearbeitet haben
sie, Sie werden gearbeitet haben

Kullanım bilgisi ve örnekleri:

Meine Frau arbeitet als Krankenschwester.
Karım hemşire olarak çalışıyor.

Die Zeit arbeitet gegen uns.
Zaman aleyhimize çalışıyor.

Mein Vater arbeitet in seinem Büro.
Babam bürosunda çalışıyor.

Die Maschine arbeitet Tag und Nacht.
Makine gece gündüz çalışıyor.

Sie hat lange als Verkäuferin gearbeitet.
Uzun zaman tezgahtar olarak çalıştı.

Deyim şeklindeki kullanılışı:

Sich nach oben arbeiten. Çalışarak mesleğinde ilerlemek.

An etwas arbeiten. Bir şeyle uğraşmak.

Sich kaputt arbeiten. Çok çalışarak kendisini mahvetmek.

Halbtags arbeiten. Yarım gün çalışmak.

Körperlich arbeiten. Bedenen çalışmak.

Wie ein Pferd arbeiten. Eşek gibi çalışmak.

Türetilen şekilleri:

sich erarbeiten [zih erarbaytın] çalışarak elde etmek

bearbeiten [er'arbaytın] üzerinde çalışmak

verarbeiten [fer'arbaytın] bir şeyi işlemek

durcharbeiten [durharbaytın] aralıksız çalışmak

Imperativ	Emir şekli
du – arbeit(e)!	çalış!
arbeiten wir!	çalışalım!
ihr – arbeitet!	çalışın!
arbeiten Sie!	çalışınız!

13 bauen [bauın] kurmak; yapmak; inşa etmek

bauen [bauın] - **baute** [bautı] - **hat gebaut** [hat gıbaut]

INDIKATIV — BİLDİRME KİPİ

Präsens

ich baue
[ih bauı]
(kuruyorum)
du baust
er, sie, es baut
wir bauen
ihr baut
sie, Sie bauen

Perfekt

ich habe gebaut
[ih ha:bı gıbaut]
(kurdum)
du hast gebaut
er, sie, es hat gebaut
wir haben gebaut
ihr habt gebaut
sie, Sie haben gebaut

Futur I

ich werde bauen
[ih ve:rdı bauın]
(kuracağım)
du wirst bauen
er, sie, es wird bauen
wir werden bauen
ihr werdet bauen
sie, Sie werden bauen

Präteritum

ich baute
[ih bautı]
(kurdum)
du bautest
er, sie, es baute
wir bauten
ihr bautet
sie, Sie bauten

Plusquamperfekt

ich hatte gebaut
[ih hatı gıbaut]
(kurmuştum)
du hast gebaut
er, sie, es hat gebaut
wir haben gebaut
ihr habt gebaut
sie, Sie haben gebaut

Futur II

ich werde gebaut haben
[ih ve:rdı gıbaut ha:bın]
(kurmuş olacağım)
du wirst gebaut haben
er, sie, es wird gebaut haben
wir werden gebaut haben
ihr werdet gebaut haben
sie, Sie werden gebaut haben

KONJUNKTIV — DİLEK KİPİ

Konjunktiv I

ich baue
[ih bauı]
(kurarım)
du bauest
er, sie, es baue
wir bauen
ihr bauet
sie, Sie bauen

Perfekt

ich habe gebaut
[ih ha:bı gıbaut]
(kurmuşum)
du habest gebaut
er, sie, es habe gebaut
wir haben gebaut
ihr habet gebaut
sie, Sie haben gebaut

Futur I

ich werde bauen
[ih ve:rdı bauın]
(kuracaktım)
du werdest bauen
er, sie, es werde bauen
wir werden bauen
ihr werdet bauen
sie, Sie werden bauen

Konjunktiv II

ich baute
[ih bautı]
(kurardım)
du bautest
er, sie, es baute
wir bauten
ihr bautet
sie, Sie bauten

Plusquamperfekt

ich hätte gebaut
[ih hetı gıbaut]
(kurmuş olsaydım)
du hättest gebaut
er, sie, es hätte gebaut
wir hätten gebaut
ihr hättet gebaut
sie, Sie hätten gebaut

Futur II

ich werde gebaut haben
[ih ve:rdı gıbaut ha:bın]
(kurmuş olacaktım)
du werdest gebaut haben
er, sie, es werde gebaut haben
wir werden gebaut haben
ihr werdet gebaut haben
sie, Sie werden gebaut haben

AÇIKLAMALAR

Kullanım bilgisi ve örnekleri:

Der Vogel baut sein Nest.
Kuş yuvasını kuruyor.

Er will sich ein Haus bauen.
Kendisine bir ev inşa etmek istiyor.

Wir haben die Zelte aufgebaut.
Çadırları kurduk.

In Istanbul wird ein neues Kulturzentrum gebaut.
İstanbul'da yeni bir kültür merkezi yapılıyor.

Deyim şeklindeki kullanılışı:

Wege bauen. Yol inşa etmek.

Mist bauen. Halt etmek; nane yemek.

Einen Unfall bauen. Bir kazaya sebep olmak.

Ein Schiff bauen. Bir gemi inşa etmek.

Auf jemanden bauen. Birisine güvenmek.

Luftschlösser bauen. Hayal peşinde koşmak.

Türetilen şekilleri:

abbauen [apbauın] sökmek, demonte etmek

anbauen [anbauın] (bina) eklemek; (bitki) ekmek

aufbauen [aufbauın] yapmak, inşa etmek, kurmak

umbauen [umbauın] tadilat yapmak, değiştirmek

erbauen [erbauın] (bina) inşa etmek; yapmak

Imperativ	Emir şekli
du – bau(e)!	kur!
bauen wir!	kuralım!
ihr – baut!	kurun!
bauen Sie!	kurunuz!

14 beginnen [bıginın] başlamak

beginnen [bıginın] - **begann** [bıgan] - **hat begonnen** [hat bıgonın]

INDIKATIV — BİLDİRME KİPİ

Präsens

ich beginne
[**ih** bıginı]
(başlıyorum)
du beginnst
er, sie, es beginnt
wir beginnen
ihr beginnt
sie, Sie beginnen

Perfekt

ich habe begonnen
[**ih** ha:bı bıgonın]
(başladım)
du hast begonnen
er, sie, es hat begonnen
wir haben begonnen
ihr habt begonnen
sie, Sie haben begonnen

Futur I

ich werde beginnen
[**ih** ve:rdı bıginın]
(başlayacağım)
du wirst beginnen
er, sie, es wird beginnen
wir werden beginnen
ihr werdet beginnen
sie, Sie werden beginnen

Präteritum

ich begann
[**ih** bıgan]
(başladım)
du begannst
er, sie, es begann
wir begannen
ihr begannt
sie, Sie begannen

Plusquamperfekt

ich hatte begonnen
[**ih** hatı bıgonın]
(başlamıştım)
du hattest begonnen
er, sie, es hatte begonnen
wir hatten begonnen
ihr hattet begonnen
sie, Sie hatten begonnen

Futur II

ich werde begonnen haben
[**ih** ve:rdı bıgonın ha:bın]
(başlamış olacağım)
du wirst begonnen haben
er, sie, es wird begonnen haben
wir werden begonnen haben
ihr werdet begonnen haben
sie, Sie werden begonnen haben

KONJUNKTIV — DİLEK KİPİ

Konjunktiv I

ich beginne
[**ih** bıginı]
(başlarım)
du beginnest
er, sie, es beginne
wir beginnen
ihr beginnet
sie, Sie beginnen

Perfekt

ich habe begonnen
[**ih** ha:bı bıgonın]
(başlamışım)
du habest begonnen
er, sie, es habe begonnen
wir haben begonnen
ihr habet begonnen
sie, Sie haben begonnen

Futur I

ich werde beginnen
[**ih** ve:rdı bıginın]
(başlıyacaktım)
du werdest beginnen
er, sie, es werde beginnen
wir werden beginnen
ihr werdet beginnen
sie, Sie werden beginnen

Konjunktiv II

ich begänne
[**ih** bıgenı]
(başlardım)
du begännest
er, sie, es begänne
wir begännen
ihr begännet
sie, Sie begännen

Plusquamperfekt

ich hätte begonnen
[**ih** hetı bıgonın]
(başlamış olsaydım)
du hättest begonnen
er, sie, es hätte begonnen
wir hätten begonnen
ihr hättet begonnen
sie, Sie hätten begonnen

Futur II

ich werde begonnen haben
[**ih** ve:rdı bıgonın ha:bın]
(almış olacaktım)
du werdest begonnen haben
er, sie, es werde begonnen haben
wir werden begonnen haben
ihr werdet begonnen haben
sie, Sie werden begonnen haben

Kullanım bilgisi ve örnekleri:

Ich habe mit meinen Freunden Fußball gespielt.
Arkadaşlarımla futbol oynadım.

Es beginnt zu schneien.
Kar yağmaya başlıyor.

Ein neues Jahrtausend hat begonnen.
Yeni binyıl (milenyum) başladı.

Der Wald beginnt hinter diesem Haus.
Orman bu evin arkasından başlıyor.

Bald beginnen die Sommerferien.
Yakında yaz tatili başlıyor.

Das Endspiel beginnt.
Final maçı başlıyor.

Sie beginnt sofort zu weinen.
Hemen ağlamaya başlıyor.

Das Theater beginnt um neun Uhr.
Tiyatro saat dokuzda başlıyor.

Im September beginnt die Schule wieder.
Okul eylül ayında yeniden başlıyor.

Er beginnt morgen seine Lehre.
Yarın çıraklık eğitimine başlıyor.

Deyim şeklindeki kullanılışı:

Eine Arbeit beginnen. Bir işe başlamak.

Einen Bericht beginnen. Bir rapor (yazmaya) başlamak.

Ein Gespräch beginnen. Bir görüşmeye başlamak.

Zu begreifen beginnen. İşi çakmak; anlamaya başmak.

Imperativ	Emir şekli
du – beginn(e)!	başla!
beginnen wir!	başlayalım!
ihr – beginnt!	başlayın!
beginnen Sie!	başlayınız!

15 beißen [baysın] ısırmak; sokmak

beißen [baysın] - **biss** [bis] - **hat gebissen** [hat gıbisın]

INDIKATIV — BİLDİRME KİPİ

Präsens

ich beiße
[ih baysı]
(ısırıyorum)
du beißt
er, sie, es beißt
wir beißen
ihr beißt
sie, Sie beißen

Präteritum

ich biss
[ih bis]
(ısırdım)
du bissest
er, sie, es biss
wir bissen
ihr biss(e)t
sie, Sie bissen

Perfekt

ich habe gebissen
[ih ha:bı gıbisın]
(ısırdım)
du hast gebissen
er, sie, es hat gebissen
wir haben gebissen
ihr habt gebissen
sie, Sie haben gebissen

Plusquamperfekt

ich hatte gebissen
[ih hatı gıbisın]
(ısırmıştım)
du hattest gebissen
er, sie, es hatte gebissen
wir hatten gebissen
ihr hattet gebissen
sie, Sie hatten gebissen

Futur I

ich werde beißen
[ih ve:rdı baysın]
(ısıracağım)
du wirst beißen
er, sie, es wird beißen
wir werden beißen
ihr werdet beißen
sie, Sie werden beißen

Futur II

ich werde gebissen haben
[ih ve:rdı gıbisın ha:bın]
(ısırmış olacağım)
du wirst gebissen haben
er, sie, es wird gebissen haben
wir werden gebissen haben
ihr werdet gebissen haben
sie, Sie werden gebissen haben

KONJUNKTIV — DİLEK KİPİ

Konjunktiv I

ich beiße
[ih baysı]
(ısırırım)
du beißest
er, sie, es beiße
wir beißen
ihr beißet
sie, Sie beißen

Konjunktiv II

ich bisse
[ih bisı]
(ısırırdım)
du bissest
er, sie, es bisse
wir bissen
ihr bisset
sie, Sie bissen

Perfekt

ich habe gebissen
[ih ha:bı gıbisın]
(ısırmışım)
du habest gebissen
er, sie, es habe gebissen
wir haben gebissen
ihr habet gebissen
sie, Sie haben gebissen

Plusquamperfekt

ich hätte gebissen
[ih he:tı gıbisın]
(ısırmış olsaydım)
du hättest gebissen
er, sie, es hätte gebissen
wir hätten gebissen
ihr hättet gebissen
sie, Sie hätten gebissen

Futur I

ich werde beißen
[ih ve:rdı baysın]
(ısırmış olacaktım)
du werdest beißen
er, sie, es werde beißen
wir werden beißen
ihr werdet beißen
sie, Sie werden beißen

Futur II

ich werde gebissen haben
[ih ve:rdı gıbisın ha:bın]
(ısırmış olacaktım)
du werdest gebissen haben
er, sie, es werde gebissen haben
wir werden gebissen haben
ihr werdet gebissen haben
sie, Sie werden gebissen haben

Kullanım bilgisi ve örnekleri:

Der Hund beißt in die Wurst.
Köpek sosisi ısırıyor.

Der alte Mann kann den harten Apfel nicht beißen.
Yaşlı adam sert elmayı ısıramıyor.

Ich habe mir auf die Zunge gebissen.
Dilimi ısırdım.

Die Schlange biss den Bauer.
Yılan çiftçiyi soktu.

Bellende Hunde beißen nicht.
Havlayan köpek ısırmaz.

Deyim şeklindeki kullanılışı:

Nichts zu beißen haben. Yiyecek bir şeyi olmamak.

Die Farben beißen sich. Renkleri uyuşmamak.

Ins Gras beißen. Nalları dikmek; Ölmek.

Auf die Zunge beißen. Sesini kesmek.

Benzer fiiller ve anlamları:

abbeißen [apbaysın] ısırıp koparmak

anbeißen [anbaysın] bir şeyi ısırmak

durchbeißen [durhbaysın] ısırıp parçalamak

zubeißen [tsu'baysın] hızlıca ve kuvvetlice ısırmak

zerbeißen [tserbaysın] ısırıp parçalara ayırmak

Imperativ	Emir şekli
du – beiß(e)!	bırak!
beißen wir!	bırakalım!
ihr – beißt!	bırakın!
beißen Sie!	bırakınız!

16 bleiben [blaybın] kalmak

bleiben [blaybın] - **blieb** [bli:p] - **ist geblieben** [ist gıbli:bın]

INDIKATIV — BİLDİRME KİPİ

Präsens

ich bleibe
[ih blaybı]
(kalıyorum)
du bleibst
er, sie, es bleibt
wir bleiben
ihr bleibt
sie, Sie bleiben

Perfekt

ich bin geblieben
[ih bin gıbli:bın]
(kaldım)
du bist geblieben
er, sie, es ist geblieben
wir sind geblieben
ihr seid geblieben
sie, Sie sind geblieben

Futur I

ich werde bleiben
[ih ve:rdı blaybın]
(kalacağım)
du wirst bleiben
er, sie, es wird bleiben
wir werden bleiben
ihr werdet bleiben
sie, Sie werden bleiben

Präteritum

ich blieb
[ih bli:p]
(kaldım)
du bliebst
er, sie, es blieb
wir blieben
ihr bliebt
sie, Sie blieben

Plusquamperfekt

ich war geblieben
[ih va:r gıbli:bın]
(kalmıştım)
du warst geblieben
er, sie, es war geblieben
wir waren geblieben
ihr wart geblieben
sie, Sie waren geblieben

Futur II

ich werde geblieben sein
[ih ve:rdı gıbli:bın zayn]
(kalmış olacağım)
du wirst geblieben sein
er, sie, es wird geblieben sein
wir werden geblieben sein
ihr werdet geblieben sein
sie, Sie werden geblieben sein

KONJUNKTIV — DİLEK KİPİ

Konjunktiv I

ich bleibe
[ih blaybı]
(kalırım)
du bleibest
er, sie, es bleibe
wir bleiben
ihr bleibet
sie, Sie bleiben

Perfekt

ich sei geblieben
[ih zay gıbli:bın]
(kalmışım)
du sei(e)st geblieben
er, sie, es sei geblieben
wir seien geblieben
ihr sei(e)t geblieben
sie, Sie seien geblieben

Futur I

ich werde bleiben
[ih ve:rdı blaybın]
(kalacaktım)
du werdest bleiben
er, sie, es werde bleiben
wir werden bleiben
ihr werdet bleiben
sie, Sie werden bleiben

Konjunktiv II

ich bliebe
[ih bli:bı]
(kalırdım)
du bliebest
er, sie, es bliebe
wir blieben
ihr bliebet
sie, Sie blieben

Plusquamperfekt

ich wäre geblieben
[ih ve:rı gıbli:bın]
(kalmış olsaydım)
du wärest geblieben
er, sie, es wäre geblieben
wir wären geblieben
ihr wär(e)t geblieben
sie, Sie wären geblieben

Futur II

ich werde geblieben sein
[ih ve:rdı gıbli:bın zayn]
(kalmış olacaktım)
du werdest geblieben sein
er, sie, es werde geblieben sein
wir werden geblieben sein
ihr werdet geblieben sein
sie, Sie werden geblieben sein

Kullanım bilgisi ve örnekleri:

Ich bin drei Tage in Berlin geblieben.
Berlin'de üç gün kaldım.

Wo bleibt sie denn?
Nerede kaldı o?

Er bleibt bei seiner Meinung.
Fikrini değiştirmedi.

Wie lange möchten Sie hier bleiben?
Burada ne kadar süre kalmak istersiniz?

Deyim şeklindeki kullanılışı:

Bei jemandem bleiben. Birinin yanında kalmak.

Bei etwas bleiben. Vazgeçmemek, sadık kalmak.

Am Leben bleiben. Hayatta kalmak.

Liegen bleiben. (Yattığı yerden) kalkmamak.

Bleiben Sie am Apparat! Telefondan ayrılmayınız! (Hatta kalınız!)

Türetilen şekilleri:

aufbleiben [aufblaybın] uyanık kalmak, yatmamak

ausbleiben [ausblaybın] olmamak

überbleiben [ü:bırblaybın] artmak, kalmak

unterbleiben [untırblaybın] bir daha olmamak/yapılmamak

verbleiben [ferblaybın] geri kalmak

Imperativ	Emir şekli
du – bleib(e)!	kal!
bleiben wir!	kalalım!
ihr – bleibt!	kalın!
bleiben Sie!	kalınız!

17 danken [dankın] teşekkür etmek

danken [dankın] - **dankte** [danktı] - **hat gedankt** [hat gıdankt]

INDIKATIV — BİLDİRME KİPİ

Präsens	Perfekt	Futur I
ich danke	**ich habe gedankt**	**ich werde danken**
[ih dankı]	[ih ha:bı gıdankt]	[ih ve:rdı dankın]
(teşekkür ediyorum)	(teşekkür ettim)	(teşekkür edeceğim)
du dankst	**du hast gedankt**	**du wirst danken**
er, sie, es dankt	**er, sie, es hat gedankt**	**er, sie, es wird danken**
wir danken	**wir haben gedankt**	**wir werden danken**
ihr dankt	**ihr habt gedankt**	**ihr werdet danken**
sie, Sie danken	**sie, Sie haben gedankt**	**sie, Sie werden danken**

Präteritum	Plusquamperfekt	Futur II
ich dankte	**ich hatte gedankt**	**ich werde gedankt haben**
[ih danktı]	[ih hatı gıdankt]	[ih ve:rdı gıdankt ha:bın]
(teşekkür ettim)	(teşekkür etmiştim)	(teşekkür etmiş olacağım)
du danktest	**du hattest gedankt**	**du wirst gedankt haben**
er, sie, es dankte	**er, sie, es hatte gedankt**	**er, sie, es wird gedankt haben**
wir dankten	**wir hatten gedankt**	**wir werden gedankt haben**
ihr danktet	**ihr hattet gedankt**	**ihr werdet gedankt haben**
sie, Sie dankten	**sie, Sie hatten gedankt**	**sie, Sie werden gedankt haben**

KONJUNKTIV — DİLEK KİPİ

Konjunktiv I	Perfekt	Futur I
ich danke	**ich habe gedankt**	**ich werde danken**
[ih dankı]	[ih ha:bı gıdankt]	[ih ve:rdı dankın]
(teşekkür ederim)	(teşekkür etmiştim)	(teşekkür edecektim)
du dankest	**du habest gedankt**	**du werdest danken**
er, sie, es danke	**er, sie, es habe gedankt**	**er, sie, es werde danken**
wir danken	**wir haben gedankt**	**wir werden danken**
ihr danket	**ihr habet gedankt**	**ihr werdet danken**
sie, Sie danken	**sie, Sie haben gedankt**	**sie, Sie werden danken**

Konjunktiv II	Plusquamperfekt	Futur II
ich dankte	**ich hätte gedankt**	**ich werde gedankt haben**
[ih danktı]	[ih hetı gıdankt]	[ih ve:rdı gıdankt ha:bın]
(teşekkür ederdim)	(teşekkür etmiş olsaydım)	(teşekkür etmiş olacaktım)
du danktest	**du hättest gedankt**	**du werdest gedankt haben**
er, sie, es dankte	**er, sie, es hätte gedankt**	**er,sie, es werde gedankt haben**
wir dankten	**wir hätten gedankt**	**wir werden gedankt haben**
ihr danktet	**ihr hättet gedankt**	**ihr werdet gedankt haben**
sie, Sie dankten	**sie, Sie hätten gedankt**	**sie, Sie werden gedankt haben**

AÇIKLAMALAR

Kullanım bilgisi ve örnekleri:

Sie dankt ihrer Mutter für das schöne Kleid.
Annesine güzel kazak için teşekkür ediyor.

Du dankst ihm für die Blumen.
Ona çiçekler için teşekkür ediyorsun.

Ich danke, mir reicht es.
Teşekkür ederim, bu bana yeter.

Wir dankten ihnen freundlich.
Onlara dostça teşekkür ettik.

Ich danke Ihnen vielmals für Ihre Bemühungen.
Çabalarınız için size çok teşekkür ederim.

Die Kinder haben mir gedankt.
Çocuklar bana teşekkür ettiler.

Deyim şeklindeki kullanılışı:

Im Voraus danken. Şimdiden teşekkür etmek.

Nichts zu danken. Teşekküre değmez, bir şey değil.

Jemandem herzlich danken. Birisine candan teşekkür etmek.

Türetilen şekilleri:

abdanken [apdankın] istifa etmek, görevinden ayrılmak

bedanken [bıdankın] bir şey için teşekkür etmek

verdanken [fer'dankın] bir şeyi birine borçlu olmak

Imperativ	Emir şekli
du – dank(e)!	teşekkür et!
danken wir!	teşekkür edelim!
ihr – dankt!	teşekkür edin!
danken Sie!	teşekkür ediniz!

18 denken [denkın] düşünmek

denken [denkın] - **dachte** [dahtı] - **hat gedacht** [hat gıdaht]

INDIKATIV — BİLDİRME KİPİ

Präsens

ich denke
[ih denkı]
(düşünüyorum)
du denkst
er, sie, es denkt
wir denken
ihr denkt
sie, Sie denken

Perfekt

ich habe gedacht
[ih ha:bı gıdaht]
(düşündüm)
du hast gedacht
er, sie, es hat gedacht
wir haben gedacht
ihr habt gedacht
sie, Sie haben gedacht

Futur I

ich werde Denken
[ih ve:rdı denkın]
(düşüneceğim)
du wirst Denken
er, sie, es wird Denken
wir werden Denken
ihr werdet Denken
sie, Sie werden Denken

Präteritum

ich dachte
[ih dahtı]
(düşündüm)
du dachtest
er, sie, es dachte
wir dachten
ihr dachtet
sie, Sie dachten

Plusquamperfekt

ich hatte gedacht
[ih hatı gıdaht]
(düşünmüştüm)
du hattest gedacht
er, sie, es hatte gedacht
wir hatten gedacht
ihr hattet gedacht
sie, Sie hatten gedacht

Futur II

ich werde gedacht haben
[ih ve:rdı gıdaht ha:bın]
(düşünmüş olacağım)
du wirst gedacht haben
er, sie, es wird gedacht haben
wir werden gedacht haben
ihr werdet gedacht haben
sie, Sie werden gedacht haben

KONJUNKTIV — DİLEK KİPİ

Konjunktiv I

ich denke
[ih denkı]
(düşünürüm)
du denkest
er, sie, es denke
wir denken
ihr denket
sie, Sie denken

Perfekt

ich habe gedacht
[ih ha:bı gıdaht]
(düşünmüşüm)
du habest gedacht
er, sie, es habe gedacht
wir haben gedacht
ihr habet gedacht
sie, Sie haben gedacht

Futur I

ich werde Denken
[ih ve:rdı denkın]
(düşünecektim)
du werdest Denken
er, sie, es werde Denken
wir werden Denken
ihr werdet Denken
sie, Sie werden Denken

Konjunktiv II

ich dächte
[ih dehtı]
(düşünürdüm)
du dächtest
er, sie, es dächte
wir dächten
ihr dächtet
sie, Sie dächten

Plusquamperfekt

ich hätte gedacht
[ih hetı gıdaht]
(düşünmüş olsaydım)
du hättest gedacht
er, sie, es hätte gedacht
wir hätten gedacht
ihr hättet gedacht
sie, Sie hätten gedacht

Futur II

ich werde gedacht haben
[ih ve:rdı gıdaht ha:bın]
(düşünmüş olacaktım)
du werdest gedacht haben
er,sie, es werde gedacht haben
wir werden gedacht haben
ihr werdet gedacht haben
sie, Sie werden gedacht haben

Kullanım bilgisi ve örnekleri:

Wer hätte das gedacht?
Kimin aklına gelirdi bu?

Ich dachte mir die Sache so: ...
Meseleyi şöyle düşünmüştüm: ...

Was denkst du gerade?
Şu anda ne düşünüyorsun?

Denk daran, dass du noch deine Hausaufgaben machen musst!
Daha ev ödevlerini yapmak zorunda olduğunu unutma!

Deyim şeklindeki kullanılışı:

Logisch denken. Mantıklı düşünmek.

Schlechtes denken. Kötü şeyler düşünmek.

Erst denken dann handeln. Önce düşünüp, ona göre davranmak.

Türetilen şekilleri:

ausdenken [ausdenkın] bir şeyi tasarlamak

bedenken [bıdenkın] düşünmek

erdenken [erdenkın] tasavvur etmek

nachdenken [nahdenkın] düşünüp taşınmak

durchdenken [durhdenkın] iyice düşünmek

verdenken [fer'denkın] birisine bir şeyden dolayı alınmak

Imperativ	Emir şekli
du – denk(e)!	düşün!
denken wir!	düşünelim!
ihr – denkt!	düşünün!
denken Sie!	düşününüz!

9 drücken [drükın] basmak; itmek; sıkmak

drücken [drükın] - **drückte** [drüktı] - **hat gedrückt** [hat gıdrükt]

INDIKATIV — BİLDİRME KİPİ

Präsens	Perfekt	Futur I
ich drücke	**ich habe gedrückt**	**ich werde drücken**
[ih drükı]	[ih ha:bı gıdrükt]	[ih ve:rdı drükın]
(basıyorum)	(bastım)	(basacağım)
du drückst	**du hast gedrückt**	**du wirst drücken**
er, sie, es drückt	**er, sie, es hat gedrückt**	**er, sie, es wird drücken**
wir drücken	**wir haben gedrückt**	**wir werden drücken**
ihr drückt	**ihr habt gedrückt**	**ihr werdet drücken**
sie, Sie drücken	**sie, Sie haben gedrückt**	**sie, Sie werden drücken**

Präteritum	Plusquamperfekt	Futur II
ich drückte	**ich hatte gedrückt**	**ich werde gedrückt haben**
[ih drüktı]	[ih hatı gıdrükt]	[ih ve:rdı gıdrükt ha:bın]
(bastım)	(basmıştım)	(basmış olacağım)
du drücktest	**du hast gedrückt**	**du wirst gedrückt haben**
er, sie, es drückte	**er, sie, es hat gedrückt**	**er, sie, es wird gedrückt haben**
wir drückten	**wir haben gedrückt**	**wir werden gedrückt haben**
ihr drücktet	**ihr habt gedrückt**	**ihr werdet gedrückt haben**
sie, Sie drückten	**sie, Sie haben gedrückt**	**sie, Sie werden gedrückt haben**

KONJUNKTIV — DİLEK KİPİ

Konjunktiv I	Perfekt	Futur I
ich drücke	**ich habe gedrückt**	**ich werde drücken**
[ih drükı]	[ih ha:bı gıdrükt]	[ih ve:rdı drükın]
(basarım)	(basmışım)	(basacaktım)
du drückest	**du habest gedrückt**	**du werdest drücken**
er, sie, es drücke	**er, sie, es habe gedrückt**	**er, sie, es werde drücken**
wir drücken	**wir haben gedrückt**	**wir werden drücken**
ihr drücket	**ihr habet gedrückt**	**ihr werdet drücken**
sie, Sie drücken	**sie, Sie haben gedrückt**	**sie, Sie werden drücken**

Konjunktiv II	Plusquamperfekt	Futur II
ich drückte	**ich hätte gedrückt**	**ich werde gedrückt haben**
[ih drüktı]	[ih hetı gıdrükt]	[ih ve:rdı gıdrükt ha:bın]
(basardım)	(basmış olsaydım)	(basmış olacaktım)
du drücktest	**du hättest gedrückt**	**du werdest gedrückt haben**
er, sie, es drückte	**er, sie, es hätte gedrückt**	**er, sie, es werde gedrückt haben**
wir drückten	**wir hätten gedrückt**	**wir werden gedrückt haben**
ihr drücktet	**ihr hättet gedrückt**	**ihr werdet gedrückt haben**
sie, Sie drückten	**sie, Sie hätten gedrückt**	**sie, Sie werden gedrückt haben**

Kullanım bilgisi ve örnekleri:

Wir drückten ihn zur Seite.
Onu kenara ittik.

Sie hat sich vor der Einladung gedrückt.
Davetten kaçtı.

Der Direktor drückte mir die Hand.
Müdür benim elimi sıktı.

Deyim şeklindeki kullanılışı:

Drücken! İtiniz!

Bitte Knopf drücken! Lütfen düğmeye basınız!

Jemandem die Hand drücken. Birinin elini sıkmak, tokalaşmak.

Jemanden zu Boden drücken. Birisini yere sermek.

Auf die Tube drücken. Gaza basmak.

Jemandem die Daumen drücken. Birisine şans dilemek.

Türetilen şekilleri:

abdrücken [apdrükın] tetiği çekmek; basarak kalıbını çıkarmak

erdrücken [erdrükın] ezmek, çiğnemek

aufdrücken [aufdrükın] bir şeyi başka bir şeyin üzerine basmak; iterek açmak

sich drücken [zih drükın] bir şeyden kaçmak

verdrücken [fer'drükın] mideye indirmek

zerdrücken [tser'drükın] ezmek

unterdrücken [untır'drükın] baskı altında tutmak, ezmek

Imperativ	Emir şekli
du – drück(e)!	bas!
drücken wir!	basalım!
ihr – drückt!	basın!
drücken Sie!	basınız!

20 dürfen [dürfın] izinli olmak

dürfen [dürfın] - **durfte** [durftı] - **hat gedurft** [hat gıdurft]

INDIKATIV — BİLDİRME KİPİ

Präsens

ich darf
[**ih** darf]
(izinliyim)
du darfst
er, sie, es darf
wir dürfen
ihr dürft
sie, Sie dürfen

Perfekt

ich habe gedurft
[**ih** ha:bı gedurft]
(izinliydim)
du hast gedurft
er, sie, es hat gedurft
wir haben gedurft
ihr habt gedurft
sie, Sie haben gedurft

Futur I

ich werde dürfen
[**ih** ve:rdı dürfın]
(izinli olacağım)
du wirst dürfen
er, sie, es wird dürfen
wir werden dürfen
ihr werdet dürfen
sie, Sie werden dürfen

Präteritum

ich durfte
[**ih** du:rftı]
(izinliydim)
du durftest
er, sie, es durfte
wir durften
ihr durftet
sie, Sie durften

Plusquamperfekt

ich hatte gedurft
[**ih** hatı gıdurft]
(izinli olmuştum)
du hattest gedurft
er, sie, es hatte gedurft
wir hatten gedurft
ihr hattet gedurft
sie, Sie hatten gedurft

Futur II

ich werde gedurft haben
[**ih** ve:rdı gıdurft ha:bın]
(izinli olmuş olacağım)
du wirst gedurft haben
er, sie, es wird gedurft haben
wir werden gedurft haben
ihr werdet gedurft haben
sie, Sie werden gedurft haben

KONJUNKTIV — DİLEK KİPİ

Konjunktiv I

ich dürfe
[**ih** dürfı]
(izinli olurum)
du dürfest
er, sie, es dürfe
wir dürfen
ihr dürfet
sie, Sie dürfen

Perfekt

ich habe gedurft
[**ih** ha:bı gıdurft]
(izinli olmuştum)
du habest gedurft
er, sie, es habe gedurft
wir habeen gedurft
ihr habet gedurft
sie, Sie haben gedurft

Futur I

ich werde dürfen
[**ih** ve:rdı dürfın]
(izinli olacakmışım)
du werdest dürfen
er, sie, es werde dürfen
wir werden dürfen
ihr werdet dürfen
sie, Sie werden dürfen

Konjunktiv II

ich dürfte
[**ih** dürftı]
(izinli olurdum)
du dürftest
er, sie, es dürfte
wir dürften
ihr dürftet
sie, Sie dürften

Plusquamperfekt

ich hätte gedurft
[**ih** hetı gıdurft]
(izinli olmuş olsaydım)
du hättest gedurft
er, sie, es hätte gedurft
wir hätten gedurft
ihr hättet gedurft
sie, Sie hätten gedurft

Futur II

ich werde gedurft haben
[**ih** ve:rdı gıdurft ha:bın]
(izinli olmuş olacaktım)
du werdest gedurft haben
er, sie, es werde gedurft haben
wir werden gedurft haben
ihr werdet gedurft haben
sie, Sie werden gedurft haben

AÇIKLAMALAR

Kullanım bilgisi ve örnekleri:

"**Dürfen**" yardımcı fiili "bir şeyi yapmaya izinli olmak ya da o şeyi yapmaya hakkı olmak" anlamına gelir. Şahıs zamirleriyle birlikte çekimlenir, yardımcı olduğu tam fiil ise "**Infinitiv**" yani "mastar" halinde sona gelir.

Wir dürfen heute ins Kino gehen.
Biz bugün sinemaya gidebiliriz. (Gitmemiz için gerekli olan izne sahibiz).

Darf man hier rauchen?
Burada sigara içilebilir mi?

Die Kinder dürfen erst spielen, wenn ihre Hausaufgaben fertig sind.
Çocuklar ev ödevlerini bitirdikten sonra oyun oynayabilirler.

Peter darf heute Nachmittag zu mir kommen.
Peter bugün öğleden sonra bana gelebilir.

Darf ich Sie etwas fragen?
Size bir şey sorabilir miyim?

Das darf nicht passieren.
Bu olmamalı.

Das dürfen Sie mir glauben.
Bana inanabilirsiniz.

Du darfst das Haus nicht verlassen.
Evden çıkmamalısın.

Deyim şeklindeki kullanılışı:

Was darf es sein? Ne arzu edersiniz?

Etwas dürfen. Bir şeyi yapmaya izinli olmak.

Ich darf nicht! İznim yok!, izin almadım!

Wenn ich bitten darf! Rica ederim!, buyurun!

Darf ich ...? Müsaade eder misiniz?

Imperativ	Emir şekli
-	-
-	-
-	-
-	-

21 essen [esın] (yemek) yemek

essen [esın] - **aß** [a:s] - **hat gegessen** [hat gıgesın]

INDIKATIV — BİLDİRME KİPİ

Präsens

ich esse
[ih esı]
(yiyorum)
du isst
er, sie, es isst
wir essen
ihr esst
sie, Sie essen

Perfekt

ich habe gegessen
[ih ha:bı gıgesın]
(yedim)
du hast gegessen
er, sie, es hat gegessen
wir haben gegessen
ihr habt gegessen
sie, Sie haben gegessen

Futur I

ich werde essen
[ih ve:rdı esın]
(yiyeceğim)
du wirst essen
er, sie, es wird essen
wir werden essen
ihr werdet essen
sie, Sie werden essen

Präteritum

ich aß
[ih a:s]
(yedim)
du aßest
er, sie, es aß
wir aßen
ihr aß(e)t
sie, Sie aßen

Plusquamperfekt

ich hatte gegessen
[ih hatı gıgesın]
(yemiştim)
du hattest gegessen
er, sie, es hatte gegessen
wir hatten gegessen
ihr hattet gegessen
sie, Sie hatten gegessen

Futur II

ich werde gegessen haben
[ih ve:rdı gıgesın ha:bın]
(yemiş olacağım)
du wirst gegessen haben
er, sie, es wird gegessen haben
wir werden gegessen haben
ihr werdet gegessen haben
sie, Sie werden gegessen haben

KONJUNKTIV — DİLEK KİPİ

Konjunktiv I

ich esse
[ih esı]
(yerim)
du essest
er, sie, es esse
wir essen
ihr esset
sie, Sie essen

Perfekt

ich habe gegessen
[ih ha:bı gıgesın]
(yemişim)
du habest gegessen
er, sie, es habe gegessen
wir haben gegessen
ihr habet gegessen
sie, Sie haben gegessen

Futur I

ich werde essen
[ih ve:rdı esın]
(yiyecektim)
du werdest essen
er, sie, es werde essen
wir werden essen
ihr werdet essen
sie, Sie werden essen

Konjunktiv II

ich äße
[ih e:sı]
(yerdim)
du äßest
er, sie, es äße
wir äßen
ihr äßet
sie, Sie äßen

Plusquamperfekt

ich hätte gegessen
[ih he:tı gıgesın]
(yemiş olsaydım)
du hättest gegessen
er, sie, es hätte gegessen
wir hätten gegessen
ihr hättet gegessen
sie, Sie hätten gegessen

Futur II

ich werde gegessen haben
[ih ve:rdı gıgesın ha:bın]
(yemiş olacaktım)
du werdest gegessen haben
er, sie, es werde gegessen haben
wir werden gegessen haben
ihr werdet gegessen haben
sie, Sie werden gegessen haben

Kullanım bilgisi ve örnekleri:

Ich möchte nur Reis essen.
Sadece pilav yemek istiyorum.

Hast du schon gegessen?
Yemek yedin mi?

Der Patient darf wieder alles essen.
Hasta yine her şeyi yiyebilir.

Hast du immer noch nicht gegessen?
Halâ yemek yemedin mi?

Ich esse gerade zu Mittag.
Şuanda öğle yemeği yiyorum.

Alle Menschen müssen essen.
Bütün insanlar yemek yemek zorundadır.

Deyim şeklindeki kullanılışı:

Viel essen. Çok yemek

Apfel essen. Elma yemek.

Dreimal täglich essen. Günde üç defa yemek yemek.

Vom Teller essen. Tabaktan yemek.

Mit langen Zähnen essen. Yüzünü ekşitmek.

Benzer fiiller ve anlamları:

mitessen [mit'es:ın] birlikte yemek yemek

weiteressen [vaytır'es:ın] yemek yemeğe devam etmek

aufessen [aufes:ın] yiyip bitirmek

Imperativ	Emir şekli
du – iss!	ye!
essen wir!	yiyelim!
ihr – esst!	yiyin!
essen Sie!	yiyiniz!

22 **fahren** [fa:rın] (bir araçla) gitmek; (bir araç) kullanmak, sürmek

fahren [fa:rın] - **fuhr** [fu:r] - **ist/hat gefahren** [ist/hat gıfa:rın]

INDIKATIV — BİLDİRME KİPİ

Präsens	Perfekt	Futur I
ich fahre	**ich bin gefahren**	**ich werde fahren**
[ih fa:rı]	[ih bin gıfa:rın]	[ih ve:rdı fa:rın]
(gidiyorum)	(gittim)	(gideceğim)
du fährst	**du bist gefahren**	**du wirst fahren**
er, sie, es fährt	**er, sie, es ist gefahren**	**er, sie, es wird fahren**
wir fahren	**wir sind gefahren**	**wir werden fahren**
ihr fahrt	**ihr seid gefahren**	**ihr werdet fahren**
sie, Sie fahren	**sie, Sie sind gefahren**	**sie, Sie werden fahren**

Präteritum	Plusquamperfekt	Futur II
ich fuhr	**ich war gefahren**	**ich werde gefahren sein**
[ih fu:r]	[ih va:r gıfa:rın]	[ih ve:rdı gıfa:rın zayn]
(gittim)	(gitmiştim)	(gitmiş olacağım)
du fuhrst	**du warst gefahren**	**du wirst gefahren sein**
er, sie, es fuhr	**er, sie, es war gefahren**	**er, sie, es wird gefahren sein**
wir fuhren	**wir waren gefahren**	**wir werden gefahren sein**
ihr fuhrt	**ihr wart gefahren**	**ihr werdet gefahren sein**
sie, Sie fuhren	**sie, Sie waren gefahren**	**sie, Sie werden gefahren sein**

KONJUNKTIV — DİLEK KİPİ

Konjunktiv I	Perfekt	Futur I
ich fahre	**ich sei gefahren**	**ich werde fahren**
[ih fa:rı]	[ih zay gıfa:rın]	[ih ve:rdı fa:rın]
(giderim)	(gitmişim)	(gidecektim)
du fahrest	**du sei(e)st gefahren**	**du werdest fahren**
er, sie, es fahre	**er, sie, es sei gefahren**	**er, sie, es werde fahren**
wir fahren	**wir seien gefahren**	**wir werden fahren**
ihr fahret	**ihr sei(e)t gefahren**	**ihr werdet fahren**
sie, Sie fahren	**sie, Sie seien gefahren**	**sie, Sie werden fahren**

Konjunktiv II	Plusquamperfekt	Futur II
ich führe	**ich wäre gefahren**	**ich werde gefahren sein**
[ih fü:rı]	[ih ve:rı gıfa:rın]	[ih ve:rdı gıfa:rın zayn]
(giderdim)	(gitmiş olsaydım)	(gitmiş olacaktım)
du führest	**du wärest gefahren**	**du werdest gefahren sein**
er, sie, es führe	**er, sie, es wäre gefahren**	**er, sie, es werde gefahren sein**
wir führen	**wir wären gefahren**	**wir werden gefahren sein**
ihr führet	**ihr wär(e)t gefahren**	**ihr werdet gefahren sein**
sie, Sie führen	**sie, Sie wären gefahren**	**sie, Sie werden gefahren sein**

AÇIKLAMALAR

Kullanım bilgisi ve örnekleri:

Ich bin in den Ferien nach Italien gefahren.
Tatilde (araçla) İtalya'ya gittim.

Wir sind durch einen Tunnel gefahren.
Tünelden (araçla) geçtik.

Der Busfahrer fuhr ziemlich schnell.
Otobüs şoförü oldukça hızlı gidiyordu.

Deyim şeklindeki kullanılışı:

Auto fahren. Otomobile binmek.

Rad fahren. Bisiklete binmek.

Ski fahren. Kayak yapmak.

Langsam fahren. Yavaş gitmek.

Links fahren! Soldan gidiniz!

Türetilen şekilleri:

abfahren [apfa:rın] (bir araçla) hareket etmek, yola çıkmak

anfahren [anfa:rın] (bir araçla) hareket etmek; yaklaşmak

auffahren [auffa:rın] (bir araçla) çarpmak

ausfahren [ausfa:rın] (bir araçla) gezmeye gitmek

befahren [bıfa:rın] (bir araçla/taşıtla) geçmek

erfahren [erfa:rın] öğrenmek; haber almak

verfahren [fer'fa:rın] (bir araçla) hareket etmek, yol izlemek

vorfahren [fo:r'fa:rın] (bir araçla) önde(n) gitmek

Imperativ	Emir şekli
du – fahr(e)!	git!
fahren wir!	gidelim!
ihr – fahrt!	gidin!
fahren Sie!	gidiniz!

23 **fangen** [fangın] yakalamak; tutmak

fangen [fangın] - **fing** [fing] - **hat gefangen** [hat gıfangın]

INDIKATIV — BİLDİRME KİPİ

Präsens

ich fange
[ih fangı]
(yakalıyorum)
du fängst
er, sie, es fängt
wir fangen
ihr fangt
sie, Sie fangen

Präteritum

ich fing
[ih fing]
(yakaladım)
du fingst
er, sie, es fing
wir fingen
ihr fingt
sie, Sie fingen

Perfekt

ich habe gefangen
[ih ha:bı gıfangın]
(yakaladım)
du hast gefangen
er, sie, es hat gefangen
wir haben gefangen
ihr habt gefangen
sie, Sie haben gefangen

Plusquamperfekt

ich hatte gefangen
[ih hatı gıfangın]
(yakalamıştım)
du hattest gefangen
er, sie, es hatte gefangen
wir hatten gefangen
ihr hattet gefangen
sie, Sie hatten gefangen

Futur I

ich werde fangen
[ih ve:rdı fangın]
(yakalayacağım)
du wirst fangen
er, sie, es wird fangen
wir werden fangen
ihr werdet fangen
sie, Sie werden fangen

Futur II

ich werde gefangen haben
[ih ve:rdı gıfangın ha:bın]
(yakalamış olacağım)
du wirst gefangen haben
er, sie, es wird gefangen haben
wir werden gefangen haben
ihr werdet gefangen haben
sie, Sie werden gefangen haben

KONJUNKTIV — DİLEK KİPİ

Konjunktiv I

ich fange
[ih fangı]
(yakalarım)
du fangest
er, sie, es fange
wir fangen
ihr fanget
sie, Sie fangen

Konjunktiv II

ich fing
[ih fing]
(yakalardım)
du fingest
er, sie, es finge
wir fingen
ihr finget
sie, Sie fingen

Perfekt

ich habe gefangen
[ih ha:bı gıfangın]
(yakalamışım)
du habest gefangen
er, sie, es habe gefangen
wir haben gefangen
ihr habet gefangen
sie, Sie haben gefangen

Plusquamperfekt

ich hätte gefangen
[ih he:tı gıfangın]
(yakalamış olsaydım)
du hättest gefangen
er, sie, es hätte gefangen
wir hätten gefangen
ihr hättet gefangen
sie, Sie hätten gefangen

Futur I

ich werde fangen
[ih ve:rdı fangın]
(yakalayacaktım)
du werdest fangen
er, sie, es werde fangen
wir werden fangen
ihr werdet fangen
sie, Sie werden fangen

Futur II

ich werde gefangen haben
[ih ve:rdı gıfangın ha:bın]
(yakalamış olacaktım)
du werdest gefangen haben
er, sie, es werde gefangen haben
wir werden gefangen haben
ihr werdet gefangen haben
sie, Sie werden gefangen haben

Kullanım bilgisi ve örnekleri:

Ali hat den Ball gefangen.
Ali topu tuttu.

Er hat heute fünf Fische gefangen.
O bugün beş balık yakaladı.

Die Katze von Lara fängt manchmal Mäuse.
Lara'nın kedisi bazen fare yakalar.

Sie versuchte im Wald Schmetterlinge zu fangen.
Ormanda kelebek yakalamaya çalıştı.

Du wirst gleich eine fangen.
Az sonra bir tane (gol) yiyeceksin.

Deyim şeklindeki kullanılışı:

Einen Ball fangen. Topu yakalamak.

Einen Dieb fangen. Hırsızı yakalamak.

Sich fangen. Kendine gelmek; ateşine tutulmak, gönlünü kaptırmak.

Benzer fiiller ve anlamları:

anfangen [anfangın] başlamak

auffangen [auffangın] yakalamak, tutmak

empfangen [empfangın] (teslim) almak

verfangen [fer'fangın] işe yaramak

Imperativ	Emir şekli
du – fang!	yakala!
fangen wir!	yakalayalım!
ihr – fangt!	yakalayın!
fangen Sie!	yakalayınız!

24 **finden** [findın] bulmak

finden [findın] - **fand** [fant] - **hat gefunden** [hat gıfundın]

INDIKATIV — BİLDİRME KİPİ

Präsens

ich finde
[ih findı]
(buluyorum)
du findest
er, sie, es findet
wir finden
ihr findet
sie, Sie finden

Perfekt

ich habe gefunden
[ih ha:bı gıfundın]
(buldum)
du hast gefunden
er, sie, es hat gefunden
wir haben gefunden
ihr habt gefunden
sie, Sie haben gefunden

Futur I

ich werde finden
[ih ve:rdı findın]
(bulacağım)
du wirst finden
er, sie, es wird finden
wir werden finden
ihr werdet finden
sie, Sie werden finden

Präteritum

ich fand
[ih fant]
(buldum)
du fandest
er, sie, es fand
wir fanden
ihr fandet
sie, Sie fanden

Plusquamperfekt

ich hatte gefunden
[ih hatı gıfundın]
(bulmuştum)
du hattest gefunden
er, sie, es hatte gefunden
wir hatten gefunden
ihr hattet gefunden
sie, Sie hatten gefunden

Futur II

ich werde gefunden haben
[ih ve:rdı gıfundın ha:bın]
(bulmuş olacağım)
du wirst gefunden haben
er, sie, es wird gefunden haben
wir werden gefunden haben
ihr werdet gefunden haben
sie, Sie werden gefunden haben

KONJUNKTIV — DİLEK KİPİ

Konjunktiv I

ich finde
[ih findı]
(bulurum)
du findest
er, sie, es findet
wir finden
ihr findet
sie, Sie finden

Perfekt

ich habe gefunden
[ih ha:bı gıfundın]
(bulmuşum)
du habest gefunden
er, sie, es habe gefunden
wir haben gefunden
ihr habet gefunden
sie, Sie haben gefunden

Futur I

ich werde finden
[ih ve:rdı findın]
(bulacaktım)
du werdest finden
er, sie, es werde finden
wir werden finden
ihr werdet finden
sie, Sie werden finden

Konjunktiv II

ich fände
[ih fendı]
(bulurdum)
du fändest
er, sie, es fände
wir fänden
ihr fändet
sie, Sie fänden

Plusquamperfekt

ich hätte gefunden
[ih he:tı gıfundın]
(bulmuş olsaydım)
du hättest gefunden
er, sie, es hätte gefunden
wir hätten gefunden
ihr hättet gefunden
sie, Sie hätten gefunden

Futur II

ich werde gefunden haben
[ih ve:rdı gıfundın ha:bın]
(bulmuş olacaktım)
du werdest gefunden haben
er, sie, es werde gefunden haben
wir werden gefunden haben
ihr werdet gefunden haben
sie, Sie werden gefunden haben

Kullanım bilgisi ve örnekleri:

Hast du deinen Füller gefunden?
Dolmakalemini buldun mu?

Wie findest du mein neues Kleid?
Yeni elbisemi nasıl buluyorsun?

Ich finde dieses Kleid sehr schön.
Bu elbiseyi çok güzel buluyorum.

Wir finden nichts Schlimmes dabei.
Biz bunda bir kötü bir şey görmüyoruz.

Sie findet, dass alles falsch ist.
Her şeyin yanlış olduğunu düşünüyor.

Deyim şeklindeki kullanılışı:

Den Tod finden. Ölmek.

Reißenden Absatz finden. Kendini iyi pazarlamak.

Den richtigen Ton finden. Doğru yerde doğru davranmak.

Benzer fiiller ve anlamları:

auffinden [auffindın] (arayıp) bulmak

befinden [bıfindın] karar vermek; bulmak

sich einfinden [zih aynfindın] gelmek

empfinden [empfindın] hissetmek; duymak

erfinden [erfindın] icat etmek

stattfinden [ştat'findın] olmak; yapılmak

vorfinden [fo:r'findın] bulmak

Imperativ	Emir şekli
du – find(e)!	bul!
finden wir!	bulalım!
ihr – findet!	bulun!
finden Sie!	bulunuz!

25 fliegen [fli:gın] uçmak

fliegen [fli:gın] - **flog** [flo:g] – **ist/hat geflogen** [ist/hat gıflo:gın]

INDIKATIV — BİLDİRME KİPİ

Präsens

ich fliege
[**ih** fli:gı]
(uçuyorum)
du fliegst
er, sie, es fliegt
wir fliegen
ihr fliegt
sie, Sie fliegen

Präteritum

ich flog
[**ih** flo:g]
(uçtum)
du flogst
er, sie, es flog
wir flogen
ihr flogt
sie, Sie flogen

Perfekt

ich bin geflogen
[**ih** bin gıflo:gın]
(uçtum)
du bist geflogen
er, sie, es ist geflogen
wir sind geflogen
ihr seid geflogen
sie, Sie sind geflogen

Plusquamperfekt

ich war geflogen
[**ih** va:**r** gıflo:gın]
(uçmuştum)
du warst geflogen
er, sie, es war geflogen
wir waren geflogen
ihr wart geflogen
sie, Sie waren geflogen

Futur I

ich werde fliegen
[**ih** ve:**r**dı fli:gın]
(uçacağım)
du wirst fliegen
er, sie, es wird fliegen
wir werden fliegen
ihr werdet fliegen
sie, Sie werden fliegen

Futur II

ich werde geflogen haben
[**ih** ve:**r**dı gıle:gın ha:bın]
(uçmuş olacağım)
du wirst geflogen haben
er, sie, es wird geflogen haben
wir werden geflogen haben
ihr werdet geflogen haben
sie, Sie werden geflogen haben

KONJUNKTIV — DİLEK KİPİ

Konjunktiv I

ich fliege
[**ih** fli:gı]
(uçarım)
du fliegest
er, sie, es fliege
wir fliegen
ihr flieget
sie, Sie fliegen

Konjunktiv II

ich flöge
[**ih** flö:gı]
(uçardım)
du flögest
er, sie, es flöge
wir flögen
ihr flöget
sie, Sie flögen

Perfekt

ich sei geflogen
[**ih** zay gıflo:gın]
(uçmuşum)
du sei(e)st geflogen
er, sie, es sei geflogen
wir seien geflogen
ihr sei(e)t geflogen
sie, Sie seien geflogen

Plusquamperfekt

ich wäre geflogen
[**ih** ve:**r**ı gıflo:gın]
(uçmuş olsaydım)
du wär(e)st geflogen
er, sie, es wäre geflogen
wir wären geflogen
ihr wär(e)t geflogen
sie, Sie wären geflogen

Futur I

ich werde fliegen
[**ih** ve:**r**dı fli:gın]
(uçacaktım)
du werdest fiegen
er, sie, es werde fliegen
wir werden fliegen
ihr werdet fliegen
sie, Sie werden fliegen

Futur II

ich werde geflogen haben
[**ih** ve:**r**dı gıflo:gın ha:bın]
(uçmuş olacaktım)
du werdest geflogen haben
er, sie, es werde geflogen haben
wir werden geflogen haben
ihr werdet geflogen haben
sie, Sie werden geflogen haben

Kullanım bilgisi ve örnekleri:

Ich bin mit dem Hubschrauber geflogen.
Helikopterle (uçtum) geldim.

Die Kinder flogen mit dem Flugzeug nach Köln.
Çocuklar uçakla Köln'e gittiler.

Der Vogel fliegt durch die Luft.
Kuş havada uçuyor.

Der Ball flog ins Aus.
Top auta (dışarı) çıktı.

Deyim şeklindeki kullanılışı:

Durchs Examen fliegen. Sınavı geçememek

In die Luft fliegen. Havaya uçmak.

Ich bin geflogen. Atıldım.

Dass die Fetzen fliegen. Yıldızlar uçuşmak.

Türetilen şekilleri:

abfliegen [apfli:gın] kalkmak; uçmaya başlamak

anfliegen [anfli:gın] uçarak yaklaşmak; uçarak gelmek

auffliegen [auffli:gın] havaya uçmak

verfliegen [fer'fli:gın] uçmak; uçup gitmek

wegfliegen [vekfli:gın] uçup gitmek

zurückfliegen [tsu'rükfli:gın] (uçarak/uçak ile) geri dönmek

Imperativ	Emir şekli
du – flieg(e)!	uç!
fliegen wir!	uçalım!
ihr – fliegt!	uçun!
fliegen Sie!	uçunuz!

26 fragen [fra:gın] (soru) sormak

fragen [fra:gın] - **fragte** [fra:gtı] - **hat gefragt** [hat gıfra:gt]

INDIKATIV — BİLDİRME KİPİ

Präsens

ich frage
[ih fra:gı]
(soruyorum)
du fragst
er, sie, es fragt
wir fragen
ihr fragt
sie, Sie fragen

Perfekt

ich habe gefragt
[ih ha:bı gıfra:gt]
(sordum)
du hast gefragt
er, sie, es hat gefragt
wir haben gefragt
ihr habt gefragt
sie, Sie haben gefragt

Futur I

ich werde fragen
[ih ve:rdı fra:gın]
(soracağım)
du wirst fragen
er, sie, es wird fragen
wir werden fragen
ihr werdet fragen
sie, Sie werden fragen

Präteritum

ich fragte
[ih fra:gtı]
(sordum)
du fragtest
er, sie, es fragte
wir fragten
ihr fragtet
sie, Sie fragen

Plusquamperfekt

ich hatte gefragt
[ih hatı gıfra:gt]
(sormuştum)
du hattest gefragt
er, sie, es hatte gefragt
wir hatten gefragt
ihr hattet gefragt
sie, Sie hatten gefragt

Futur II

ich werde gefragt haben
[ih ve:rdı gıfra:gt ha:bın]
(sormuş olacağım)
du wirst gefragt haben
er, sie, es wird gefragt haben
wir werden gefragt haben
ihr werdet gefragt haben
sie, Sie werden gefragt haben

KONJUNKTIV — DİLEK KİPİ

Konjunktiv I

ich frage
[ih fra:gı]
(sorarım)
du fragest
er, sie, es frage
wir fragen
ihr fraget
sie, Sie fragen

Perfekt

ich habe gefragt
[ih ha:bı gıfra:gt]
(sormuşum)
du habest gefragt
er, sie, es habe gefragt
wir haben gefragt
ihr habet gefragt
sie, Sie haben gefragt

Futur I

ich werde fragen
[ih ve:rdı fra:gın]
(soracaktım)
du werdest fragen
er, sie, es werde fragen
wir werden fragen
ihr werdet fragen
sie, Sie werden fragen

Konjunktiv II

ich fragte
[ih fra:gtı]
(sorardım)
du fragtest
er, sie, es fragte
wir fragten
ihr fragtet
sie, Sie fragten

Plusquamperfekt

ich hätte gefragt
[ih hetı gıfra:gt]
(sormuş olsaydım)
du hättest gefragt
er, sie, es hätte gefragt
wir hätten gefragt
ihr hättet gefragt
sie, Sie hätten gefragt

Futur II

ich werde gefragt haben
[ih ve:rdı gıfra:gt ha:bın]
(sormuş olacaktım)
du werdest gefragt haben
er, sie, es werde gefragt haben
wir werden gefragt haben
ihr werdet gefragt haben
sie, Sie werden gefragt haben

Kullanım bilgisi ve örnekleri:

Darf ich dich etwas fragen?
Sana bir şey sorabilir miyim?

Der Lehrer fragt die Schülerin.
Öğretmen bayan öğrenciye soru soruyor.

Draußen fragt jemand nach Ihnen.
Dışarıda birisi sizi soruyor.

Der Tourist fragt mich nach seinem Hotel.
Turist bana otelini soruyor.

Deyim şeklindeki kullanılışı:

Jemanden nach dem Weg fragen. Birisine yolu sormak.

Zu viel fragen. Çok fazla soru sormak.

Fragen kostet nichts. Soru sormak bedava.

Jemanden um Rat fragen. Birisine fikir danışmak.

Nach tausend Dingen fragen. İnce eleyip sık dokumak.

Türetilen şekilleri:

abfragen [apfra:gın] sınamak, imtihan etmek

anfragen [anfra:gın] başvurmak; müracaat etmek

befragen [bıfra:gın] soru sormak; danışmak

sich fragen [zih fra:gın] merak etmek; kendi kendine sormak

Imperativ	Emir şekli
du – frag(e)!	sor!
fragen wir!	soralım!
ihr – fragt!	sorun!
fragen Sie!	sorunuz!

27 frühstücken [frü:ştükın] kahvaltı etmek

frühstücken [frü:ştükın] - **frühstückte** [frü:ştüktı]
hat gefrühstückt [hat gıfrü:ştückt]

INDIKATIV — BİLDİRME KİPİ

Präsens

ich frühstücke
[ih frü:ştükı]
(kahvaltı ediyorum)
du frühstückst
er, sie, es frühstückt
wir frühstücken
ihr frühstückt
sie, Sie frühstücken

Perfekt

ich habe gefrühstückt
[ih ha:bı gıfrü:ştükt]
(kahvaltı ettim)
du hast gefrühstückt
er, sie, es hat gefrühstückt
wir haben gefrühstückt
ihr habt gefrühstückt
sie, Sie haben gefrühstückt

Futur I

ich werde frühstücken
[ih ve:rdı frü:ştükın]
(kahvaltı edeceğim)
du wirst frühstücken
er, sie, es wird frühstücken
wir werden frühstücken
ihr werdet frühstücken
sie, Sie werden frühstücken

Präteritum

ich frühstückte
[ih frü:ştüktı]
(kahvaltı ettim)
du frühstücktest
er, sie, es frühstückte
wir frühstückten
ihr frühstücktet
sie, Sie frühstückten

Plusquamperfekt

ich hatte gefrühstückt
[ih hatı gıfrü:ştükt]
(kahvaltı etmiştim)
du hast gefrühstückt
er, sie, es hat gefrühstückt
wir haben gefrühstückt
ihr habt gefrühstückt
sie, Sie haben gefrühstückt

Futur II

ich werde gefrühstückt haben
[ih ve:rdı gıfrü:ştükt ha:bın]
(kahvaltı etmiş olacağım)
du wirst gefrühstückt haben
er, sie, es wird gefrühstückt haben
wir werden gefrühstückt haben
ihr werdet gefrühstückt haben
sie, Sie werden gefrühstückt haben

KONJUNKTIV — DİLEK KİPİ

Konjunktiv I

ich frühstücke
[ih frü:ştükı]
(kahvaltı ederim)
du frühstückest
er, sie, es frühstücke
wir frühstücken
ihr frühstücket
sie, Sie frühstücken

Perfekt

ich habe gefrühstückt
[ih ha:bı gıfrü:ştükt]
(kahvaltı etmişim)
du habest gefrühstückt
er, sie, es habe gefrühstückt
wir haben gefrühstückt
ihr habet gefrühstückt
sie, Sie haben gefrühstückt

Futur I

ich werde frühstücken
[ih ve:rdı frü:ştükın]
(kahvaltı edecekmişim)
du werdest frühstücken
er, sie, es werde frühstücken
wir werden frühstücken
ihr werdet frühstücken
sie, Sie werden frühstücken

Konjunktiv II

ich frühstückte
[ih frü:ştüktı]
(kahvaltı ederdim)
du frühstücktest
er, sie, es frühstückte
wir frühstückten
ihr frühstücktet
sie, Sie frühstückten

Plusquamperfekt

ich hätte gefrühstückt
[ih hetı gıfrü:ştükt]
(kahvaltı etmiş olsaydım)
du hättest gefrühstückt
er, sie, es hätte gefrühstückt
wir hätten gefrühstückt
ihr hättet gefrühstückt
sie, Sie hätten gefrühstückt

Futur II

ich werde gefrühstückt haben
[ih ve:rdı gıfrü:ştükt ha:bın]
(kahvaltı etmiş olacaktım)
du werdest gefrühstückt haben
er, sie, es werde gefrühstückt haben
wir werden gefrühstückt haben
ihr werdet gefrühstückt haben
sie, Sie werden gefrühstückt haben

AÇIKLAMALAR

Kullanım bilgisi ve örnekleri:

Ich frühstücke morgens um 8 Uhr.
Sabahları saat sekizde kahvaltı ederim.

Was möchten Sie frühstücken?
Kahvaltıda ne arzu edersiniz?

Ich musste gestern allein frühstücken.
Dün yalnız başıma kahvaltı etmek zorunda kaldım.

Wann willst du frühstücken?
Ne zaman kahvaltı etmek istiyorsun?

Wir frühstücken gern Müsli.
Biz mısır gevreğiyle kahvaltı etmeyi severiz.

Familie Neumann frühstückt am Wochenende um 11 Uhr.
Neumann Ailesi hafta sonunda saat 11'de kahvaltı eder.

Wir frühstücken immer mit Brötchen.
Biz hep küçük (francala) ekmekle kahvaltı ederiz.

Der Geschäftsmann hat meistens keine Zeit zum Frühstücken.
İş adamının genellikle kahvaltı etmeye zamanı yoktur.

Warum willst du nicht frühstücken?
Neden kahvaltı etmek istemiyorsun?

Deyim şeklindeki kullanılışı:

Im Schlafzimmer frühstücken. Yatak odasında kahvaltı etmek.

Ausgiebig frühstücken. Doyasıya kahvaltı etmek.

Spät frühstücken. Geç vakitte kahvaltı etmek.

Zusammen frühstücken. Birlikte kahvaltı etmek.

Imperativ	Emir şekli
du – frühstück(e)!	kahvaltı et!
frühstücken wir!	kahvaltı edelim!
ihr – frühstückt!	kahvaltı edin!
frühstücken Sie!	kahvaltı ediniz!

28 führen [fü:rın] yönetmek; önde olmak; götürmek

führen [fü:rın] - **führte** [fü:rtı] - **hat geführt** [hat gıfü:rt]

INDIKATIV — BİLDİRME KİPİ

Präsens

ich führe
[ih fü:rı]
(yönetiyorum)
du führst
er, sie, es führt
wir führen
ihr führt
sie, Sie führen

Perfekt

ich habe geführt
[ih ha:bı gıfü:rt]
(yönettim)
du hast geführt
er, sie, es hat geführt
wir haben geführt
ihr habt geführt
sie, Sie haben geführt

Futur I

ich werde führen
[ih ve:rdı fü:rın]
(yöneteceğim)
du wirst führen
er, sie, es wird führen
wir werden führen
ihr werdet führen
sie, Sie werden führen

Präteritum

ich führte
[ih fü:rtı]
(yönettim)
du führtest
er, sie, es führte
wir führten
ihr führtet
sie, Sie führten

Plusquamperfekt

ich hatte geführt
[ih hatı gıfü:rt]
(yönetmiştim)
du hast geführt
er, sie, es hat geführt
wir haben geführt
ihr habt geführt
sie, Sie haben geführt

Futur II

ich werde geführt haben
[ih ve:rdı gıfü:rt ha:bın]
(yönetmiş olacağım)
du wirst geführt haben
er, sie, es wird geführt haben
wir werden geführt haben
ihr werdet geführt haben
sie, Sie werden geführt haben

KONJUNKTIV — DİLEK KİPİ

Konjunktiv I

ich führe
[ih fü:rı]
(yönetirim)
du führest
er, sie, es führe
wir führen
ihr führet
sie, Sie führen

Perfekt

ich habe geführt
[ih ha:bı gıfü:rt]
(yönetmişim)
du habest geführt
er, sie, es habe geführt
wir haben geführt
ihr habet geführt
sie, Sie haben geführt

Futur I

ich werde führen
[ih ve:rdı fü:rın]
(yönetecektim)
du werdest führen
er, sie, es werde führen
wir werden führen
ihr werdet führen
sie, Sie werden führen

Konjunktiv II

ich führte
[ih fü:rtı]
(yönetirdim)
du führtest
er, sie, es führte
wir führten
ihr führtet
sie, Sie führten

Plusquamperfekt

ich hätte geführt
[ih hetı gıfü:rt]
(yönetmiş olsaydım)
du hättest geführt
er, sie, es hätte geführt
wir hätten geführt
ihr hättet geführt
sie, Sie hätten geführt

Futur II

ich werde geführt haben
[ih ve:rdı gıfü:rt ha:bın]
(yönetmiş olacaktım)
du werdest geführt haben
er, sie, es werde geführt haben
wir werden geführt haben
ihr werdet geführt haben
sie, Sie werden geführt haben

Kullanım bilgisi ve örnekleri:

Diese Tür führt auf den Hof.
Bu kapı avluya çıkıyor.

Was führt dich zu mir?
Seni bana getiren sebep nedir?

Wozu soll das führen?
Bu iş nereye kadar gidecek?

Der Reiseführer führte die Touristengruppe durch Paris.
Turist rehberi turist kafilesine Paris'i gezdirdi.

Deyim şeklindeki kullanılışı:

Jemanden führen. Birisine yol göstermek.

Das große Wort führen. Büyük laf etmek.

Titel führen. Unvan taşımak.

Ein Gespräch führen. Bir görüşme yapmak.

Buch führen. Muhasebe defteri tutmak.

Krieg führen. Savaşmak.

Türetilen şekilleri:

abführen [apfü:rın] götürmek, sevk etmek

anführen [anfü:rın] önderlik (liderlik) yapmak

aufführen [auffü:rın] oynamak, sahneye koymak

verführen [fer'fü:rın] ayartmak; baştan çıkarmak

vorführen [fo:r'fü:rın] rol yapmak, dinleyici önünde çalmak

Imperativ	Emir şekli
du – führ(e)!	yönet!
führen wir!	yönetelim!
ihr – führt!	yönetin!
führen Sie!	yönetiniz!

29 füllen [fülın] doldurmak

füllen [fülın] - **füllte** [fültı] - **hat gefüllt** [hat gıfült]

INDIKATIV — BİLDİRME KİPİ

Präsens

ich fülle
[ih fülı]
(dolduruyorum)
du füllst
er, sie, es füllt
wir füllen
ihr füllt
sie, Sie füllen

Perfekt

ich habe gefüllt
[ih ha:bı gıfült]
(doldurdum)
du hast gefüllt
er, sie, es hat gefüllt
wir haben gefüllt
ihr habt gefüllt
sie, Sie haben gefüllt

Futur I

ich werde füllen
[ih ve:rdı fülın]
(dolduracağım)
du wirst füllen
er, sie, es wird füllen
wir werden füllen
ihr werdet füllen
sie, Sie werden füllen

Präteritum

ich füllte
[ih fültı]
(doldurdum)
du fülltest
er, sie, es füllte
wir füllten
ihr fülltet
sie, Sie füllten

Plusquamperfekt

ich hatte gefüllt
[ih hatı gıfült]
(doldurmuştum)
du hast gefüllt
er, sie, es hat gefüllt
wir haben gefüllt
ihr habt gefüllt
sie, Sie haben gefüllt

Futur II

ich werde gefüllt haben
[ih ve:rdı gıfült ha:bın]
(doldurmuş olacağım)
du wirst gefüllt haben
er, sie, es wird gefüllt haben
wir werden gefüllt haben
ihr werdet gefüllt haben
sie, Sie werden gefüllt haben

KONJUNKTIV — DİLEK KİPİ

Konjunktiv I

ich fülle
[ih fülı]
(doldururum)
du füllest
er, sie, es fülle
wir füllen
ihr füllet
sie, Sie füllen

Perfekt

ich habe gefüllt
[ih ha:bı gıfült]
(doldurmuşum)
du habest gefüllt
er, sie, es habe gefüllt
wir haben gefüllt
ihr habet gefüllt
sie, Sie haben gefüllt

Futur I

ich werde füllen
[ih ve:rdı fülın]
(dolduracaktım)
du werdest füllen
er, sie, es werde füllen
wir werden füllen
ihr werdet füllen
sie, Sie werden füllen

Konjunktiv II

ich füllte
[ih fültı]
(doldururdum)
du fülltest
er, sie, es füllte
wir füllten
ihr fülltet
sie, Sie füllten

Plusquamperfekt

ich hätte gefüllt
[ih hetı gıfült]
(doldurmuş olsaydım)
du hättest gefüllt
er, sie, es hätte gefüllt
wir hätten gefüllt
ihr hättet gefüllt
sie, Sie hätten gefüllt

Futur II

ich werde gefüllt haben
[ih ve:rdı gıfült ha:bın]
(doldurmuş olacaktım)
du werdest gefüllt haben
er, sie, es werde gefüllt haben
wir werden gefüllt haben
ihr werdet gefüllt haben
sie, Sie werden gefüllt haben

Kullanım bilgisi ve örnekleri:

Er füllte das Glas mit Wasser.
Bardağı suyla doldurdu.

Meine Augen füllten sich mit Tränen.
Gözlerim yaşla doldu.

Das Theater füllte sich mit Gästen.
Tiyatro misafirlerle doldu.

Der Mann hat eine gefüllte Geldtasche.
Adamın çok parası var.

Der Brief füllte drei Seiten.
Mektup üç sayfa tuttu.

Deyim şeklindeki kullanılışı:

Etwas füllen. Bir şey doldurmak.

Eine Flasche füllen. Bir şişeyi doldurmak.

Einen Zahn füllen. Bir dişe dolgu yapmak.

Die Lücke füllen. Açığı kapamak.

Sich die Taschen füllen. Kesesini/küpünü doldurmak.

Türetilen şekilleri:

abfüllen [apfülın] doldurmak

ausfüllen [ausfülın] (form) doldurmak

auffüllen [auffülın] ağzına kadar doldurmak

sich füllen [zi**h** fülın] dolmak

erfüllen [erfülın] yerine getirmek

Imperativ	Emir şekli
du – füll(e)!	doldur!
füllen wir!	dolduralım!
ihr – füllt!	doldurun!
füllen Sie!	doldurunuz!

30 geben [ge:bın] vermek

geben [ge:bın] - **gab** [ga:p] - **hat gegeben** [hat gıge:bın]

INDIKATIV — BİLDİRME KİPİ

Präsens

ich gebe
[ih ge:bı]
(veriyorum)
du gibst
er, sie, es gibt
wir geben
ihr gebt
sie, Sie geben

Perfekt

ich habe gegeben
[ih ha:bı gıge:bın]
(verdim)
du hast gegeben
er, sie, es hat gegeben
wir haben gegeben
ihr habt gegeben
sie, Sie haben gegeben

Futur I

ich werde geben
[ih ve:rdı ge:bın]
(vereceğim)
du wirst geben
er, sie, es wird geben
wir werden geben
ihr werdet geben
sie, Sie werden geben

Präteritum

ich gab
[ih ga:p]
(verdim)
du gabst
er, sie, es gab
wir gaben
ihr gabt
sie, Sie gaben

Plusquamperfekt

ich hatte gegeben
[ih hatı gıge:bın]
(vermiştim)
du hattest gegeben
er, sie, es hatte gegeben
wir hatten gegeben
ihr hattet gegeben
sie, Sie hatten gegeben

Futur II

ich werde gegeben haben
[ih ve:rdı gıge:bın ha:bın]
(vermiş olacağım)
du wirst gegeben haben
er, sie, es wird gegeben haben
wir werden gegeben haben
ihr werdet gegeben haben
sie, Sie werden gegeben haben

KONJUNKTIV — DİLEK KİPİ

Konjunktiv I

ich gebe
[ih ge:bı]
(veririm)
du gebest
er, sie, es gebe
wir geben
ihr gebet
sie, Sie geben

Perfekt

ich habe gegeben
[ih ha:bı gıge:bın]
(vermişim)
du habest gegeben
er, sie, es habe gegeben
wir haben gegeben
ihr habet gegeben
sie, Sie haben gegeben

Futur I

ich werde geben
[ih ve:rdı ge:bın]
(verecektim)
du werdest geben
er, sie, es werde geben
wir werden geben
ihr werdet geben
sie, Sie werden geben

Konjunktiv II

ich gäbe
[ih ge:bı]
(verirdim)
du gäb(e)st
er, sie, es gäbe
wir gäben
ihr gäb(e)t
sie, Sie gäben

Plusquamperfekt

ich hätte gegeben
[ih he:tı gıge:bın]
(vermiş olsaydım)
du hättest gegeben
er, sie, es hätte gegeben
wir hätten gegeben
ihr hättet gegeben
sie, Sie hätten gegeben

Futur II

ich werde gegeben haben
[ih ve:rdı gıge:bın ha:bın]
(vermiş olacaktım)
du werdest gegeben haben
er, sie, es werde gegeben haben
wir werden gegeben haben
ihr werdet gegeben haben
sie, Sie werden gegeben haben

Kullanım bilgisi ve örnekleri:

Was gibt's?
Ne var?; ne oldu?

Der Filmstar gibt am Samstag eine Party.
Film yıldızı cumartesi günü bir parti veriyor.

Sie hat mir ein Geschenk gegeben.
O bana bir armağan verdi.

Was gibt es zum Mittagessen?
Öğle yemeğinde ne var?

Geben Sie mir bitte Herrn Neumann?
Lütfen bana bay Neumann'ı verir misiniz?

Deyim şeklindeki kullanılışı:

Es gibt. Var.

Karten geben. Kağıtları dağıtmak.

Seinen Segen geben. Sonunda razı olmak.

Benzer fiiller ve anlamları:

angeben [ange:bın] beyan etmek, bildirmek

ausgeben [ausge:bın] dağıtmak; ısmarlamak

abgeben [apge:bın] vermek, bırakmak

eingeben [aynge:bın] (bilgi) girmek

übergeben [ü:bırge:bın] teslim etmek; devretmek

vergeben [fer'ge:bın] vermek; dağıtmak

zugeben [tsu:'ge:bın] itiraf etmek

Imperativ	Emir şekli
du – gib!	ver!
geben wir!	verelim!
ihr – gebt!	verin!
geben Sie!	veriniz!

31 gehen [ge:ın] gitmek

gehen [ge:ın] - **ging** [ging] - **ist gegangen** [ist gıgangın]

INDIKATIV — BİLDİRME KİPİ

Präsens

ich gehe
[ih ge:ı]
(gidiyorum)
du gehst
er, sie, es geht
wir gehen
ihr geht
sie, Sie gehen

Perfekt

ich bin gegangen
[ih bin gıgangın]
(gittim)
du bist gegangen
er, sie, es ist gegangen
wir sind gegangen
ihr seid gegangen
sie, Sie sind gegangen

Futur I

ich werde gehen
[ih ve:rdı ge:ın]
(gideceğim)
du wirst gehen
er, sie, es wird gehen
wir werden gehen
ihr werdet gehen
sie, Sie werden gehen

Präteritum

ich ging
[ih ging]
(gittim)
du gingst
er, sie, es ging
wir gingen
ihr gingt
sie, Sie gingen

Plusquamperfekt

ich war gegangen
[ih va:r gıgangın]
(gitmiştim)
du warst gegangen
er, sie, es war gegangen
wir waren gegangen
ihr wart gegangen
sie, Sie waren gegangen

Futur II

ich werde gegangen sein
[ih ve:rdı gıgangın zayn]
(gitmiş olacağım)
du wirst gegangen sein
er, sie, es wird gegangen sein
wir werden gegangen sein
ihr werdet gegangen sein
sie, Sie werden gegangen sein

KONJUNKTIV — DİLEK KİPİ

Konjunktiv I

ich gehe
[ih ge:ı]
(giderim)
du gehest
er, sie, es gehe
wir gehen
ihr gehet
sie, Sie gehen

Perfekt

ich sei gegangen
[ih zay gıgangın]
(gitmişim)
du sei(e)st gegangen
er, sie, es sei gegangen
wir seien gegangen
ihr sei(e)t gegangen
sie, Sie seien gegangen

Futur I

ich werde gehen
[ih ve:rdı ge:ın]
(gidecektim)
du werdest gehen
er, sie, es werde gehen
wir werden gehen
ihr werdet gehen
sie, Sie werden gehen

Konjunktiv II

ich ginge
[ih gingı]
(giderdim)
du gingest
er, sie, es ginge
wir gingen
ihr ginget
sie, Sie gingen

Plusquamperfekt

ich wäre gegangen
[ih ve:rı gıkomın]
(gitmiş olsaydım)
du wär(e)st gegangen
er, sie, es wäre gegangen
wir wären gegangen
ihr wär(e)t gegangen
sie, Sie wären gegangen

Futur II

ich werde gegangen sein
[ih ve:rdı gıkomın zayn]
(gitmiş olacaktım)
du werdest gegangen sein
er, sie, es werde gegangen sein
wir werden gegangen sein
ihr werdet gegangen sein
sie, Sie werden gegangen sein

Kullanım bilgisi ve örnekleri:

Ich gehe mit meinem Freund ins Kino.
Arkadaşımla sinemaya gidiyorum.

Gehst du morgen zum Sport?
Yarın spora gidiyor musun?

Heute geht es mir nicht gut.
Bugün iyi değilim.

Sie ist schon nach Hause gegangen.
O çoktan eve gitti.

Deyim şeklindeki kullanılışı:

Wie geht's? Nasılsın?, Ne haber?

In sich gehen. Pişman olmak.

Zu weit gehen. İleri gitmek.

Benzer fiiller ve anlamları:

angehen [ange:ın] birisini ilgilendirmek; başlamak

ausgehen [ausge:ın] dışarıya çıkmak; sonuçlanmak; bitmek

begehen [bıge:ın] işlemek; yapmak, etmek

eingehen [aynge:ın] anlayış göstermek; kabul etmek

übergehen [ü:bırge:ın] birisine geçmek; dönüşmek

vergehen [fer'ge:ın] (zaman) geçmek

zergehen [tser'ge:ın] erimek; eriyip gitmek

Imperativ	Emir şekli
du – geh(e)!	git!
gehen wir!	gidelim!
ihr – geht!	gidin!
gehen Sie!	gidiniz!

32 glauben [glaubın] inanmak; düşünmek, sanmak

glauben [glaubın] - **glaubte** [glauptı] - **hat geglaubt** [hat gıglaupt]

INDIKATIV — BİLDİRME KİPİ

Präsens

ich glaube
[ih glaubı]
(inanıyorum)
du glaubst
er, sie, es glaubt
wir glauben
ihr glaubt
sie, Sie glauben

Perfekt

ich habe geglaubt
[ih ha:bı gıglaupt]
(inandım)
du hast geglaubt
er, sie, es hat geglaubt
wir haben geglaubt
ihr habt geglaubt
sie, Sie haben geglaubt

Futur I

ich werde glauben
[ih ve:rdı glaubın]
(inanacağım)
du wirst glauben
er, sie, es wird glauben
wir werden glauben
ihr werdet glauben
sie, Sie werden glauben

Präteritum

ich glaubte
[ih glauptı]
(inandım)
du glaubtest
er, sie, es glaubte
wir glaubten
ihr glaubtet
sie, Sie glaubten

Plusquamperfekt

ich hatte geglaubt
[ih hatı gıglaupt]
(inanmıştım)
du hattest geglaubt
er, sie, es hatte geglaubt
wir hatten geglaubt
ihr hattet geglaubt
sie, Sie hatten geglaubt

Futur II

ich werde geglaubt haben
[ih ve:rdı gıglaupt ha:bın]
(inanmış olacağım)
du wirst geglaubt haben
er, sie, es wird geglaubt haben
wir werden geglaubt haben
ihr werdet geglaubt haben
sie, Sie werden geglaubt haben

KONJUNKTIV — DİLEK KİPİ

Konjunktiv I

ich glaube
[ih glaubı]
(inanırım)
du glaubest
er, sie, es glaube
wir glauben
ihr glaubet
sie, Sie glauben

Perfekt

ich habe geglaubt
[ih ha:bı gıglaupt]
(inanmışım)
du habest geglaubt
er, sie, es habe geglaubt
wir haben geglaubt
ihr habet geglaubt
sie, Sie haben geglaubt

Futur I

ich werde glauben
[ih ve:rdı glaubın]
(inanacaktım)
du werdest glauben
er, sie, es werde glauben
wir werden glauben
ihr werdet glauben
sie, Sie werden glauben

Konjunktiv II

ich glaubte
[ih glauptı]
(inanırdım)
du glaubtest
er, sie, es glaubte
wir glaubten
ihr glaubtet
sie, Sie glaubten

Plusquamperfekt

ich hätte geglaubt
[ih hetı gıglaupt]
(inanmış olsaydım)
du hättest geglaubt
er, sie, es hätte geglaubt
wir hätten geglaubt
ihr hättet geglaubt
sie, Sie hätten geglaubt

Futur II

ich werde geglaubt haben
[ih ve:rdı gıglaupt ha:bın]
(inanmış olacaktım)
du werdest geglaubt haben
er, sie, es werde geglaubt haben
wir werden geglaubt haben
ihr werdet geglaubt haben
sie, Sie werden geglaubt haben

Kullanım bilgisi ve örnekleri:

Sie hat mir nicht geglaubt.
O bana inanmadı.

Meine Mutter glaubt nicht, dass mein Bruder seine Zähne geputzt hat.
Annem, kardeşimin dişlerini fırçaladığına inanmıyor.

Glaubst du, dass es heute regnen wird?
Bugün yağmur yağacağına inanıyor musun?

Ich glaube nicht, dass er krank ist.
Onun hasta olduğuna inanmıyorum.

Wir glauben, dass sie wirklich kein Geld hat.
Onun gerçekten parası olmadığına inanıyoruz.

Glauben Sie ja nicht, was er Ihnen erzählt.
Onun anlattıklarına sakın inanmayın.

Glaubst du, dass er doch kommt?
Onun yine de geleceğine inanıyor musun?

Kaum zu glauben, aber es ist wahr!
İnanılacak gibi değil, ama gerçek!

Deyim şeklindeki kullanılışı:

An jemanden glauben. Birisine inanmak.

Es ist nicht zu glauben. İnanılır gibi değil.

In gutem Glauben. Ardniyet olmaksızın.

An Gott (Allah) glauben. Tanrıya (Allah'a) inanmak.

Daran glauben müssen. Katlanmak zorunda kalmak.

An etwas glauben. Bir şeye inanmak.

Imperativ	Emir şekli
du – glaub(e)!	inan!
glauben wir!	inanalım!
ihr – glaubt!	inanın!
glauben Sie!	inanınız!

33 **gratulieren** [gratu'li:rın] tebrik etmek; kutlamak

gratulieren [gratu'li:rın] - **gratulierte** [gratu'li:rtı] - **hat gratuliert** [hat gratu'li:rt]

INDIKATIV — BİLDİRME KİPİ

Präsens

ich gratuliere
[ih gratu'li:rı]
(tebrik ediyorum)
du gratulierst
er, sie, es gratuliert
wir gratulieren
ihr gratuliert
sie, Sie gratulieren

Perfekt

ich habe gratuliert
[ih ha:bı gratu'li:rt]
(tebrik ettim)
du hast gratuliert
er, sie, es hat gratuliert
wir haben gratuliert
ihr habt gratuliert
sie, Sie haben gratuliert

Futur I

ich werde gratulieren
[ih ve:rdı gratu'li:rın]
(tebrik edeceğim)
du wirst gratulieren
er, sie, es wird gratulieren
wir werden gratulieren
ihr werdet gratulieren
sie, Sie werden gratulieren

Präteritum

ich gratulierte
[ih gratu'li:rtı]
(tebrik ettim)
du gratuliertest
er, sie, es gratulierte
wir gratulierten
ihr gratuliertet
sie, Sie gratulierten

Plusquamperfekt

ich hatte gratuliert
[ih hatı gratu'li:rt]
(tebrik etmiştim)
du hast gratuliert
er, sie, es hat gratuliert
wir haben gratuliert
ihr habt gratuliert
sie, Sie haben gratuliert

Futur II

ich werde gratuliert haben
[ih ve:rdı gratu'li:rt ha:bın]
(tebrik etmiş olacağım)
du wirst gratuliert haben
er, sie, es wird gratuliert haben
wir werden gratuliert haben
ihr werdet gratuliert haben
sie, Sie werden gratuliert haben

KONJUNKTIV — DİLEK KİPİ

Konjunktiv I

ich gratuliere
[ih gratu'li:rı]
(tebrik ederim)
du gratulierest
er, sie, es gratuliere
wir gratulieren
ihr gratulieret
sie, Sie gratulieren

Perfekt

ich habe gratuliert
[ih ha:bı gratu'li:rt]
(tebrik etmişim)
du habest gratuliert
er, sie, es habe gratuliert
wir haben gratuliert
ihr habet gratuliert
sie, Sie haben gratuliert

Futur I

ich werde gratulieren
[ih ve:rdı gratu'li:rın]
(tebrik edecektim)
du werdest gratulieren
er, sie, es werde gratulieren
wir werden gratulieren
ihr werdet gratulieren
sie, Sie werden gratulieren

Konjunktiv II

ich gratulierte
[ih gratu'li:rtı]
(tebrik ederdim)
du gratuliertest
er, sie, es gratulierte
wir gratulierten
ihr gratuliertet
sie, Sie gratulierten

Plusquamperfekt

ich hätte gratuliert
[ih hetı gratu'li:rt]
(tebrik etmiş olsaydım)
du hättest gratuliert
er, sie, es hätte gratuliert
wir hätten gratuliert
ihr hättet gratuliert
sie, Sie hätten gratuliert

Futur II

ich werde gratuliert haben
[ih ve:rdı gratu'li:rt ha:bın]
(tebrik etmiş olacaktım)
du werdest gratuliert haben
er, sie, es werde gratuliert haben
wir werden gratuliert haben
ihr werdet gratuliert haben
sie, Sie werden gratuliert haben

AÇIKLAMALAR

Kullanım bilgisi ve örnekleri:

Ich habe meinem Freund wegen seines Sieges gratuliert.
Arkadaşımı galibiyetinden dolayı tebrik ettim.

Wir gratulieren ihm zum Geburtstag.
Onun doğum gününü kutluyoruz.

Ich gratuliere, du hast gewonnen!
Tebrik ederim, sen kazandın!

Alle haben mir zum Geburtstag gratuliert.
Herkes doğum günüm kutladı.

Ich habe Thomas zum Geburtstag gratuliert.
Thomas'ın doğum gününü kutladım.

Ich gratuliere dir herzlich, du hast gewonnen!
Tebrik ederim, sen kazandın!

Ich gratuliere Ihnen zur bestandenen Prüfung.
Kazandığınız sınavdan dolayı sizi tebrik ederim.

Deyim şeklindeki kullanılışı:

Gratuliere! Tebrikler!

Wir gratulieren! Tebrik ederiz!

Schriftlich gratulieren! Yazılı olarak tebrik etmek.

Mündlich gratulieren! Sözlü olarak tebrik etmek.

Zur Verlobung gratulieren! Nişanlanmayı tebrik etmek.

Zur Hochzeit gratulieren! Düğünden dolayı tebrik etmek.

Zur Auszeichnung gratulieren! Ödül alımını tebrik etmek.

Imperativ	Emir şekli
du – gratulier(e)!	tebrik et!
gratulieren wir!	tebrik edelim!
ihr – gratuliert!	tebrik edin!
gratulieren Sie!	tebrik ediniz!

34 heißen [haysın] adı/ismi ... olmak; anlamına gelmek

heißen [haysın] - **hieß** [hi:s] - **hat geheißen** [hat gıhaysın]

INDIKATIV — BİLDİRME KİPİ

Präsens

ich heiße
[ih haysı]
(adındayım)
du heißt
er, sie, es heißt
wir heißen
ihr heißt
sie, Sie heißen

Perfekt

ich habe geheißen
[ih ha:bı gıhaysın]
(adındaydım)
du hast geheißen
er, sie, es hat geheißen
wir haben geheißen
ihr habt geheißen
sie, Sie haben geheißen

Futur I

ich werde heißen
[ih ve:rdı haysın]
(adında olacağım)
du wirst heißen
er, sie, es wird heißen
wir werden heißen
ihr werdet heißen
sie, Sie werden heißen

Präteritum

ich hieß
[ih hi:s]
(adındaydım)
du hießest
er, sie, es hieß
wir hießen
ihr hieß(e)t
sie, Sie hießen

Plusquamperfekt

ich hatte geheißen
[ih hatı gıhaysın]
(adında olmuştum)
du hattest geheißen
er, sie, es hatte geheißen
wir hatten geheißen
ihr hattet geheißen
sie, Sie hatten geheißen

Futur II

ich werde geheißen haben
[ih ve:rdı gıhaysın ha:bın]
(adında olmuş olacağım)
du wirst geheißen haben
er, sie, es wird geheißen haben
wir werden geheißen haben
ihr werdet geheißen haben
sie, Sie werden geheißen haben

KONJUNKTIV — DİLEK KİPİ

Konjunktiv I

ich heiße
[ih haysı]
(adında olurum)
du heißet
er, sie, es heiße
wir heißen
ihr heißet
sie, Sie heißen

Perfekt

ich habe geheißen
[ih ha:bı gıhaysın]
(adında olmuşum)
du habest geheißen
er, sie, es habe geheißen
wir haben geheißen
ihr habet geheißen
sie, Sie haben geheißen

Futur I

ich werde heißen
[ih ve:rdı haysın]
(adında olacaktım)
du werdest heißen
er, sie, es werde heißen
wir werden heißen
ihr werdet heißen
sie, Sie werden heißen

Konjunktiv II

ich hieße
[ih hi:sı]
(adında olurdum)
du hießest
er, sie, es hieße
wir hießen
ihr hießet
sie, Sie hießen

Plusquamperfekt

ich hätte geheißen
[ih he:tı gıhaysın]
(adında olsaydım)
du hättest geheißen
er, sie, es hätte geheißen
wir hätten geheißen
ihr hättet geheißen
sie, Sie hätten geheißen

Futur II

ich werde geheißen haben
[ih ve:rdı gıhaysın ha:bın]
(adında olmuş olacaktım)
du werdest geheißen haben
er, sie, es werde geheißen haben
wir werden geheißen haben
ihr werdet geheißen haben
sie, Sie werden geheißen haben

Kullanım bilgisi ve örnekleri:

Ich heiße Marieanne.
Adım Marieanne'dir.

Wie heißt du?
İsmin nedir?

Die Hauptstadt von Deutschland heißt Berlin.
Almanya'nın başşehrinin adı Berlin'dir.

Wie heißt das auf Türkisch?
Buna Türkçede ne denir?

Die Hauptstadt von Deutschland heißt Berlin.
Almanya'nın başşehrinin adı Berlin'dir.

Heißt das, dass ich gehen soll?
Yani gitmem mi gerekiyor?

Sie kommt am 5. Mai, das heißt am nächsten Mittwoch.
5 Mayısta gelecek, yani gelecek çarşamba günü.

Deyim şeklindeki kullanılışı:

Was soll das heißen? Bu da ne demek?

Nicht viel zu heißen haben. Önemsiz olmak.

Das heißt ... . Yani ... , demek ki.

Willkommen heißen! Hoş geldiniz demek!

Was heißt das? Bu ne demek?

Benzer fiiller ve anlamları:

gutheißen [gu:thaysın] beğenmek; hoş karşılamak

verheißen [fer'haysın] söz vermek; müjdelemek

Imperativ	Emir şekli
du – heiß(e)!	adında ol!
heißen wir!	adında olalım!
ihr – heißt!	adında olun!
heißen Sie!	adında olunuz!

35 helfen [helfın] yardım etmek

helfen [helfın] - **half** [half] - **hat geholfen** [hat gıholfın]

INDIKATIV — BİLDİRME KİPİ

Präsens

ich helfe
[ih helfı]
(yardım ediyorum)
du hilfst
er, sie, es hilft
wir helfen
ihr helft
sie, Sie helfen

Perfekt

ich habe geholfen
[ih ha:bı gıholfın]
(yardım ettim)
du hast geholfen
er, sie, es hat geholfen
wir haben geholfen
ihr habt geholfen
sie, Sie haben geholfen

Futur I

ich werde helfen
[ih ve:rdı helfın]
(yardım edeceğim)
du wirst helfen
er, sie, es wird helfen
wir werden helfen
ihr werdet helfen
sie, Sie werden helfen

Präteritum

ich half
[ih half]
(yardım ettim)
du halfst
er, sie, es half
wir halfen
ihr halft
sie, Sie halfen

Plusquamperfekt

ich hatte geholfen
[ih hatı gıholfın]
(yardım etmiştim)
du hattest geholfen
er, sie, es hatte geholfen
wir hatten geholfen
ihr hattet geholfen
sie, Sie hatten geholfen

Futur II

ich werde geholfen haben
[ih ve:rdı gıholfın ha:bın]
(yardım etmiş olacağım)
du wirst geholfen haben
er, sie, es wird geholfen haben
wir werden geholfen haben
ihr werdet geholfen haben
sie, Sie werden geholfen haben

KONJUNKTIV — DİLEK KİPİ

Konjunktiv I

ich helfe
[ih helfı]
(yardım ederim)
du helfest
er, sie, es helfe
wir helfen
ihr helfet
sie, Sie helfen

Perfekt

ich habe geholfen
[ih ha:bı gıholfın]
(yardım etmişim)
du habest geholfen
er, sie, es habe geholfen
wir haben geholfen
ihr habet geholfen
sie, Sie haben geholfen

Futur I

ich werde helfen
[ih ve:rdı helfın]
(yardım edecektim)
du werdest helfen
er, sie, es werde helfen
wir werden helfen
ihr werdet helfen
sie, Sie werden helfen

Konjunktiv II

ich hülfe / hälfe
[ih hülfı] / [helfı]
(yardım ederdim)
du hülfest / hälfest
er, sie, es hülfe / hälfe
wir hülfen / hälfen
ihr hülfet / hälfet
sie, Sie hülfen / hälfen

Plusquamperfekt

ich hätte geholfen
[ih he:tı gıholfın]
(yardım etmiş olurdum)
du hättest geholfen
er, sie, es hätte geholfen
wir hätten geholfen
ihr hättet geholfen
sie, Sie hätten geholfen

Futur II

ich werde geholfen haben
[ih ve:rdı gıholfın ha:bın]
(yardım etmiş olacaktım)
du werdest geholfen haben
er, sie, es werde geholfen haben
wir werden geholfen haben
ihr werdet geholfen haben
sie, Sie werden geholfen haben

Kullanım bilgisi ve örnekleri:

Ich habe dir gestern geholfen.
Ben dün sana yardım ettim.

Wir müssen den Kindern helfen.
Çocuklara yardım etmeliyiz.

Hilfst du mir beim Aufräumen?
Ortalığı toparlamaya bana yardım eder misin?

Kann ich dir helfen?
Sana yardım edebilir miyim?

Ich habe der alten Frau tragen helfen.
Yaşlı kadına taşımaya yardım ettim.

Deyim şeklindeki kullanılışı:

Das hilft nichts. Bu bir işe yaramaz.

Zu helfen wissen. İşini bilmek.

Jemandem auf die Beine helfen. Birisini ayağa kaldırmak, birisine destek olmak.

Dir werde ich helfen! Şimdi sana gösteririm!

Es hilft alles nichts. Her şey boşuna.

Benzer fiiller ve anlamları:

aufhelfen [aufhelfın] ayağa kalkmasına yardım etmek

aushelfen [aushelfın] birisine yardımda bulunmak

behelfen [bıhelfın] başının çaresine bakmak

abhelfen [aphelfın] çare bulmak

mithelfen [mithelfın] yardım etmek

Imperativ	Emir şekli
du – hilf!	yardım et!
helfen wir!	yardım edelim!
ihr – helft!	yardım edin!
helfen Sie!	yardım ediniz!

36 **holen** [ho:lın] (gidip) almak; (gidip) getirmek

holen [ho:lın] - **holte** [ho:ltı] - **hat geholt** [hat gıho:lt]

INDIKATIV — BİLDİRME KİPİ

Präsens

ich hole
[**ih** ho:lı]
(gidip alıyorum)
du holst
er, sie, es holt
wir holen
ihr holt
sie, Sie holen

Perfekt

ich habe geholt
[**ih** ha:bı gıho:lt]
(gidip aldım)
du hast geholt
er, sie, es hat geholt
wir haben geholt
ihr habt geholt
sie, Sie haben geholt

Futur I

ich werde holen
[**ih** ve:rdı ho:lın]
(gidip alacağım)
du wirst holen
er, sie, es wird holen
wir werden holen
ihr werdet holen
sie, Sie werden holen

Präteritum

ich holte
[**ih** ho:ltı]
(gidip aldım)
du holtest
er, sie, es holte
wir holten
ihr holtet
sie, Sie holten

Plusquamperfekt

ich hatte geholt
[**ih** hatı gıho:lt]
(gidip almıştım)
du hast geholt
er, sie, es hat geholt
wir haben geholt
ihr habt geholt
sie, Sie haben geholt

Futur II

ich werde geholt haben
[**ih** ve:rdı gıho:lt ha:bın]
(gidip almış olacağım)
du wirst geholt haben
er, sie, es wird geholt haben
wir werden geholt haben
ihr werdet geholt haben
sie, Sie werden geholt haben

KONJUNKTIV — DİLEK KİPİ

Konjunktiv I

ich hole
[**ih** ho:lı]
(gidip alırım)
du holest
er, sie, es hole
wir holen
ihr holet
sie, Sie holen

Perfekt

ich habe geholt
[**ih** ha:bı gıho:lt]
(gidip almışım)
du habest geholt
er, sie, es habe geholt
wir haben geholt
ihr habet geholt
sie, Sie haben geholt

Futur I

ich werde holen
[**ih** ve:rdı ho:lın]
(gidip alacakmışım)
du werdest holen
er, sie, es werde holen
wir werden holen
ihr werdet holen
sie, Sie werden holen

Konjunktiv II

ich holte
[**ih** ho:ltı]
(gidip alırdım)
du holtest
er, sie, es holte
wir holten
ihr holtet
sie, Sie holten

Plusquamperfekt

ich hätte geholt
[**ih** hetı gıho:lt]
(gidip almış olsaydım)
du hättest geholt
er, sie, es hätte geholt
wir hätten geholt
ihr hättet geholt
sie, Sie hätten geholt

Futur II

ich werde geholt haben
[**ih** ve:rdı gıho:lt ha:bın]
(gidip almış olacaktım)
du werdest geholt haben
er, sie, es werde geholt haben
wir werden geholt haben
ihr werdet geholt haben
sie, Sie werden geholt haben

Kullanım bilgisi ve örnekleri:

Ich hole paar Brötchen vom Bäcker.
Fırından birkaç küçük (francala) ekmek alayım.

Die Mutter holt ihr Kind aus dem Kindergarten.
Anne çocuğunu yuvadan alıyor.

Dabei ist nichts zu holen.
Bu iş kazanç getirmez.

Hol schnell die Zeitung!
Çabuk gazeteyi getir.

Deyim şeklindeki kullanılışı:

Sich eine Erkältung holen. Üşütmek; soğuk almak.

Jemand holt jemanden. Birisinin birisini çağırması.

Jemand holt etwas. Birisinin bir şey alması.

Atem holen. Nefes almak.

Türetilen şekilleri:

abholen [apho:lın] gidip almak

aufholen [aufho:lın] aradaki farkı kapatmak

nachholen [na:**h**ho:lın] arayı kapatmak

einholen [aynho:lın] yetişmek

ausholen [ausho:lın] el kaldırmak; gerilmek

wiederholen [vi:dı**r**ho:lın] tekrar etmek

überholen [ü:bı**r**ho:lın] sollamak; geçmek

Imperativ	Emir şekli
du – hol(e)!	gidip al!
holen wir!	gidip alalım!
ihr – holt!	gidip alın!
holen Sie!	gidip alınız!

37 informieren [informi:rın] bilgilendirmek, bilgi vermek

informieren [informi:rın] - **informierte** [informi:rtı]
hat informiert [hat informi:rt]

INDIKATIV — BİLDİRME KİPİ

Präsens

ich informiere
[ih informi:rı]
(bilgilendiriyorum)
du informierst
er, sie, es informiert
wir informieren
ihr informiert
sie, Sie informieren

Perfekt

ich habe informiert
[ih ha:bı informi:rt]
(bilgilendirdim)
du hast informiert
er, sie, es hat informiert
wir haben informiert
ihr habt informiert
sie, Sie haben informiert

Futur I

ich werde informieren
[ih ve:rdı informi:rın]
(bilgilendireceğim)
du wirst informieren
er, sie, es wird informieren
wir werden informieren
ihr werdet informieren
sie, Sie werden informieren

Präteritum

ich informierte
[ih informi:rtı]
(bilgilendirdim)
du informiertest
er, sie, es informierte
wir informierten
ihr informiertet
sie, Sie informierten

Plusquamperfekt

ich hatte informiert
[ih hatı informi:rt]
(bilgilendirmiştim)
du hattest informiert
er, sie, es hatte informiert
wir hatten informiert
ihr hattet informiert
sie, Sie hatten informiert

Futur II

ich werde informiert haben
[ih ve:rdı informi:rt ha:bın]
(bilgilendirmiş olacağım)
du wirst informiert haben
er, sie, es wird informiert haben
wir werden informiert haben
ihr werdet informiert haben
sie, Sie werden informiert haben

KONJUNKTIV — DİLEK KİPİ

Konjunktiv I

ich informiere
[ih informi:rı]
(bilgilendiririm)
du informierest
er, sie, es informiere
wir informieren
ihr informieret
sie, Sie informieren

Perfekt

ich habe informiert
[ih ha:bı informi:rt]
(bilgilendirmişim)
du habest informiert
er, sie, es habe informiert
wir haben informiert
ihr habet informiert
sie, Sie haben informiert

Futur I

ich werde informieren
[ih ve:rdı informi:rın]
(bilgilendirecektim)
du werdest informieren
er, sie, es werde informieren
wir werden informieren
ihr werdet informieren
sie, Sie werden informieren

Konjunktiv II

ich informierte
[ih informi:rtı]
(bilgilendirirdim)
du informiertest
er, sie, es informierte
wir informierten
ihr informiertet
sie, Sie informierten

Plusquamperfekt

ich hätte informiert
[ih hetı informi:rt]
(bilgilendirmiş olsaydım)
du hättest informiert
er, sie, es hätte informiert
wir hätten informiert
ihr hättet informiert
sie, Sie hätten informiert

Futur II

ich werde informiert haben
[ih ve:rdı informi:rt ha:bın]
(bilgilendirmiş olacaktım)
du werdest informiert haben
er, sie, es werde informiert haben
wir werden informiert haben
ihr werdet informiert haben
sie, Sie werden informiert haben

Kullanım bilgisi ve örnekleri:

Die Schule hat sofort meine Eltern informiert.
Okul hemen anne-babamı bilgilendirdi.

Die Touristen informieren sich, wann das Museum geöffnet ist.
Turistler müzenin ne zaman açık olduğu konusunda bilgi ediniyorlar.

Ich muss mich darüber informieren.
Bu konuda bilgi edinmem lâzım.

Ich habe mich über ihn informiert.
Onun hakkında bilgi aldım.

Informiere mich bitte, sobald du bei Großmutter bist.
Lütfen anneannene varır varmaz beni bilgilendir.

Die Familie Bruns informiert sich vor dem Urlaub über den Ferienort.
Bruns ailesi tatilden önce tatil yeri hakkında bilgi alıyor.

Er informiert uns über die Einzelheiten
O bizi ayrıntılar hakkında bilgilendiriyor.

Wir informieren ihn über die Schulregeln.
Onu okul kuralları hakkında bilgilendiriyoruz.

Ich werde mich darüber informieren.
Onun hakkında bilgi edineceğim.

Die Polizei informiert die Bevölkerung.
Polis halkı bilgilendiriyor.

Deyim şeklindeki kullanılışı:

Jemanden informieren. Birisine bilgi vermek.

Sich über etwas informieren. Bir şey hakkında bilgi almak.

Sich informieren. Bilgi almak.

Imperativ	Emir şekli
du – informier(e)!	bilgilendir!
informieren wir!	bilgilendirelim!
ihr – informiert!	bilgilendirin!
informieren Sie!	bilgilendiriniz!

38 kaufen [kaufın] satın almak

kaufen [kaufın] - **kaufte** [kauftı] - **hat gekauft** [hat gıkauft]

INDIKATIV — BİLDİRME KİPİ

Präsens

ich kaufe
[ih kaufı]
(satın alıyorum)
du kaufst
er, sie, es kauft
wir kaufen
ihr kauft
sie, Sie kaufen

Perfekt

ich habe gekauft
[ih ha:bı gıkauft]
(satın aldım)
du hast gekauft
er, sie, es hat gekauft
wir haben gekauft
ihr habt gekauft
sie, Sie haben gekauft

Futur I

ich werde kaufen
[ih ve:rdı kaufın]
(satın alacağım)
du wirst kaufen
er, sie, es wird kaufen
wir werden kaufen
ihr werdet kaufen
sie, Sie werden kaufen

Präteritum

ich kaufte
[ih kauftı]
(satın aldım)
du kauftest
er, sie, es kaufte
wir kauften
ihr kauftet
sie, Sie kauften

Plusquamperfekt

ich hatte gekauft
[ih hatı gıkauft]
(satın almıştım)
du hast gekauft
er, sie, es hat gekauft
wir haben gekauft
ihr habt gekauft
sie, Sie haben gekauft

Futur II

ich werde gekauft haben
[ih ve:rdı gıkauft ha:bın]
(satın almış olacağım)
du wirst gekauft haben
er, sie, es wird gekauft haben
wir werden gekauft haben
ihr werdet gekauft haben
sie, Sie werden gekauft haben

KONJUNKTIV — DİLEK KİPİ

Konjunktiv I

ich kaufe
[ih kaufı]
(satın alırım)
du kaufest
er, sie, es kaufe
wir kaufen
ihr kaufet
sie, Sie kaufen

Perfekt

ich habe gekauft
[ih ha:bı gıkauft]
(satın almışım)
du habest gekauft
er, sie, es habe gekauft
wir haben gekauft
ihr habet gekauft
sie, Sie haben gekauft

Futur I

ich werde kaufen
[ih ve:rdı kaufın]
(satın alacaktım)
du werdest kaufen
er, sie, es werde kaufen
wir werden kaufen
ihr werdet kaufen
sie, Sie werden kaufen

Konjunktiv II

ich kaufte
[ih kauftı]
(satın alırdım)
du kauftest
er, sie, es kaufte
wir kauften
ihr kauftet
sie, Sie kauften

Plusquamperfekt

ich hätte gekauft
[ih hetı gıkauft]
(satın almış olsaydım)
du hättest gekauft
er, sie, es hätte gekauft
wir hätten gekauft
ihr hättet gekauft
sie, Sie hätten gekauft

Futur II

ich werde gekauft haben
[ih ve:rdı gıkauft ha:bın]
(satın almış olacaktım)
du werdest gekauft haben
er, sie, es werde gekauft haben
wir werden gekauft haben
ihr werdet gekauft haben
sie, Sie werden gekauft haben

AÇIKLAMALAR

Kullanım bilgisi ve örnekleri:

Katrin kauft ein weißes T-Shirt.
Katrin beyaz bir tişört satın alıyor.

Die Frau kauft im Supermarkt Obst und Gemüse.
Kadın süpermarkette meyve ve sebze satın alıyor.

Der Mann hat gestern ein Auto gekauft.
Adam dün bir otomobil satın aldı.

Wolltest du nicht ein neues Handy kaufen?
Sen yeni bir cep telefonu satın almak istemiyor muydun?

Alle Schüler in der Klasse müssen ein Wörterbuch kaufen.
Sınıftaki bütün öğrenciler bir sözlük satın almak zorundadır.

Kaufe bitte Blumen für deine Oma!
Lütfen babaannene çiçek (satın) al!

Das Mädchen kauft neue Schuhe.
Kız çocuğu yeni ayakkabı satın alıyor.

Deyim şeklindeki kullanılışı:

Sich etwas kaufen. Kendine bir şey almak.

Billig kaufen. Ucuza satın almak.

Jemanden kaufen. Birisini rüşvetle satın almak.

Türetilen şekilleri:

abkaufen [apkaufın] tamamını satın almak

ankaufen [ankaufın] satın almak

einkaufen [aynkaufın] alışveriş yapmak

verkaufen [fer'kaufın] satmak

Imperativ	Emir şekli
du – kauf(e)!	satın al!
kaufen wir!	satın alalım!
ihr – kauft!	satın alın!
kaufen Sie!	satın alınız!

39 kennen [kenın] tanımak; bilmek

kennen [kenın] - **kannte** [kantı] - **hat gekannt** [hat gıkant]

INDIKATIV — BİLDİRME KİPİ

Präsens

ich kenne
[ih kenı]
(tanıyorum)
du kennst
er, sie, es kennt
wir kennen
ihr kennt
sie, Sie kennen

Perfekt

ich habe gekannt
[ih ha:bı gıkant]
(tanıdım)
du hast gekannt
er, sie, es hat gekannt
wir haben gekannt
ihr habt gekannt
sie, Sie haben gekannt

Futur I

ich werde kennen
[ih ve:rdı kenın]
(tanıyacağım)
du wirst kennen
er, sie, es wird kennen
wir werden kennen
ihr werdet kennen
sie, Sie werden kennen

Präteritum

ich kannte
[ih kantı]
(tanıdım)
du kanntest
er, sie, es kannte
wir kannten
ihr kanntet
sie, Sie kannten

Plusquamperfekt

ich hatte gekannt
[ih hatı gıkant]
(tanımıştım)
du hast gekannt
er, sie, es hat gekannt
wir haben gekannt
ihr habt gekannt
sie, Sie haben gekannt

Futur II

ich werde gekannt haben
[ih ve:rdı gıkant ha:bın]
(tanımış olacağım)
du wirst gekannt haben
er, sie, es wird gekannt haben
wir werden gekannt haben
ihr werdet gekannt haben
sie, Sie werden gekannt haben

KONJUNKTIV — DİLEK KİPİ

Konjunktiv I

ich kenne
[ih kenı]
(tanırım)
du kennest
er, sie, es kenne
wir kennen
ihr kennet
sie, Sie kennen

Perfekt

ich habe gekannt
[ih ha:bı gıkant]
(tanımışım)
du habest gekannt
er, sie, es habe gekannt
wir haben gekannt
ihr habet gekannt
sie, Sie haben gekannt

Futur I

ich werde kennen
[ih ve:rdı kenın]
(tanıyacaktım)
du werdest kennen
er, sie, es werde kennen
wir werden kennen
ihr werdet kennen
sie, Sie werden kennen

Konjunktiv II

ich kennte
[ih kentı]
(tanırdım)
du kenntest
er, sie, es kennte
wir kennten
ihr kenntet
sie, Sie kennten

Plusquamperfekt

ich hätte gekannt
[ih hetı gıkant]
(tanımış olsaydım)
du hättest gekannt
er, sie, es hätte gekannt
wir hätten gekannt
ihr hättet gekannt
sie, Sie hätten gekannt

Futur II

ich werde gekannt haben
[ih ve:rdı gıkant ha:bın]
(tanımış olacaktım)
du werdest gekannt haben
er, sie, es werde gekannt haben
wir werden gekannt haben
ihr werdet gekannt haben
sie, Sie werden gekannt haben

Kullanım bilgisi ve örnekleri:

Den kennt jeder.
Onu herkes tanır.

Wir kennen sie aus der Schule.
Onu okuldan tanıyoruz.

Alle kennen mich an meiner Stimme.
Herkes beni sesimden tanıyor.

Wir kannten ihn als zuverlässigen Menschen.
Onu güvenilir biri olarak tanıyorduk.

Kennst du ein gutes Restaurant in der Nähe.
Yakınlarda iyi bir restoran biliyor musun?

Lara und Su kennen sich seit Kindertagen.
Lara ve Su birbirlerini çocukluk günlerinden tanıyorlar.

Deyim şeklindeki kullanılışı:

Jemanden oberflächlich kennen. Birisini yüzeysel olarak tanımak.

Keine Grenzen kennen. Sınır tanımamak.

Das kennen wir! Biz onu biliyoruz!

Jemandes Adresse kennen. Birinin adresini bilmek.

Jemanden kennen lernen. Birisiyle tanışmak.

Jemanden flüchtig kennen. Birisini üstünkörü tanımak.

Türetilen şekilleri:

erkennen [erkenın] algılamak

verkennen [fer'kenın] yanlış değerlendirmek

sich kennen [zih kenın] tanışmak

Imperativ	Emir şekli
du – kenn(e)!	tanı!
kennen wir!	tanıyalım!
ihr – kennt!	tanıyın!
kennen Sie!	tanıyınız!

40 kochen [kohın] pişirmek; pişmek, kaynamak

kochen [kohın] - **kochte** [kohtı] - **hat gekocht** [hat gıkoht]

INDIKATIV — BİLDİRME KİPİ

Präsens

ich koche
[ih kohı]
(pişiriyorum)
du kochst
er, sie, es kocht
wir kochen
ihr kocht
sie, Sie kochen

Perfekt

ich habe gekocht
[ih ha:bı gıkoht]
(pişirdim)
du hast gekocht
er, sie, es hat gekocht
wir haben gekocht
ihr habt gekocht
sie, Sie haben gekocht

Futur I

ich werde kochen
[ih ve:rdı kohın]
(pişireceğim)
du wirst kochen
er, sie, es wird kochen
wir werden kochen
ihr werdet kochen
sie, Sie werden kochen

Präteritum

ich kochte
[ih kohtı]
(pişirdim)
du kochtest
er, sie, es kochte
wir kochten
ihr kochtet
sie, Sie kochten

Plusquamperfekt

ich hatte gekocht
[ih hatı gıkoht]
(pişirmiştim)
du hattest gekocht
er, sie, es hatte gekocht
wir hatten gekocht
ihr hattet gekocht
sie, Sie hatten gekocht

Futur II

ich werde gekocht haben
[ih ve:rdı gıkoht ha:bın]
(pişirmiş olacağım)
du wirst gekocht haben
er, sie, es wird gekocht haben
wir werden gekocht haben
ihr werdet gekocht haben
sie, Sie werden gekocht haben

KONJUNKTIV — DİLEK KİPİ

Konjunktiv I

ich koche
[ih kohı]
(pişiririm)
du kochest
er, sie, es koche
wir kochen
ihr kochet
sie, Sie kochen

Perfekt

ich habe gekocht
[ih ha:bı gıkoht]
(pişirmişim)
du habest gekocht
er, sie, es habe gekocht
wir haben gekocht
ihr habet gekocht
sie, Sie haben gekocht

Futur I

ich werde kochen
[ih ve:rdı kohın]
(pişirecektim)
du werdest kochen
er, sie, es werde kochen
wir werden kochen
ihr werdet kochen
sie, Sie werden kochen

Konjunktiv II

ich kochte
[ih kohtı]
(pişirirdim)
du kochtest
er, sie, es kochte
wir kochten
ihr kochtet
sie, Sie kochten

Plusquamperfekt

ich hätte gekocht
[ih hetı gıkoht]
(pişirmiş olsaydım)
du hättest gekocht
er, sie, es hätte gekocht
wir hätten gekocht
ihr hättet gekocht
sie, Sie hätten gekocht

Futur II

ich werde gekocht haben
[ih ve:rdı gıkoht ha:bın]
(pişirmiş olacaktım)
du werdest gekocht haben
er, sie, es werde gekocht haben
wir werden gekocht haben
ihr werdet gekocht haben
sie, Sie werden gekocht haben

Kullanım bilgisi ve örnekleri:

Meine Mutter kann sehr gut kochen.
Annem çok güzel yemek yapar.

Das Wasser kocht schon.
Su kaynıyor bile.

Sera kocht für uns Tee.
Sera bize çay yapıyor.

Sie versteht gut zu kochen.
Güzel yemek yapar.

Was kochen wir heute?
Bugün ne pişirelim?

Deyim şeklindeki kullanılışı:

Bei mir kocht's. Çok kızmış olmak.

Essen kochen. Yemek pişirmek.

Es kocht in mir. Çok kızmak.

Weich gekocht. Haşlanmış.

Vor Wut kochen. Öfkesinden hop oturup hop kalkmak.

Türetilen şekilleri:

abkochen [apko**h**ın] kaynatmak, sterilize etmek

aufkochen [aufko**h**ın] kaynayıp buharlaşmak

überkochen [ü:bırko**h**ın] kaynayıp taşmak

verkochen [fer'ko**h**ın] lapalaşmak

Imperativ	Emir şekli
du – koch(e)!	pişir!
kochen wir!	pişirelim!
ihr – kocht!	pişirin!
kochen Sie!	pişiriniz!

41 kommen [komın] gelmek

kommen [komın] - **kam** [ka:m] - **ist gekommen** [ist gıkomın]

INDIKATIV — BİLDİRME KİPİ

Präsens

ich komme
[**ih** komı]
(geliyorum)
du kommst
er, sie, es kommt
wir kommen
ihr kommt
sie, Sie kommen

Perfekt

ich bin gekommen
[**ih** bin gıkomın]
(geldim)
du bist genommen
er, sie, es ist genommen
wir sind genommen
ihr seid genommen
sie, Sie sind genommen

Futur I

ich werde kommen
[**ih** ve:rdı komın]
(geleceğim)
du wirst kommen
er, sie, es wird kommen
wir werden kommen
ihr werdet kommen
sie, Sie werden kommen

Präteritum

ich kam
[**ih** ka:m]
(geldim)
du kamst
er, sie, es kam
wir kamen
ihr kamt
sie, Sie kamen

Plusquamperfekt

ich war gekommen
[**ih** va:**r** gıkomın]
(gelmiştim)
du warst gekommen
er, sie, es war gekommen
wir waren gekommen
ihr wart gekommen
sie, Sie waren gekommen

Futur II

ich werde gekommen sein
[**ih** ve:rdı gıkomın zayn]
(gelmiş olacağım)
du wirst gekommen sein
er, sie, es wird gekommen sein
wir werden gekommen sein
ihr werdet gekommen sein
sie, Sie werden gekommen sein

KONJUNKTIV — DİLEK KİPİ

Konjunktiv I

ich komme
[**ih** komı]
(gelirim)
du kommest
er, sie, es komme
wir kommen
ihr kommet
sie, Sie kommen

Perfekt

ich sei gekommen
[**ih** zay gıkomın]
(gelmişim)
du sei(e)st gekommen
er, sie, es sei gekommen
wir seien gekommen
ihr sei(e)t gekommen
sie, Sie seien gekommen

Futur I

ich werde kommen
[**ih** ve:rdı komın]
(gelecektim)
du werdest kommen
er, sie, es werde kommen
wir werden kommen
ihr werdet kommen
sie, Sie werden kommen

Konjunktiv II

ich käme
[**ih** ke:mı]
(gelirdim)
du käm(e)st
er, sie, es käme
wir kämen
ihr käm(e)t
sie, Sie kämen

Plusquamperfekt

ich wäre gekommen
[**ih** ve:**r**ı gıkomın]
(gelmiş olsaydım)
du wärest gekommen
er, sie, es wäre gekommen
wir wären gekommen
ihr wäret gekommen
sie, Sie wären gekommen

Futur II

ich werde gekommen sein
[**ih** ve:rdı gıkomın zayn]
(gelmiş olacaktım)
du werdest gekommen sein
er, sie, es werde gekommen sein
wir werden gekommen sein
ihr werdet gekommen sein
sie, Sie werden gekommen sein

Kullanım bilgisi ve örnekleri:

Gerade ist Frau Schulz in die Klasse gekommen.
Tam şimdi bayan Schulz sınıftan içeri girdi.

Leider kann ich nicht zu deiner Party kommen.
Maalesef partine gelemeyeceğim.

Wie kommst du darauf?
Bunu nereden çıkardın?

Laras Eltern kommen aus der Türkei.
Lara'nın anne babası Türkiye'den geliyor.

Deyim şeklindeki kullanılışı:

Wieder zu sich kommen. Tekrar kendine gelmek.

Das kommt davon. İşte bu yüzden böyle oluyor.

Um sein Geld kommen. Parasını kaybetmek.

Türetilen şekilleri:

aufkommen [aufkomın] ortaya çıkmak

auskommen [auskomın] geçinmek

bekommen [bıkomın] almak; yetişmek

beikommen [baykomın] birisine diş geçirmek

durchkommen [durhkomın] geçmek

entkommen [entkomın] kaçmak, kaçıp kurtulmak

mitkommen [mitkomın] (birlikte) gelmek

überkommen [ü:bırkomın] basmak, bastırmak

Imperativ	Emir şekli
du – komm(e)!	gel!
kommen wir!	gelelim!
ihr – kommt!	gelin!
kommen Sie!	geliniz!

42 **können** [könın] bir şeyi yapabilmek, yapmaya izni olmak

können [könın] - **konnte** [kontı] - **hat gekonnt** [hat gıkont]

INDIKATIV — BİLDİRME KİPİ

Präsens	Perfekt	Futur I
ich kann	**ich habe gekonnt**	**ich werde können**
[ih kan]	[ih ha:bı gekont]	[ih ve:rdı könın]
(yapabilirim)	(yapabildim)	(yapabileceğim)
du kannst	**du hast gekonnt**	**du wirst können**
er, sie, es kann	**er, sie, es hat gekonnt**	**er, sie, es wird können**
wir können	**wir haben gekonnt**	**wir werden können**
ihr könnt	**ihr habt gekonnt**	**ihr werdet können**
sie, Sie können	**sie, Sie haben gekonnt**	**sie, Sie werden können**

Präteritum	Plusquamperfekt	Futur II
ich konnte	**ich hatte gekonnt**	**ich werde gekonnt haben**
[ih kontı]	[ih hatı gıkont]	[ih ve:rdı gıkont ha:bın]
(yapabildim)	(yapabilmiştim)	(yapabilmiş olacağım)
du konntest	**du hattest gekonnt**	**du wirst gekonnt haben**
er, sie, es konnte	**er, sie, es hatte gekonnt**	**er, sie, es wird gekonnt haben**
wir konnten	**wir hatten gekonnt**	**wir werden gekonnt haben**
ihr konntet	**ihr hattet gekonnt**	**ihr werdet gekonnt haben**
sie, Sie konnten	**sie, Sie hatten gekonnt**	**sie, Sie werden gekonnt haben**

KONJUNKTIV — DİLEK KİPİ

Konjunktiv I	Perfekt	Futur I
ich könne	**ich habe gekonnt**	**ich werde können**
[ih könı]	[ih ha:bı gıkont]	[ih ve:rdı könın]
(yapabilirim)	(yapabilmiştim)	(yapabilmiş olacakmışım)
du könnest	**du habest gekonnt**	**du werdest können**
er, sie, es könne	**er, sie, es habe gekonnt**	**er, sie, es werde können**
wir können	**wir haben gekonnt**	**wir werden können**
ihr könnet	**ihr habet gekonnt**	**ihr werdet können**
sie, Sie können	**sie, Sie haben gekonnt**	**sie, Sie werden können**

Konjunktiv II	Plusquamperfekt	Futur II
ich könnte	**ich hätte gekonnt**	**ich werde gekonnt haben**
[ih köntı]	[ih hetı gıkont]	[ih ve:rdı gıkont ha:bın]
(yapabilirdim)	(yapabilmiş olsaydım)	(istemiş olacaktım)
du könntest	**du hättest gekonnt**	**du werdest gekonnt haben**
er, sie, es könnte	**er, sie, es hätte gekonnt**	**er, sie, es werde gekonnt haben**
wir könnten	**wir hätten gekonnt**	**wir werden gekonnt haben**
ihr könntet	**ihr hättet gekonnt**	**ihr werdet gekonnt haben**
sie, Sie könnten	**sie, Sie hätten gekonnt**	**sie, Sie werden gekonnt haben**

AÇIKLAMALAR

Kullanım bilgisi ve örnekleri:

"**Können**" yardımcı fiili "bir şeyi yapabilmek ya da o şeyi yapmaya gücü/yeteneği olmak" anlamına gelir. Şahıs zamirleriyle birlikte çekimlenir, yardımcı olduğu tam fiil ise "**Infinitiv**" yani "mastar" halinde sona gelir.

Der neue Schüler kann gut Fußball spielen.
Yeni öğrenci iyi futbol oynayabiliyor.

Ali konnte noch kein Deutsch, als er aus der Türkei kam.
Ali Türkiye'den geldiğinde henüz Almanca bilmiyordu.

Das ist schwierig, ich kann das nicht.
Ben bunu zor olduğu için yapamıyorum.

Das kann nicht wahr sein.
Bu gerçek olamaz.

Kannst du schwimmen?
Yüzme biliyor musun?

Deyim şeklindeki kullanılışı:

Etwas können. Bir şeyi yapabilmek.

Nichts können. Hiçbir şeyden anlamamak.

Etwas nicht haben können. Bir şeyden hoşlanmamak.

Was kann ich dafür? Benim suçum yok!

Deutsch können. Almanca bilmek.

Kommen können. Gelebilmek.

Türetilen şekilleri:

abkönnen [apkönın] sevmek; geçinmek

mitkönnen [mitkönın] gelebilmek, gidebilmek

Imperativ	Emir şekli
-	-
-	-
-	-
-	-

43 küssen [küsın] öpmek

küssen [küsın] - **küsste** [küstı] - **hat geküsst** [hat gıküst]

INDIKATIV — BİLDİRME KİPİ

Präsens

ich küsse
[ih küsı]
(öpüyorum)
du küsst
er, sie, es küsst
wir küssen
ihr küsst
sie, Sie küssen

Perfekt

ich habe geküsst
[ih ha:bı gıküst]
(öptüm)
du hast geküsst
er, sie, es hat geküsst
wir haben geküsst
ihr habt geküsst
sie, Sie haben geküsst

Futur I

ich werde küssen
[ih ve:rdı küsın]
(öpeceğim)
du wirst küssen
er, sie, es wird küssen
wir werden küssen
ihr werdet küssen
sie, Sie werden küssen

Präteritum

ich küsste
[ih küstı]
(öptüm)
du küsstest
er, sie, es küsste
wir küssten
ihr küsstet
sie, Sie küssten

Plusquamperfekt

ich hatte geküsst
[ih hatı gıküst]
(öpmüştüm)
du hattest geküsst
er, sie, es hatte geküsst
wir hatten geküsst
ihr hattet geküsst
sie, Sie hatten geküsst

Futur II

ich werde geküsst haben
[ih ve:rdı gıküst ha:bın]
(öpmüş olacağım)
du wirst geküsst haben
er, sie, es wird geküsst haben
wir werden geküsst haben
ihr werdet geküsst haben
sie, Sie werden geküsst haben

KONJUNKTIV — DİLEK KİPİ

Konjunktiv I

ich küsse
[ih küsı]
(öperim)
du küsset
er, sie, es küsse
wir küssen
ihr küsset
sie, Sie küssen

Perfekt

ich habe geküsst
[ih ha:bı gıküst]
(öpmüşüm)
du habest geküsst
er, sie, es habe geküsst
wir haben geküsst
ihr habet geküsst
sie, Sie haben geküsst

Futur I

ich werde küssen
[ih ve:rdı küsın]
(öpecektim)
du werdest küssen
er, sie, es werde küssen
wir werden küssen
ihr werdet küssen
sie, Sie werden küssen

Konjunktiv II

ich küsste
[ih küstı]
(öperdim)
du küsstest
er, sie, es küsste
wir küssten
ihr küsstet
sie, Sie küssten

Plusquamperfekt

ich hätte geküsst
[ih hetı gıküst]
(öpmüş olsaydım)
du hättest geküsst
er, sie, es hätte geküsst
wir hätten geküsst
ihr hättet geküsst
sie, Sie hätten geküsst

Futur II

ich werde geküsst haben
[ih ve:rdı gıküst ha:bın]
(öpmüş olacaktım)
du werdest geküsst haben
er, sie, es werde geküsst haben
wir werden geküsst haben
ihr werdet geküsst haben
sie, Sie werden geküsst haben

AÇIKLAMALAR

Kullanım bilgisi ve örnekleri:

Er küste ihr die Hand.
Onun elini öptü.

Die Kinder küssen ihre Mutter.
Çocuklar annelerini öpüyor.

Sie küsten sich.
Öpüştüler.

Sie küsste ihren Freund auf die Wange.
Arkadaşının yanağını öptü.

Die Mutter küsste zärtlich ihr Baby.
Anne şefkatle bebeğini öptü.

Ich möchte dich küssen.
Seni öpmek istiyorum.

Der Mann hat seine Frau geküsst.
Adam karısını öptü.

Der junge Mann küsst seine Freundin.
Genç adam kız arkadaşını öpüyor.

Deyim şeklindeki kullanılışı:

Auf den Mund küssen. Dudaklarından öpmek.

Auf die Stirn küssen. Alnından öpmek.

Sich küssen. Öpüşmek.

Die Freundin küssen. Kız arkadaşını öpmek.

Leidenschaftlich küssen. Tutkulu biçimde öpmek.

Küss die Hand! Elini öpmek!

Imperativ	Emir şekli
du – küss(e)!	öp!
küssen wir!	öpelim!
ihr – küsst!	öpün!
küssen Sie!	öpünüz!

44 lachen [lahın] gülmek

lachen [lahın] - **lachte** [lahtı] - **hat gelacht** [hat gılaht]

INDIKATIV — BİLDİRME KİPİ

Präsens

ich lache
[ih lahı]
(gülüyorum)
du lachst
er, sie, es lacht
wir lachen
ihr lacht
sie, Sie lachen

Präteritum

ich lachte
[ih lahtı]
(güldüm)
du lachtest
er, sie, es lachte
wir lachten
ihr lachtet
sie, Sie lachten

Perfekt

ich habe gelacht
[ih ha:bı gılaht]
(güldüm)
du hast gelacht
er, sie, es hat gelacht
wir haben gelacht
ihr habt gelacht
sie, Sie haben gelacht

Plusquamperfekt

ich hatte gelacht
[ih hatı gılaht]
(gülmüştüm)
du hattest gelacht
er, sie, es hatte gelacht
wir hatten gelacht
ihr hattet gelacht
sie, Sie hatten gelacht

Futur I

ich werde lachen
[ih ve:rdı lahın]
(güleceğim)
du wirst lachen
er, sie, es wird lachen
wir werden lachen
ihr werdet lachen
sie, Sie werden lachen

Futur II

ich werde gelacht haben
[ih ve:rdı gılaht ha:bın]
(gülmüş olacağım)
du wirst gelacht haben
er, sie, es wird gelacht haben
wir werden gelacht haben
ihr werdet gelacht haben
sie, Sie werden gelacht haben

KONJUNKTIV — DİLEK KİPİ

Konjunktiv I

ich lache
[ih lahı]
(gülerim)
du lachest
er, sie, es lache
wir lachen
ihr lachet
sie, Sie lachen

Konjunktiv II

ich lachte
[ih lahtı]
(gülerdim)
du lachtest
er, sie, es lachte
wir lachten
ihr lachtet
sie, Sie lachten

Perfekt

ich habe gelacht
[ih ha:bı gılaht]
(gülmüşüm)
du habest gelacht
er, sie, es habe gelacht
wir haben gelacht
ihr habet gelacht
sie, Sie haben gelacht

Plusquamperfekt

ich hätte gelacht
[ih hetı gılaht]
(gülmüş olsaydım)
du hättest gelacht
er, sie, es hätte gelacht
wir hätten gelacht
ihr hättet gelacht
sie, Sie hätten gelacht

Futur I

ich werde lachen
[ih ve:rdı lahın]
(gülecektim)
du werdest lachen
er, sie, es werde lachen
wir werden lachen
ihr werdet lachen
sie, Sie werden lachen

Futur II

ich werde gelacht haben
[ih ve:rdı gılaht ha:bın]
(gülmüş olacaktım)
du werdest gelacht haben
er,sie, es werde gelacht haben
wir werden gelacht haben
ihr werdet gelacht haben
sie, Sie werden gelacht haben

AÇIKLAMALAR

Kullanım bilgisi ve örnekleri:

Wir lachten über den lustigen Film.
Komik filme güldük.

Die Kinder lachen und spielen auf dem Schulhof.
Çocuklar okulun bahçesinde gülüyor ve oynuyorlar.

Ich lache über einen Witz.
Bir fıkraya gülüyorum.

Lachen ist gesund.
Gülmek sağlıklıdır.

Er ist ein fröhlicher Mensch, der oft lacht.
Çok gülen, neşeli bir insandır.

Deyim şeklindeki kullanılışı:

Er hat gut lachen. Durumu iyi.

Das wäre ja gelacht. Önemsiz bir şey.

Er hat nichts zu lachen. Durumu kötü.

Laut lachen. Katıla katıla gülmek.

Türetilen şekilleri:

anlachen [anla**hı**n] gülerek bakmak

auslachen [ausla**hı**n] birisine gülmek, alaya almak

sich kaputtlachen [zi**h** kaputla**hı**n] gülmekten katılmak

sich totlachen [zi**h** to:tla**hı**n] gülmekten kırılmak

verlachen [fer'la**hı**n] alay etmek, kafaya almak

Imperativ	Emir şekli
du – lach(e)!	gül!
lachen wir!	gülelim!
ihr – lacht!	gülün!
lachen Sie!	gülünüz!

45 laden [la:dın] yüklemek; şarz etmek; davet etmek

laden [la:dın] - **lud** [lu:d] - **hat geladen** [hat gıla:dın]

INDIKATIV — BİLDİRME KİPİ

Präsens	Perfekt	Futur I
ich lade	**ich habe geladen**	**ich werde laden**
[ih la:dı]	[ih ha:bı gıla:dın]	[ih ve:rdı la:dın]
(yüklüyorum)	(yükledim)	(yükleyeceğim)
du lädst	**du hast geladen**	**du wirst laden**
er, sie, es lädt	**er, sie, es hat geladen**	**er, sie, es wird laden**
wir laden	**wir haben geladen**	**wir werden laden**
ihr ladet	**ihr habt geladen**	**ihr werdet laden**
sie, Sie laden	**sie, Sie haben geladen**	**sie, Sie werden laden**

Präteritum	Plusquamperfekt	Futur II
ich lud	**ich hatte geladen**	**ich werde geladen haben**
[ih lu:d]	[ih hatı gıla:dın]	[ih ve:rdı gıla:dın ha:bın]
(yükledim)	(yüklemiştim)	(yüklemiş olacağım)
du lud(e)st	**du hattest geladen**	**du wirst geladen haben**
er, sie, es lud	**er, sie, es hatte geladen**	**er, sie, es wird geladen haben**
wir luden	**wir hatten geladen**	**wir werden geladen haben**
ihr ludet	**ihr hattet geladen**	**ihr werdet geladen haben**
sie, Sie luden	**sie, Sie hatten geladen**	**sie, Sie werden geladen haben**

KONJUNKTIV — DİLEK KİPİ

Konjunktiv I	Perfekt	Futur I
ich lade	**ich habe geladen**	**ich werde laden**
[ih la:dı]	[ih ha:bı gıla:dın]	[ih ve:rdı la:dın]
(yüklerim)	(yüklemişim)	(yüklemiş olacaktım)
du ladest	**du habest geladen**	**du werdest laden**
er, sie, es lade	**er, sie, es habe geladen**	**er, sie, es werde laden**
wir laden	**wir haben geladen**	**wir werden laden**
ihr ladet	**ihr habet geladen**	**ihr werdet laden**
sie, Sie laden	**sie, Sie haben geladen**	**sie, Sie werden laden**

Konjunktiv II	Plusquamperfekt	Futur II
ich lüde	**ich hätte geladen**	**ich werde geladen haben**
[ih lü:dı]	[ih he:tı gıla:dın]	[ih ve:rdı gıla:dın ha:bın]
(yüklerdim)	(yüklemiş olsaydım)	(yüklemiş olacaktım)
du lüdest	**du hättest geladen**	**du werdest geladen haben**
er, sie, es lüde	**er, sie, es hätte geladen**	**er, sie, es werde geladen haben**
wir lüden	**wir hätten geladen**	**wir werden geladen haben**
ihr lüdet	**ihr hättet geladen**	**ihr werdet geladen haben**
sie, Sie lüden	**sie, Sie hätten geladen**	**sie, Sie werden geladen haben**

Kullanım bilgisi ve örnekleri:

Er lädt Holz auf den Lastwagen.
Kamyona odun yüklüyor.

Das Program wird neu geladen.
Program yeniden yükleniyor.

Mein Onkel wurde als Zeuge geladen.
Amcam şahit olarak mahkemeye davet edildi.

Hast du die Koffer in das Auto geladen?
Bavulları otomobile yükledin mi?

Deyim şeklindeki kullanılışı:

Die Koffer laden. Bavulları yüklemek.

Geladene Gäste. Davetli misafirler.

Schwer geladen haben. Çok alkol almış olmak.

Benzer fiiller ve anlamları:

abladen [apla:dın] boşaltmak

aufladen [aufla:dın] şarj etmek, doldurmak

ausladen [ausla:dın] boşaltmak, indirmek

beladen [bıla:dın] yüklemek

einladen [aynla:dın] davet etmek

entladen [entla:dın] boşaltmak

verladen [fer'la:dın] yüklemek

herunterladen [heruntırla:dın] (bilgisayarda program/dosya) indirmek

Imperativ	Emir şekli
du – lad(e)!	yükle!
laden wir!	yükleyelim!
ihr – ladet!	yükleyin!
laden Sie!	yükleyiniz!

46 **lassen** [lasın] bırakmak; yaptırmak

lassen [lasın] - **ließ** [li:s] - **hat gelassen** [hat gılasın]

INDIKATIV — BİLDİRME KİPİ

Präsens

ich lasse
[ih lasıj]
(bırakıyorum)
du lässt
er, sie, es lässt
wir lassen
ihr lasst
sie, Sie lassen

Perfekt

ich habe gelassen
[ih ha:bı gılasın]
(bıraktım)
du hast gelassen
er, sie, es hat gelassen
wir haben gelassen
ihr habt gelassen
sie, Sie haben gelassen

Futur I

ich werde lassen
[ih ve:rdı lasın]
(bırakacağım)
du wirst lassen
er, sie, es wird lassen
wir werden lassen
ihr werdet lassen
sie, Sie werden lassen

Präteritum

ich ließ
[ih li:s]
(bıraktım)
du ließest
er, sie, es ließ
wir ließen
ihr ließ(e)t
sie, Sie ließen

Plusquamperfekt

ich hatte gelassen
[ih hatı gılasın]
(bırakmıştım)
du hattest gelassen
er, sie, es hatte gelassen
wir hatten gelassen
ihr hattet gelassen
sie, Sie hatten gelassen

Futur II

ich werde gelassen haben
[ih ve:rdı gılasın ha:bın]
(bırakmış olacağım)
du wirst gelassen haben
er, sie, es wird gelassen haben
wir werden gelassen haben
ihr werdet gelassen haben
sie, Sie werden gelassen haben

KONJUNKTIV — DİLEK KİPİ

Konjunktiv I

ich lasse
[ih lası]
(bırakırım)
du lassest
er, sie, es lasse
wir lassen
ihr lasset
sie, Sie lassen

Perfekt

ich habe gelassen
[ih ha:bı gılasın]
(bırakmışım)
du habest gelassen
er, sie, es habe gelassen
wir haben gelassen
ihr habet gelassen
sie, Sie haben gelassen

Futur I

ich werde lassen
[ih ve:rdı lasın]
(bırakmış olacaktım)
du werdest lassen
er, sie, es werde lassen
wir werden lassen
ihr werdet lassen
sie, Sie werden lassen

Konjunktiv II

ich ließe
[ih li:sı]
(bırakırdım)
du ließest
er, sie, es ließe
wir ließen
ihr ließet
sie, Sie ließen

Plusquamperfekt

ich hätte gelassen
[ih he:tı gılasın]
(bırakmış olsaydım)
du hättest gelassen
er, sie, es hätte gelassen
wir hätten gelassen
ihr hättet gelassen
sie, Sie hätten gelassen

Futur II

ich werde gelassen haben
[ih ve:rdı gılasın ha:bın]
(bırakmış olacaktım)
du werdest gelassen haben
er, sie, es werde gelassen haben
wir werden gelassen haben
ihr werdet gelassen haben
sie, Sie werden gelassen haben

Kullanım bilgisi ve örnekleri:

Lassen Sie mich bitte ausreden!
Bırakın da sözümü bitireyim.

Torsten ließ die Tür offen, als er ging.
Torsten giderken kapıyı açık bıraktı.

Er lässt den Kindern ihre Freiheit.
Çocuklarını özgür bırakıyor.

Ich will sehen, was es sich tun lässt.
Bakayım, ne yapılabilir.

Deyim şeklindeki kullanılışı:

Das Rauchen lassen. Sigarayı bırakmak.

Stecken lassen. Üstünde bırakmak.

Lass mich in Ruhe! Beni rahat bırakın!

Offen lassen. Açık bırakmak.

Benzer fiiller ve anlamları:

ablassen [aplasın] peşini bırakmak, vazgeçmek

anlassen [anlasın] çalıştırmak

auslassen [auslasın] dışarı bırakmak, dışarı salmak

einlassen [aynlasın] içeri almak

entlassen [entlasın] tahliye etmek; işten çıkarmak

verlassen [fer'lasın] terketmek

zulassen [tsu':lasın] izin vermek; göz yummak

zurücklassen [tsu':rüklasın] geride bırakmak

Imperativ	Emir şekli
du – lass(e)!	bırak!
lassen wir!	bırakalım!
ihr – lasst!	bırakın!
lassen Sie!	bırakınız!

47 laufen [laufın] koşmak; yürümek

laufen [laufın] - **lief** [li:f] - **ist gelaufen** [ist gılaufın]

INDIKATIV — BİLDİRME KİPİ

Präsens

ich laufe
[**ih** laufı]
(koşuyorum)
du läufst
er, sie, es läuft
wir laufen
ihr lauft
sie, Sie laufen

Perfekt

ich bin gelaufen
[**ih** bin gılaufın]
(koştum)
du bist gelaufen
er, sie, es ist gelaufen
wir sind gelaufen
ihr seid gelaufen
sie, Sie sind gelaufen

Futur I

ich werde laufen
[**ih** ve:rdı laufın]
(koşacağım)
du wirst laufen
er, sie, es wird laufen
wir werden laufen
ihr werdet laufen
sie, Sie werden laufen

Präteritum

ich lief
[**ih** li:f]
(koştum)
du liefst
er, sie, es lief
wir liefen
ihr lieft
sie, Sie liefen

Plusquamperfekt

ich war gelaufen
[**ih** va:**r** gılaufın]
(koşmuştum)
du warst gelaufen
er, sie, es war gelaufen
wir waren gelaufen
ihr wart gelaufen
sie, Sie waren gelaufen

Futur II

ich werde gelaufen sein
[**ih** ve:rdı gılaufın zayn]
(koşmuş olacağım)
du wirst gelaufen sein
er, sie, es wird gelaufen sein
wir werden gelaufen sein
ihr werdet gelaufen sein
sie, Sie werden gelaufen sein

KONJUNKTIV — DİLEK KİPİ

Konjunktiv I

ich laufe
[**ih** laufı]
(koşarım)
du laufest
er, sie, es laufe
wir laufen
ihr laufet
sie, Sie laufen

Perfekt

ich sei gelaufen
[**ih** zay gılaufın]
(koşmuşum)
du sei(e)st gelaufen
er, sie, es sei gelaufen
wir seien gelaufen
ihr sei(e)t gelaufen
sie, Sie seien gelaufen

Futur I

ich werde laufen
[**ih** ve:rdı laufın]
(kalacaktım)
du werdest laufen
er, sie, es werde laufen
wir werden laufen
ihr werdet laufen
sie, Sie werden laufen

Konjunktiv II

ich liefe
[**ih** li:fı]
(koşardım)
du liefest
er, sie, es liefe
wir liefen
ihr liefet
sie, Sie liefen

Plusquamperfekt

ich wäre gelaufen
[**ih** ve:rı gılaufın]
(koşmuş olsaydım)
du wärest gelaufen
er, sie, es wäre gelaufen
wir wären gelaufen
ihr wär(e)t gelaufen
sie, Sie wären gelaufen

Futur II

ich werde gelaufen sein
[**ih** ve:rdı gılaufın zayn]
(koşmuş olacaktım)
du werdest gelaufen sein
er, sie, es werde gelaufen sein
wir werden gelaufen sein
ihr werdet gelaufen sein
sie, Sie werden gelaufen sein

Kullanım bilgisi ve örnekleri:

Er ist heute schnell gelaufen.
Bugün hızlı koştu.

Dennis läuft stundenlang an der Küste.
Dennis saatlerce sahilde koşuyor.

Der Film läuft in allen Kinos.
Film bütün sinemalarda oynuyor.

Eine Katze lief über die Straße.
Bir kedi caddeden karşıya geçti.

Deyim şeklindeki kullanılışı:

Ski laufen. Kayak yapmak.

Auf Schienen laufen. Raylar üzerinde koşmak.

Einen Umweg laufen. Yolu uzatmak.

Türetilen şekilleri:

ablaufen [aplaufın] bitmek, sona ermek; akmak.

anlaufen [anlaufın] koşarak gelmek

unterlaufen [untırlaufın] hata yapmak

entlaufen [entlaufın] kaçmak

fortlaufen [fort'laufın] kaçıp gitmek

verlaufen [fer'laufın] geçmek, akmak, gitmek

Imperativ	Emir şekli
du – lauf(e)!	koş!
laufen wir!	koşalım!
ihr – lauft!	koşun!
laufen Sie!	koşunuz!

48 legen [le:gın] (yatık olarak) koymak

legen [le:gın] - **legte** [le:gtı] - **hat gelegt** [hat gıle:gt]

INDIKATIV — BİLDİRME KİPİ

Präsens

ich lege
[ih le:gı]
(koyuyorum)
du legst
er, sie, es legt
wir legen
ihr legt
sie, Sie legen

Perfekt

ich habe gelegt
[ih ha:bı gıle:gt]
(koydum)
du hast gelegt
er, sie, es hat gelegt
wir haben gelegt
ihr habt gelegt
sie, Sie haben gelegt

Futur I

ich werde legen
[ih ve:rdı le:gın]
(koyacağım)
du wirst legen
er, sie, es wird legen
wir werden legen
ihr werdet legen
sie, Sie werden legen

Präteritum

ich legte
[ih le:gtı]
(koydum)
du legtest
er, sie, es legte
wir legten
ihr legtet
sie, Sie legten

Plusquamperfekt

ich hatte gelegt
[ih hatı gıle:gt]
(koymuştum)
du hattest gelegt
er, sie, es hatte gelegt
wir hatten gelegt
ihr hattet gelegt
sie, Sie hatten gelegt

Futur II

ich werde gelegt haben
[ih ve:rdı gıle:gt ha:bın]
(koymuş olacağım)
du wirst gelegt haben
er, sie, es wird gelegt haben
wir werden gelegt haben
ihr werdet gelegt haben
sie, Sie werden gelegt haben

KONJUNKTIV — DİLEK KİPİ

Konjunktiv I

ich lege
[ih le:gı]
(koyarım)
du legest
er, sie, es lege
wir legen
ihr leget
sie, Sie legen

Perfekt

ich habe gelegt
[ih ha:bı gıle:gt]
(koymuşum)
du habest gelegt
er, sie, es habe gelegt
wir haben gelegt
ihr habet gelegt
sie, Sie haben gelegt

Futur I

ich werde legen
[ih ve:rdı le:gın]
(koymuştum)
du werdest legen
er, sie, es werde legen
wir werden legen
ihr werdet legen
sie, Sie werden legen

Konjunktiv II

ich legte
[ih le:gtı]
(koyardım)
du legtest
er, sie, es legte
wir legten
ihr legtet
sie, Sie legten

Plusquamperfekt

ich hätte gelegt
[ih hetı gıle:gt]
(koymuş olsaydım)
du hättest gelegt
er, sie, es hätte gelegt
wir hätten gelegt
ihr hättet gelegt
sie, Sie hätten gelegt

Futur II

ich werde gelegt haben
[ih ve:rdı gıle:gt ha:bın]
(koymuş olacaktım)
du werdest gelegt haben
er, sie, es werde gelegt haben
wir werden gelegt haben
ihr werdet gelegt haben
sie, Sie werden gelegt haben

Kullanım bilgisi ve örnekleri:

Hast du die Flaschen in den Wagen gelegt?
Şişeleri arabaya koydun mu?

Die Kinder legen ihre Schultaschen auf den Boden.
Çocuklar okul çantalarını yere koyuyorlar.

Sera legt ihre Hände auf den Tisch.
Sera ellerini masanın üstüne koyuyor.

Ich lag mich im Sommer immer in die Sonne.
Yazın hep güneşlendim.

Deyim şeklindeki kullanılışı:

Es jemandem legen. Engellemek, önlemek.

Ins Bett legen. Yatağa yatırmak.

Feuer legen. Yangın çıkarmak.

Türetilen şekilleri:

ablegen [aple:gın] çıkarmak; bırakmak; koymak

anlegen [anle:gın] yanaşmak; dayamak, yaslamak

auflegen [aufle:gın] telefonu kapamak

umlegen [umle:gın] devirmek, yere düşürmek

verlegen [fer'le:gın] nakletmek; ertelemek

vorlegen [fo:r'le:gın] göstermek, ibraz etmek

zerlegen [tserle:gın] sökmek; analiz etmek

Imperativ	Emir şekli
du – leg(e)!	koy!
legen wir!	koyalım!
ihr – legt!	koyun!
legen Sie!	koyunuz!

49 **lernen** [lernın] öğrenmek; ders çalışmak

lernen [lernın] - **lernte** [lerntı] - **hat gelernt** [hat gılernt]

INDIKATIV — BİLDİRME KİPİ

Präsens	Perfekt	Futur I
ich lerne	**ich habe gelernt**	**ich werde lernen**
[ih lernı]	[ih ha:bı gılernt]	[ih ve:rdı lernın]
(öğreniyorum)	(öğrendim)	(öğreneceğim)
du lernst	**du hast gelernt**	**du wirst lernen**
er, sie, es lernt	**er, sie, es hat gelernt**	**er, sie, es wird lernen**
wir lernen	**wir haben gelernt**	**wir werden lernen**
ihr lernt	**ihr habt gelernt**	**ihr werdet lernen**
sie, Sie lernen	**sie, Sie haben gelernt**	**sie, Sie werden lernen**

Präteritum	Plusquamperfekt	Futur II
ich lernte	**ich hatte gelernt**	**ich werde gelernt haben**
[ih lerntı]	[ih hatı gılernt]	[ih ve:rdı gılernt ha:bın]
(öğrendim)	(öğrenmiştim)	(öğrenmiş olacağım)
du lerntest	**du hattest gelernt**	**du wirst gelernt haben**
er, sie, es lernte	**er, sie, es hatte gelernt**	**er, sie, es wird gelernt haben**
wir lernten	**wir hatten gelernt**	**wir werden gelernt haben**
ihr lerntet	**ihr hattet gelernt**	**ihr werdet gelernt haben**
sie, Sie lernten	**sie, Sie hatten gelernt**	**sie, Sie werden gelernt haben**

KONJUNKTIV — DİLEK KİPİ

Konjunktiv I	Perfekt	Futur I
ich lerne	**ich habe gelernt**	**ich werde lernen**
[ih lernı]	[ih ha:bı gılernt]	[ih ve:rdı lernın]
(öğrenirim)	(öğrenmişim)	(öğrenecektim)
du lernest	**du habest gelernt**	**du werdest lernen**
er, sie, es lerne	**er, sie, es habe gelernt**	**er, sie, es werde lernen**
wir lernen	**wir haben gelernt**	**wir werden lernen**
ihr lernet	**ihr habet gelernt**	**ihr werdet lernen**
sie, Sie lernen	**sie, Sie haben gelernt**	**sie, Sie werden lernen**

Konjunktiv II	Plusquamperfekt	Futur II
ich lernte	**ich hätte gelernt**	**ich werde gelernt haben**
[ih lerntı]	[ih hetı gılernt]	[ih ve:rdı gılernt ha:bın]
(öğrenirdim)	(öğrenmiş olsaydım)	(öğrenmiş olacaktım)
du lerntest	**du hättest gelernt**	**du werdest gelernt haben**
er, sie, es lernte	**er, sie, es hätte gelernt**	**er, sie, es werde gelernt haben**
wir lernten	**wir hätten gelernt**	**wir werden gelernt haben**
ihr lerntet	**ihr hättet gelernt**	**ihr werdet gelernt haben**
sie, Sie lernten	**sie, Sie hätten gelernt**	**sie, Sie werden gelernt haben**

Kullanım bilgisi ve örnekleri:

Ich lerne jeden Tag etwas Neues.
Her gün yeni bir şey öğreniyorum.

Die Kinder lernen schreiben und lesen.
Çocuklar okuma yazmayı öğreniyorlar.

Wo hast du Deutsch gelernt?
Almancayı nerede öğrendin?

Meine Schwester wird nie aus ihren Fehlern lernen.
Kız kardeşim hatalarından asla ders almayacak.

Ich muss noch für die Prüfung lernen.
Sınav için daha ders çalışmam lâzım.

Deyim şeklindeki kullanılışı:

Aus den Fehlern lernen. Hatalarından ders almak.

Etwas auswendig lernen. Bir şeyi ezberlemek.

Deutsch lernen. Almanca öğrenmek.

Tanzen lernen. Dans etmeyi öğrenmek.

Computer lernen. Bilgisayar öğrenmek.

Türetilen şekilleri:

anlernen [an**ler**nın] öğretmek; bilgi kazandırmak

erlernen [er'**ler**nın] öğrenmek

weiterlernen [vay**tırler**nın] öğrenmek

verlernen [fer'**ler**nın] (öğrendiğini) unutmak

Imperativ	Emir şekli
du – lern(e)!	öğren!
lernen wir!	öğrenelim!
ihr – lernt!	öğrenin!
lernen Sie!	öğreniniz!

50 lesen [le:zın] okumak

lesen [le:zın] - **las** [la:s] - **hat gelesen** [hat gıle:zın]

INDIKATIV — BİLDİRME KİPİ

Präsens	Perfekt	Futur I
ich lese	**ich habe gelesen**	**ich werde lesen**
[ih le:zı]	[ih ha:bı gıle:zın]	[ih ve:rdı le:zın]
(okuyorum)	(okudum)	(okuyacağım)
du liest	**du hast gelesen**	**du wirst lesen**
er, sie, es liest	**er, sie, es hat gelesen**	**er, sie, es wird lesen**
wir lesen	**wir haben gelesen**	**wir werden lesen**
ihr lest	**ihr habt gelesen**	**ihr werdet lesen**
sie, Sie lesen	**sie, Sie haben gelesen**	**sie, Sie werden lesen**

Präteritum	Plusquamperfekt	Futur II
ich las	**ich hatte gelesen**	**ich werde gelesen haben**
[ih la:s]	[ih hatı gıle:zın]	[ih ve:rdı gıle:zın ha:bın]
(okudum)	(okumuştum)	(okumuş olacağım)
du lasest	**du hattest gelesen**	**du wirst gelesen haben**
er, sie, es las	**er, sie, es hatte gelesen**	**er, sie, es wird gelesen haben**
wir las en	**wir hatten gelesen**	**wir werden gelesen haben**
ihr las(e)t	**ihr hattet gelesen**	**ihr werdet gelesen haben**
sie, Sie lasen	**sie, Sie hatten gelesen**	**sie, Sie werden gelesen haben**

KONJUNKTIV — DİLEK KİPİ

Konjunktiv I	Perfekt	Futur I
ich lese	**ich habe gelesen**	**ich werde lesen**
[ih le:zı]	[ih ha:bı gıle:zın]	[ih ve:rdı le:zın]
(okurum)	(okumuşum)	(okuyacaktım)
du lesest	**du habest gelesen**	**du werdest lesen**
er, sie, es lese	**er, sie, es habe gelesen**	**er, sie, es werde lesen**
wir lesen	**wir haben gelesen**	**wir werden lesen**
ihr leset	**ihr habet gelesen**	**ihr werdet lesen**
sie, Sie lesen	**sie, Sie haben gelesen**	**sie, Sie werden lesen**

Konjunktiv II	Plusquamperfekt	Futur II
ich läse	**ich hätte gelesen**	**ich werde gelesen haben**
[ih le:sı]	[ih he:tı gıle:zın]	[ih ve:rdı gıle:zın ha:bın]
(okurdum)	(okumuş olsaydım)	(okumuş olacaktım)
du läsest	**du hättest gelesen**	**du werdest gelesen haben**
er, sie, es läse	**er, sie, es hätte gelesen**	**er, sie, es werde gelesen haben**
wir läsen	**wir hätten gelesen**	**wir werden gelesen haben**
ihr läset	**ihr hättet gelesen**	**ihr werdet gelesen haben**
sie, Sie läsen	**sie, Sie hätten gelesen**	**sie, Sie werden gelesen haben**

Kullanım bilgisi ve örnekleri:

Du musst dieses Buch lesen.
Bu kitabı okumak zorundasın.

Kannst du schon lesen?
Okumayı biliyor musun?

Wir lesen ein neues Buch über Raumfahrt.
Uzay yolculuğu hakkında yeni bir kitap okuyoruz.

Dieser Roman liest sich wirklich gut.
Bu roman gerçekten çok kolay okunuyor.

Deyim şeklindeki kullanılışı:

Zeitung lesen. Gazete okumak.

Jemandem aus der Hand lesen. Birinin el falına bakmak.

Fließend lesen. Su gibi okumak.

Benzer fiiller ve anlamları:

ablesen [ap**le**:zın] (bir yerden) okumak

anlesen [an**le**:zın] başını okumak

auflesen [auf**le**:zın] toplamak; kapmak

auslesen [aus**le**:zın] okuyup bitirmek; ayıklamak

durchlesen [dur**hle**:zın] baştan aşağı okumak

verlesen [fer'**le**:zın] okumak; temizlemek

vorlesen [fo:**r**'**le**:zın] okumak

Imperativ	Emir şekli
du – lies!	oku!
lesen wir!	okuyalım!
ihr – lest!	okuyun!
lesen Sie!	okuyunuz!

51 lieben [li:bın] sevmek; âşık olmak

lieben [li:bın] - **liebte** [li:btı] - **hat geliebt** [hat gıli:pt]

INDIKATIV — BİLDİRME KİPİ

Präsens

ich liebe
[ih li:bı]
(seviyorum)
du liebst
er, sie, es liebt
wir lieben
ihr liebt
sie, Sie lieben

Präteritum

ich liebte
[ih li:ptı]
(sevdim)
du liebtest
er, sie, es liebte
wir liebten
ihr liebtet
sie, Sie lieben

Perfekt

ich habe geliebt
[ih ha:bı gıli:pt]
(sevdim)
du hast geliebt
er, sie, es hat geliebt
wir haben geliebt
ihr habt geliebt
sie, Sie haben geliebt

Plusquamperfekt

ich hatte geliebt
[ih hatı gıli:pt]
(sevmiştim)
du hattest geliebt
er, sie, es hatte geliebt
wir hatten geliebt
ihr hattet geliebt
sie, Sie hatten geliebt

Futur I

ich werde lieben
[ih ve:rdı li:bın]
(seveceğim)
du wirst lieben
er, sie, es wird lieben
wir werden lieben
ihr werdet lieben
sie, Sie werden lieben

Futur II

ich werde geliebt haben
[ih ve:rdı gıli:pt ha:bın]
(sevmiş olacağım)
du wirst geliebt haben
er, sie, es wird geliebt haben
wir werden geliebt haben
ihr werdet geliebt haben
sie, Sie werden geliebt haben

KONJUNKTIV — DİLEK KİPİ

Konjunktiv I

ich liebe
[ih li:bı]
(severim)
du liebest
er, sie, es liebe
wir lieben
ihr liebet
sie, Sie lieben

Konjunktiv II

ich liebte
[ih li:ptı]
(severdim)
du liebtest
er, sie, es liebte
wir liebten
ihr liebtet
sie, Sie liebten

Perfekt

ich habe geliebt
[ih ha:bı gıli:pt]
(sevmişim)
du habest geliebt
er, sie, es habe geliebt
wir haben geliebt
ihr habet geliebt
sie, Sie haben geliebt

Plusquamperfekt

ich hätte geliebt
[ih hetı gıli:pt]
(sevmiş olsaydım)
du hättest geliebt
er, sie, es hätte geliebt
wir hätten geliebt
ihr hättet geliebt
sie, Sie hätten geliebt

Futur I

ich werde lieben
[ih ve:rdı li:bın]
(sevmiştim)
du werdest lieben
er, sie, es werde lieben
wir werden lieben
ihr werdet lieben
sie, Sie werden lieben

Futur II

ich werde geliebt haben
[ih ve:rdı gıli:pt ha:bın]
(sevmiş olacaktım)
du werdest geliebt haben
er, sie, es werde geliebt haben
wir werden geliebt haben
ihr werdet geliebt haben
sie, Sie werden geliebt haben

AÇIKLAMALAR

Kullanım bilgisi ve örnekleri:

Ich habe dich sehr geliebt.
Seni çok sevdim.

Die Kinder lieben ihre Lehrerin.
Çocuklar öğretmenini seviyor.

Der Junge liebt seine Freundin.
Genç çocuk kız arkadaşını seviyor.

Die Großmutter liebt Blumen.
Anneanne çiçekleri sever.

Er liebt das Schwimmen nicht.
Yüzmeyi sevmiyor.

Sie liebt einen Ausländer.
O, bir yabancıyı seviyor.

Su liebt ihren Vater.
Su babasını seviyor.

Deyim şeklindeki kullanılışı:

Innig lieben. İçten sevmek.

Tiere lieben. Hayvan sevmek.

Natur lieben. Doğayı sevmek.

Heimat lieben. Memleketini sevmek.

Seine Eltern lieben. Anne-babasını sevmek.

Türetilen şekilleri:

sich verlieben [zih fer'li:bın] âşık olmak

Imperativ	Emir şekli
du – lieb(e)!	sev!
lieben wir!	sevelim!
ihr – liebt!	sevin!
lieben Sie!	seviniz!

52 **liegen** [li:gın] yatmak; (yatık olarak) durmak, bulunmak

liegen [li:gın] - **lag** [la:g] - **hat gelegen** [hat gıle:gın]

INDIKATIV — BİLDİRME KİPİ

Präsens	Perfekt	Futur I
ich liege	**ich habe gelegen**	**ich werde liegen**
[ih li:gı]	[ih ha:bı gıle:gın]	[ih ve:rdı li:gın]
(yatıyorum)	(yattım)	(yatacağım)
du liegst	**du hast gelegen**	**du wirst liegen**
er, sie, es liegt	**er, sie, es hat gelegen**	**er, sie, es wird liegen**
wir liegen	**wir haben gelegen**	**wir werden liegen**
ihr liegt	**ihr habt gelegen**	**ihr werdet liegen**
sie, Sie liegen	**sie, Sie haben gelegen**	**sie, Sie werden liegen**

Präteritum	Plusquamperfekt	Futur II
ich lag	**ich hatte gelegen**	**ich werde gelegen haben**
[ih la:g]	[ih hatı gıle:gın]	[ih ve:rdı gıle:gın ha:bın]
(yattım)	(yatmıştım)	(yatmış olacağım)
du lagst	**du hattest gelegen**	**du wirst gelegen haben**
er, sie, es lag	**er, sie, es hatte gelegen**	**er, sie, es wird gelegen haben**
wir lagen	**wir hatten gelegen**	**wir werden gelegen haben**
ihr lagt	**ihr hattet gelegen**	**ihr werdet gelegen haben**
sie, Sie lagen	**sie, Sie hatten gelegen**	**sie, Sie werden gelegen haben**

KONJUNKTIV — DİLEK KİPİ

Konjunktiv I	Perfekt	Futur I
ich liege	**ich habe gelegen**	**ich werde liegen**
[ih li:gı]	[ih ha:bı gıle:gın]	[ih ve:rdı li:gın]
(yatarım)	(yatmışım)	(yatacakmışım)
du liegest	**du habest gelegen**	**du werdest liegen**
er, sie, es liege	**er, sie, es habe gelegen**	**er, sie, es werde liegen**
wir liegen	**wir haben gelegen**	**wir werden liegen**
ihr lieget	**ihr habet gelegen**	**ihr werdet liegen**
sie, Sie liegen	**sie, Sie haben gelegen**	**sie, Sie werden liegen**

Konjunktiv II	Plusquamperfekt	Futur II
ich läge	**ich hätte gelegen**	**ich werde gelegen haben**
[ih le:gı]	[ih hetı gıle:gın]	[ih ve:rdı gıle:gın ha:bın]
(yatardım)	(yatmış olsaydım)	(yatmış olacaktım)
du lägest	**du hättest gelegen**	**du werdest gelegen haben**
er, sie, es läge	**er, sie, es hätte gelegen**	**er, sie, es werde gelegen haben**
wir lägen	**wir hätten gelegen**	**wir werden gelegen haben**
ihr läget	**ihr hättet gelegen**	**ihr werdet gelegen haben**
sie, Sie lägen	**sie, Sie hätten gelegen**	**sie, Sie werden gelegen haben**

Kullanım bilgisi ve örnekleri:

Das Buch liegt auf dem Tisch.
Kitap masanın üstünde duruyor.

Die Kinder liegen im Bett.
Çocuklar yatakta yatıyor.

Laras Katze liegt unter dem Sofa und schläft.
Lara'nın kedisi kanepenin altında yatıyor ve uyuyor.

Wir haben den ganzen Tag am Strand gelegen.
Bütün gün kumsalda yattık.

Dieses Jahr lag viel Schnee in Deutschland.
Bu yıl Almanya'da çok kar vardı.

Deyim şeklindeki kullanılışı:

Es liegt ihm nicht. Sanatına, yeteneğine yakışmamak.

Es liegt nicht an mir. Suç bende değil.

Eine Rolle spielen. Bir rol oynamak.

Woran liegt es? Bu neye bağlı?

Türetilen şekilleri:

anliegen [anli:gın] gündemde olmak

erliegen [erli:gın] yenilmek; ölmek

beiliegen [bayli:gın] ilişikte/ekte olmak

unterliegen [untı**r**'li:gın] yenilmek, kaybetmek

vorliegen [fo:**r**'li:gın] elde olmak, hazır olmak

Imperativ	Emir şekli
du – lieg(e)!	yat!
liegen wir!	yatalım!
ihr – liegt!	yatın!
liegen Sie!	yatınız!

53 machen [mahın] yapmak

machen [mahın] - **machte** [mahtı] - **hat gemacht** [hat gımaht]

INDIKATIV — BİLDİRME KİPİ

Präsens

ich mache
[ih mahı]
(yapıyorum)
du machst
er, sie, es macht
wir machen
ihr macht
sie, Sie machen

Perfekt

ich habe gemacht
[ih ha:bı gımaht]
(yaptım)
du hast gemacht
er, sie, es hat gemacht
wir haben gemacht
ihr habt gemacht
sie, Sie haben gemacht

Futur I

ich werde machen
[ih ve:rdı mahın]
(yapacağım)
du wirst machen
er, sie, es wird machen
wir werden machen
ihr werdet machen
sie, Sie werden machen

Präteritum

ich machte
[ih mahtı]
(yaptım)
du machtest
er, sie, es machte
wir machten
ihr machtet
sie, Sie machten

Plusquamperfekt

ich hatte gemacht
[ih hatı gımaht]
(yapmıştım)
du hattest gemacht
er, sie, es hatte gemacht
wir hatten gemacht
ihr hattet gemacht
sie, Sie hatten gemacht

Futur II

ich werde gemacht haben
[ih ve:rdı gımaht ha:bın]
(yapmış olacağım)
du wirst gemacht haben
er, sie, es wird gemacht haben
wir werden gemacht haben
ihr werdet gemacht haben
sie, Sie werden gemacht haben

KONJUNKTIV — DİLEK KİPİ

Konjunktiv I

ich mache
[ih mahı]
(yaparım)
du machest
er, sie, es mache
wir machen
ihr machet
sie, Sie machen

Perfekt

ich habe gemacht
[ih ha:bı gımaht]
(yapmışım)
du habest gemacht
er, sie, es habe gemacht
wir haben gemacht
ihr habet gemacht
sie, Sie haben gemacht

Futur I

ich werde machen
[ih ve:rdı mahın]
(yapacaktım)
du werdest machen
er, sie, es werde machen
wir werden machen
ihr werdet machen
sie, Sie werden machen

Konjunktiv II

ich machte
[ih mahtı]
(yapardım)
du machtest
er, sie, es machte
wir machten
ihr machtet
sie, Sie machten

Plusquamperfekt

ich hätte gemacht
[ih hetı gımaht]
(yapmış olsaydım)
du hättest gemacht
er, sie, es hätte gemacht
wir hätten gemacht
ihr hättet gemacht
sie, Sie hätten gemacht

Futur II

ich werde gemacht haben
[ih ve:rdı gımaht ha:bın]
(yapmış olacaktım)
du werdest gemacht haben
er,sie, es werde gemacht haben
wir werden gemacht haben
ihr werdet gemacht haben
sie, Sie werden gemacht haben

AÇIKLAMALAR

Kullanım bilgisi ve örnekleri:

Wir haben eine Radtour gemacht.
Biz bisiklet turu yaptık.

Was hast du gestern Abend gemacht?
Dün akşam ne yaptın?

Da muss dringend etwas gemacht werden.
Burada acilen bir şeyler yapmak lâzım.

Meine Mutter will heute einen Kuchen machen.
Annem bugün bir pasta yapmak istiyor.

Felix macht seine Hausaufgaben.
Felix ev ödevlerini yapıyor.

Deyim şeklindeki kullanılışı:

Das lässt sich machen. Bu mümkün.

Mach's gut! Hoşça kal!

Gut gemacht! İyi olmuş!

Türetilen şekilleri:

abmachen [apma**hı**n] kararlaştırmak; çıkarmak

anmachen [anma**hı**n] takmak; açmak, yakmak

aufmachen [aufma**hı**n] açmak

ausmachen [ausma**hı**n] kapamak; söndürmek

nachmachen [na:**h**ma**hı**n] taklit etmek; kopye etmek

vormachen [fo:**r'**ma**hı**n] göstermek; aldatmak

zumachen [tsu''ma**hı**n] kapatmak

Imperativ	Emir şekli
du – mach(e)!	yap!
machen wir!	yapalım!
ihr – macht!	yapın!
machen Sie!	yapınız!

54 malen [ma:lın] boyamak; resim yapmak; çizmek

malen [ma:lın] - **malte** [ma:ltı] - **hat gemalt** [hat gıma:lt]

INDIKATIV — BİLDİRME KİPİ

Präsens

ich male
[ih ma:lı]
(boyuyorum)
du malst
er, sie, es malt
wir malen
ihr malt
sie, Sie malen

Perfekt

ich habe gemalt
[ih ha:bı gıma:lt]
(boyadım)
du hast gemalt
er, sie, es hat gemalt
wir haben gemalt
ihr habt gemalt
sie, Sie haben gemalt

Futur I

ich werde malen
[ih ve:rdı ma:lın]
(boyayacağım)
du wirst malen
er, sie, es wird malen
wir werden malen
ihr werdet malen
sie, Sie werden malen

Präteritum

ich malte
[ih ma:ltı]
(boyadım)
du maltest
er, sie, es malte
wir malten
ihr maltet
sie, Sie malten

Plusquamperfekt

ich hatte gemalt
[ih hatı gıma:lt]
(boyamıştım)
du hast gemalt
er, sie, es hat gemalt
wir haben gemalt
ihr habt gemalt
sie, Sie haben gemalt

Futur II

ich werde gemalt haben
[ih ve:rdı gıma:lt ha:bın]
(boyamış olacağım)
du wirst gemalt haben
er, sie, es wird gemalt haben
wir werden gemalt haben
ihr werdet gemalt haben
sie, Sie werden gemalt haben

KONJUNKTIV — DİLEK KİPİ

Konjunktiv I

ich male
[ih ma:lı]
(boyarım)
du malest
er, sie, es male
wir malen
ihr malet
sie, Sie malen

Perfekt

ich habe gemalt
[ih ha:bı gıma:lt]
(boyamışım)
du habest gemalt
er, sie, es habe gemalt
wir haben gemalt
ihr habet gemalt
sie, Sie haben gemalt

Futur I

ich werde malen
[ih ve:rdı ma:lın]
(boyayacakmışım)
du werdest malen
er, sie, es werde malen
wir werden malen
ihr werdet malen
sie, Sie werden malen

Konjunktiv II

ich malte
[ih ma:ltı]
(boyardım)
du maltest
er, sie, es malte
wir malten
ihr maltet
sie, Sie malten

Plusquamperfekt

ich hätte gemalt
[ih hetı gıma:lt]
(boyamış olsaydım)
du hättest gemalt
er, sie, es hätte gemalt
wir hätten gemalt
ihr hättet gemalt
sie, Sie hätten gemalt

Futur II

ich werde gemalt haben
[ih ve:rdı gıma:lt ha:bın]
(boyamış olacaktım)
du werdest gemalt haben
er, sie, es werde gemalt haben
wir werden gemalt haben
ihr werdet gemalt haben
sie, Sie werden gemalt haben

Kullanım bilgisi ve örnekleri:

Alice hat für ihre Schüler ein Bild gemalt.
Alice öğrencileri için bir resim yaptı.

Der Maler malt eine Landschaft.
Ressam bir manzara resmi yapıyor.

Wer kann hier in der Klasse gut malen?
Burada sınıfta kim güzel resim çizer?

Die Kinder malen und sind glücklich.
Çocuklar resim yapıyorlar ve mutlular.

Deyim şeklindeki kullanılışı:

Ein Bild malen. Bir resim yapmak.

Ein Haus malen. Ev boyamak.

Gelb malen. Sarıya boyamak.

Wie gemalt. Tablo gibi.

Es malt sich. Kendini gösteriyor.

Türetilen şekilleri:

abmalen [apma:lın] portresini/resmini yapmak

anmalen [anma:lın] boyamak

sich bemalen [zih bıma:lın] yüzünü boyamak

übermalen [ü:bırma:lın] üzerini boyamak

untermalen [untır'ma:lın] astar boya çekmek; eşlik etmek

zermalen [tserma:lın] öğütmek

Imperativ	Emir şekli
du – mal(e)!	boya!
malen wir!	boyayalım!
ihr – malt!	boyayın!
malen Sie!	boyanınız!

55 messen [mesın] ölçmek

messen [mesın] - **maß** [ma:s] - **hat gemessen** [hat gımesın]

INDIKATIV — BİLDİRME KİPİ

Präsens

ich messe
[ih mesı]
(ölçüyorum)
du misst
er, sie, es misst
wir messen
ihr messt
sie, Sie messen

Perfekt

ich habe gemessen
[ih ha:bı gımesın]
(ölçtüm)
du hast gemessen
er, sie, es hat gemessen
wir haben gemessen
ihr habt gemessen
sie, Sie haben gemessen

Futur I

ich werde messen
[ih ve:rdı mesın]
(ölçeceğim)
du wirst messen
er, sie, es wird messen
wir werden messen
ihr werdet messen
sie, Sie werden messen

Präteritum

ich maß
[ih ma:s]
(ölçtüm)
du maßest
er, sie, es maß
wir maßen
ihr maß(e)t
sie, Sie maßen

Plusquamperfekt

ich hatte gemessen
[ih hatı gımesın]
(ölçmüşüm)
du hattest gemessen
er, sie, es hatte gemessen
wir hatten gemessen
ihr hattet gemessen
sie, Sie hatten gemessen

Futur II

ich werde gemessen haben
[ih ve:rdı gımesın ha:bın]
(ölçmüş olacağım)
du wirst gemessen haben
er, sie, es wird gemessen haben
wir werden gemessen haben
ihr werdet gemessen haben
sie, Sie werden gemessen haben

KONJUNKTIV — DİLEK KİPİ

Konjunktiv I

ich messe
[ih mesı]
(ölçerim)
du messest
er, sie, es messe
wir messen
ihr messet
sie, Sie messen

Perfekt

ich habe gemessen
[ih ha:bı gımesın]
(ölçmüşüm)
du habest gemessen
er, sie, es habe gemessen
wir haben gemessen
ihr habet gemessen
sie, Sie haben gemessen

Futur I

ich werde messen
[ih ve:rdı mesın]
(ölçecektim)
du werdest messen
er, sie, es werde messen
wir werden messen
ihr werdet messen
sie, Sie werden messen

Konjunktiv II

ich mäße
[ih me:sı]
(ölçerdim)
du mäßest
er, sie, es mäße
wir mäßen
ihr mäßet
sie, Sie mäßen

Plusquamperfekt

ich hätte gemessen
[ih he:tı gımesın]
(ölçmüş olsaydım)
du hättest gemessen
er, sie, es hätte gemessen
wir hätten gemessen
ihr hättet gemessen
sie, Sie hätten gemessen

Futur II

ich werde gemessen haben
[ih ve:rdı gımesın ha:bın]
(ölçmüş olacaktım)
du werdest gemessen haben
er, sie, es werde gemessen haben
wir werden gemessen haben
ihr werdet gemessen haben
sie, Sie werden gemessen haben

Kullanım bilgisi ve örnekleri:

Kannst du messen, wie groß dein Bruder ist?
Kardeşinin boyunu ölçebilir misin?

Die Ärztin hat bei mir Fieber gemessen.
Doktor ateşimi ölçtü.

Die Krankenschwester misst der Patientin den Blutdruck.
Hemşire hastanın tansiyonunu ölçüyor.

Die Zeit des Laufs müssen wir mit der Stoppuhr messen.
Koşunun süresini kronometre ile ölçmemiz lâzım.

Deyim şeklindeki kullanılışı:

Die Länge messen. Uzunluğunu ölçmek.

Die Geschwindigkeit messen. Hızını ölçmek.

Die Wärme messen. Sıcaklığını ölçmek.

Benzer fiiller ve anlamları:

abmessen [apmesın] ölçmek; tartmak

ausmessen [ausmesın] ölçmek

bemessen [bımesın] tayin etmek; belirlemek

ermessen [ermesın] değer biçmek

nachmessen [na:**h**mesın] yeniden ölçmek

vermessen [fe**r**'mesın] ölçmek

sich vermessen [zi**h** fe**r**'mesın] yanlış ölçmek

Imperativ	Emir şekli
du – miss!	ölç!
messen wir!	ölçelim!
ihr – messt!	ölçün!
messen Sie!	ölçünüz!

56 mögen [mö:gın] beğenmek, sevmek; arzu etmek, istemek

mögen [mö:gın] - **mochte** [mohtı] - **hat gemocht** [hat gımoht]

INDIKATIV — BİLDİRME KİPİ

Präsens

ich mag
[ih ma:g]
(beğeniyorum)
du magst
er, sie, es mag
wir mögen
ihr mögt
sie, Sie mögen

Perfekt

ich habe gemocht
[ih ha:bı gemoht]
(beğendim)
du hast gemocht
er, sie, es hat gemocht
wir haben gemocht
ihr habt gemocht
sie, Sie haben gemocht

Futur I

ich werde mögen
[ih ve:rdı mö:gın]
(beğeneceğim)
du wirst mögen
er, sie, es wird mögen
wir werden mögen
ihr werdet mögen
sie, Sie werden mögen

Präteritum

ich mochte
[ih mohtı]
(beğendim)
du mochtest
er, sie, es mochte
wir mochten
ihr mochtet
sie, Sie mochten

Plusquamperfekt

ich hatte gemocht
[ih hatı gımoht]
(beğenmiştim)
du hattest gemocht
er, sie, es hatte gemocht
wir hatten gemocht
ihr hattet gemocht
sie, Sie hatten gemocht

Futur II

ich werde gemocht haben
[ih ve:rdı gımoht ha:bın]
(beğenmiş olacağım)
du wirst gemocht haben
er, sie, es wird gemocht haben
wir werden gemocht haben
ihr werdet gemocht haben
sie, Sie werden gemocht haben

KONJUNKTIV — DİLEK KİPİ

Konjunktiv I

ich möge
[ih mö:gı]
(beğenirim)
du mögest
er, sie, es möge
wir mögen
ihr möget
sie, Sie mögen

Perfekt

ich habe gemocht
[ih ha:bı gımoht]
(beğenmişim)
du habest gemocht
er, sie, es habe gemocht
wir haben gemocht
ihr habet gemocht
sie, Sie haben gemocht

Futur I

ich werde mögen
[ih ve:rdı könın]
(beğenmiş olacakmışım)
du werdest mögen
er, sie, es werde mögen
wir werden mögen
ihr werdet mögen
sie, Sie werden mögen

Konjunktiv II

ich möchte
[ih möhtı]
(beğenirdim)
du möchtest
er, sie, es möchte
wir möchten
ihr möchtet
sie, Sie möchten

Plusquamperfekt

ich hätte gemocht
[ih hetı gımoht]
(beğenmiş olsaydım)
du hättest gemocht
er, sie, es hätte gemocht
wir hätten gemocht
ihr hättet gemocht
sie, Sie hätten gemocht

Futur II

ich werde gemocht haben
[ih ve:rdı gımoht ha:bın]
(beğenmiş olacaktım)
du werdest gemocht haben
er, sie, es werde gemocht haben
wir werden gemocht haben
ihr werdet gemocht haben
sie, Sie werden gemocht haben

Kullanım bilgisi ve örnekleri:

"**Mögen**" yardımcı fiili "bir şeyi yapmayı arzu etmek, istemek ya da bir işi yapmaktan hoşlanmak/sevmek" anlamına gelir. Şahıs zamirleriyle birlikte çekimlenir, yardımcı olduğu tam fiil ise "**Infinitiv**" yani "mastar" halinde sona gelir.

Ich mag keine Süßigkeiten.
Tatlıdan hoşlanmam.

Möchtest du ein Eis?
Bir dondurma ister misin?

Magst du Hunde?
Köpek sever misin?

Wir möchten noch einen Film sehen.
Bir film daha seyretmek istiyoruz.

Das Kind mag kein Fleisch.
Çocuk et sevmiyor.

Ehrlich gesagt, ich mag sie nicht.
Doğrusunu söylemek gerekirse ondan hoşlanmıyorum.

Er mag etwa vierzig Jahre alt sein.
Tahminen kırk yaş civarında olmalı.

Ich mag es nicht, wenn du immer zu laut bist.
Her zaman çok gürültü yaparsan hoşlanmam.

Deyim şeklindeki kullanılışı:

Mag sein! Olabilir!

Was möchten Sie? Ne arzu edersiniz?

Wer mag das nur sein? Kim olabilir ki bu?

Türetilen şekilleri:

vermögen [fer'mö:gın] elinden geleni yapmak

Imperativ	Emir şekli
mögest du!	beğen!
mögen wir!	beğenelim!
mögt ihr!	beğenin!
mögen Sie!	beğeniniz!

57 **müssen** [müsın] zorunda, mecbur olmak

müssen [müsın] - **musste** [mustı] - **hat gemusst** [hat gımust]

INDIKATIV — BİLDİRME KİPİ

Präsens

ich muss
[**ih** mus]
(zorundayım)
du musst
er, sie, es muss
wir müssen
ihr müsst
sie, Sie müssen

Perfekt

ich habe gemusst
[**ih** ha:bı gımust]
(zorundaydım)
du hast gemusst
er, sie, es hat gemusst
wir haben gemusst
ihr habt gemusst
sie, Sie haben gemusst

Futur I

ich werde müssen
[**ih** ve:rdı müsın]
(zorunda olacağım)
du wirst müssen
er, sie, es wird müssen
wir werden müssen
ihr werdet müssen
sie, Sie werden müssen

Präteritum

ich musste
[**ih** mustı]
(zorundaydım)
du musstest
er, sie, es musste
wir mussten
ihr musstet
sie, Sie mussten

Plusquamperfekt

ich hatte gemusst
[**ih** hatı gımust]
(zorunda olmuştum)
du hattest gemusst
er, sie, es hatte gemusst
wir hatten gemusst
ihr hattet gemusst
sie, Sie hatten gemusst

Futur II

ich werde gemusst haben
[**ih** ve:rdı gımust ha:bın]
(zorunda olmuş olacağım)
du wirst gemusst haben
er, sie, es wird gemusst haben
wir werden gemusst haben
ihr werdet gemusst haben
sie, Sie werden gemusst haben

KONJUNKTIV — DİLEK KİPİ

Konjunktiv I

ich müsse
[**ih** müsı]
(zorunda olurum)
du müssest
er, sie, es müsse
wir müssen
ihr müsset
sie, Sie müssen

Perfekt

ich habe gemusst
[**ih** ha:bı gımust]
(zorunda olmuştum)
du habest gemusst
er, sie, es habe gemusst
wir haben gemusst
ihr habet gemusst
sie, Sie haben gemusst

Futur I

ich werde müssen
[**ih** ve:rdı müsın]
(zorunda olacakmışım)
du werdest müssen
er, sie, es werde müssen
wir werden müssen
ihr werdet müssen
sie, Sie werden müssen

Konjunktiv II

ich müsste
[**ih** müstı]
(zorunda olurdum)
du müsstest
er, sie, es müsste
wir müssten
ihr müsstet
sie, Sie müssten

Plusquamperfekt

ich hätte gemusst
[**ih** hetı gımust]
(zorunda olmuş olsaydım)
du hättest gemusst
er, sie, es hätte gemusst
wir hätten gemusst
ihr hättet gemusst
sie, Sie hätten gemusst

Futur II

ich werde gemusst haben
[**ih** ve:rdı gımust ha:bın]
(zorunda olmuş olacaktım)
du werdest gemusst haben
er, sie, es werde gemusst haben
wir werden gemusst haben
ihr werdet gemusst haben
sie, Sie werden gemusst haben

Kullanım bilgisi ve örnekleri:

“**Müssen**” yardımcı fiili “bir şeyi yapmaya mecbur olmak, zorunda olmak” anlamına gelir. Şahıs zamirleriyle birlikte çekimlenir, yardımcı olduğu tam fiil ise “**Infinitiv**” yani “mastar” halinde sona gelir.

Ich muss bis 22 Uhr arbeiten.
Saat 22’ye kadar çalışmak zorundayım.

Wir müssen jeden Tag in die Schule gehen.
Her gün okula gitmek zorundayız.

Du musst pünktlich ins Bett (gehen).
Vaktinde yatmak zorundasın.

Wann musst du morgens aufstehen?
Sabahları saat kaçta kalkmak zorundasın?

Reich müsste man sein!
Zengin olmak vardı!

Sie muss sehr krank sein.
Çok hasta olmalı.

Ich muss sagen, dass habe ich von dir nicht erwartet.
Bunu senden beklemediğimi söylemek zorundayım.

Deyim şeklindeki kullanılışı:

Zum Arzt müssen. Doktora gitmek zorunda olmak.

Ich muss mal! Tuvalete girmem lâzım!

Es muss sein! Olmak zorunda!

Man muss Geduld haben. Sabırlı olmak lâzım.

Er muss gehen. Gitmek zorunda.

Ich muss. Yapmak zorundayım.

Imperativ	Emir şekli
-	-
-	-
-	-
-	-

58 nehmen [ne:mın] almak

nehmen [ne:mın] - **nahm** [na:m] - **hat genommen** [hat gınomın]

INDIKATIV BİLDİRME KİPİ

Präsens

ich nehme
[ih ne:mı]
(alıyorum)
du nimmst
er, sie, es nimmt
wir nehmen
ihr nehmt
sie, Sie nehmen

Perfekt

ich habe genommen
[ih ha:bı gınomın]
(aldım)
du hast genommen
er, sie, es hat genommen
wir haben genommen
ihr habt genommen
sie, Sie haben genommen

Futur I

ich werde nehmen
[ih ve:rdı ne:mın]
(alacağım)
du wirst nehmen
er, sie, es wird nehmen
wir werden nehmen
ihr werdet nehmen
sie, Sie werden nehmen

Präteritum

ich nahm
[ih na:m]
(aldım)
du nahmst
er, sie, es nahmt
wir nahmen
ihr nahmt
sie, Sie nahmen

Plusquamperfekt

ich hatte genommen
[ih hatı gınomın]
(almıştım)
du hattest genommen
er, sie, es hatte genommen
wir hatten genommen
ihr hattet genommen
sie, Sie hatten genommen

Futur II

ich werde genommen haben
[ih ve:rdı gınomın ha:bın]
(almış olacağım)
du wirst genommen haben
er, sie, es wird genommen haben
wir werden genommen haben
ihr werdet genommen haben
sie, Sie werden genommen haben

KONJUNKTIV DİLEK KİPİ

Konjunktiv I

ich nehme
[ih ne:mı]
(alırım)
du nehmest
er, sie, es nehme
wir nehmen
ihr nehmet
sie, Sie nehmen

Perfekt

ich habe genommen
[ih ha:bı gınomın]
(almışım)
du habest genommen
er, sie, es habe genommen
wir haben genommen
ihr habet genommen
sie, Sie haben genommen

Futur I

ich werde nehmen
[ih ve:rdı ne:mın]
(alacaktım)
du werdest nehmen
er, sie, es werde nehmen
wir werden nehmen
ihr werdet nehmen
sie, Sie werden nehmen

Konjunktiv II

ich nähme
[ih ne:mı]
(alırdım)
du nähmest
er, sie, es nähme
wir nähmen
ihr nähmet
sie, Sie nähmen

Plusquamperfekt

ich hätte genommen
[ih hetı gınomın]
(almış olsaydım)
du hättest genommen
er, sie, es hätte genommen
wir hätten genommen
ihr hättet genommen
sie, Sie hätten genommen

Futur II

ich werde genommen haben
[ih ve:rdı gınomın ha:bın]
(almış olacaktım)
du werdest genommen haben
er, sie, es werde genommen haben
wir werden genommen haben
ihr werdet genommen haben
sie, Sie werden genommen haben

AÇIKLAMALAR

Kullanım bilgisi ve örnekleri:

Herr König nimmt das Steak mit Salat und Pommes.
Bay König bifteği salata ve patates kızartması ile alır (yer).

Am besten nehmen wir ein Taxi.
En iyisi bir taksi tutalım.

Nimm dir doch etwas zu trinken!
Kendine içecek bir şey alsana!

Weißt du, was du nehmen sollst?
Ne alacağını biliyor musun?

Deyim şeklindeki kullanılışı:

Jemanden zu sich nehmen. Birini yanına almak.

Jemanden beim Wort nehmen. Israr etmek.

Reißaus nehmen. Ortadan kaybolmak.

Jemandem etwas übel nehmen. Birisine bir şeyden dolayı alınmak.

Türetilen şekilleri:

abnehmen [apne:mın] kilo vermek; azalmak

mitnehmen [mitne:mın] yanına almak

herausnehmen [herausne:mın] bir şeyin içinden dışarı çıkarmak

aufnehmen [aufne:mın] almak; başlamak

annehmen [anne:mın] almak, kabul etmek

vernehmen [fer'ne:mın] duymak; algılamak; sorgulamak

vornehmen [fo:r'ne:mın] yapmak

sich vornehmen [zih fo:r'ne:mın] bir şeye niyet etmek, yapmayı tasarlamak

Imperativ	Emir şekli
du – nimm!	al!
nehmen wir!	alalım!
ihr – nehmt!	alın!
nehmen Sie!	alınız!

59 **öffnen** [öfnın] açmak

öffnen [öfnın] - **öffnete** [öfnıtı] - **hat geöffnet** [hat gıöfnıt]

INDIKATIV — BİLDİRME KİPİ

Präsens

ich öffne
[ih öfnı]
(açıyorum)
du öffnest
er, sie, es öffnet
wir öffnen
ihr öffnet
sie, Sie öffnen

Perfekt

ich habe geöffnet
[ih ha:bı gıöfnıt]
(açtım)
du hast geöffnet
er, sie, es hat geöffnet
wir haben geöffnet
ihr habt geöffnet
sie, Sie haben geöffnet

Futur I

ich werde öffnen
[ih ve:rdı öfnın]
(açacağım)
du wirst öffnen
er, sie, es wird öffnen
wir werden öffnen
ihr werdet öffnen
sie, Sie werden öffnen

Präteritum

ich öffnete
[ih öfnıtı]
(açtım)
du öffnetest
er, sie, es öffnete
wir öffneten
ihr öffnetet
sie, Sie öffneten

Plusquamperfekt

ich hatte geöffnet
[ih hatı gıöfnıt]
(açmıştım)
du hast geöffnet
er, sie, es hat geöffnet
wir haben geöffnet
ihr habt geöffnet
sie, Sie haben geöffnet

Futur II

ich werde geöffnet haben
[ih ve:rdı gıöfnıt ha:bın]
(açmış olacağım)
du wirst geöffnet haben
er, sie, es wird geöffnet haben
wir werden geöffnet haben
ihr werdet geöffnet haben
sie, Sie werden geöffnet haben

KONJUNKTIV — DİLEK KİPİ

Konjunktiv I

ich öffne
[ih öfnı]
(açarım)
du öffnest
er, sie, es öffne
wir öffnen
ihr öffnet
sie, Sie öffnen

Perfekt

ich habe geöffnet
[ih ha:bı gıöfnıt]
(açmışım)
du habest geöffnet
er, sie, es habe geöffnet
wir haben geöffnet
ihr habet geöffnet
sie, Sie haben geöffnet

Futur I

ich werde öffnen
[ih ve:rdı öfnın]
(açacakmışım)
du werdest öffnen
er, sie, es werde öffnen
wir werden öffnen
ihr werdet öffnen
sie, Sie werden öffnen

Konjunktiv II

ich öffnete
[ih öfnıtı]
(açardım)
du öffnetest
er, sie, es öffnete
wir öffneten
ihr öffnetet
sie, Sie öffneten

Plusquamperfekt

ich hätte geöffnet
[ih hetı gıöfnıt]
(açmış olsaydım)
du hättest geöffnet
er, sie, es hätte geöffnet
wir hätten geöffnet
ihr hättet geöffnet
sie, Sie hätten geöffnet

Futur II

ich werde geöffnet haben
[ih ve:rdı gıöfnıt ha:bın]
(açmış olacaktım)
du werdest geöffnet haben
er, sie, es werde geöffnet haben
wir werden geöffnet haben
ihr werdet geöffnet haben
sie, Sie werden geöffnet haben

Kullanım bilgisi ve örnekleri:

Um wie viel Uhr öffnet der Laden?
Dükkan saat kaçta açılıyor?

Die Kinder öffnen die Fenster in der Klasse.
Çocuklar sınıfta pencereleri açıyor.

Peter öffnet die Tür.
Peter kapıyı açıyor.

Das Museum wird um 9 Uhr geöffnet.
Müze saat 9'da açılıyor.

Kannst du mal die Tür öffnen bitte?
Lütfen kapıyı açar mısın?

Deyim şeklindeki kullanılışı:

Den Mund öffnen. Ağzını açmak.

Einen Brief öffnen. Bir mektup açmak.

Nach innen öffnen. İçeriye doğru açmak.

Nach außen öffnen. Dışarıya doğru açmak.

Jemandem die Augen öffnen. Birini önemli bir konuda uyarmak.

Hier öffnen! Buradan açınız!

Türetilen şekilleri:

eröffnen [eröfnın] açmak

sich öffnen [zih öfnın] açılmak

sich eröffnen [zih eröfnın] doğmak

Imperativ	Emir şekli
du – öffn(e)!	aç!
öffnen wir!	açalım!
ihr – öffnet!	açın!
öffnen Sie!	açınız!

60 **parken** [parkın] park etmek, park yapmak

parken [parkın] - **parkte** [parktı] - **hat geparkt** [hat gıparkt]

INDIKATIV — BİLDİRME KİPİ

Präsens

ich parke
[ih parkı]
(park ediyorum)
du parkst
er, sie, es parkt
wir parken
ihr parkt
sie, Sie parken

Perfekt

ich habe geparkt
[ih ha:bı gıparkt]
(park ettim)
du hast geparkt
er, sie, es hat geparkt
wir haben geparkt
ihr habt geparkt
sie, Sie haben geparkt

Futur I

ich werde parken
[ih ve:rdı parkın]
(park edeceğim)
du wirst parken
er, sie, es wird parken
wir werden parken
ihr werdet parken
sie, Sie werden parken

Präteritum

ich parkte
[ih parktı]
(park ettim)
du parktest
er, sie, es parkte
wir parkten
ihr parktet
sie, Sie parkten

Plusquamperfekt

ich hatte geparkt
[ih hatı gıparkt]
(park etmiştim)
du hast geparkt
er, sie, es hat geparkt
wir haben geparkt
ihr habt geparkt
sie, Sie haben geparkt

Futur II

ich werde geparkt haben
[ih ve:rdı gıparkt ha:bın]
(park etmiş olacağım)
du wirst geparkt haben
er, sie, es wird geparkt haben
wir werden geparkt haben
ihr werdet geparkt haben
sie, Sie werden geparkt haben

KONJUNKTIV — DİLEK KİPİ

Konjunktiv I

ich parke
[ih parkı]
(park ederim)
du parkest
er, sie, es parke
wir parken
ihr parket
sie, Sie parken

Perfekt

ich habe geparkt
[ih ha:bı gıparkt]
(park etmişim)
du habest geparkt
er, sie, es habe geparkt
wir haben geparkt
ihr habet geparkt
sie, Sie haben geparkt

Futur I

ich werde parken
[ih ve:rdı parkın]
(park edecekmişim)
du werdest parken
er, sie, es werde parken
wir werden parken
ihr werdet parken
sie, Sie werden parken

Konjunktiv II

ich parkte
[ih parktı]
(park ederdim)
du parktest
er, sie, es parkte
wir parkten
ihr parktet
sie, Sie parkten

Plusquamperfekt

ich hätte geparkt
[ih hetı gıparkt]
(park etmiş olsaydım)
du hättest geparkt
er, sie, es hätte geparkt
wir hätten geparkt
ihr hättet geparkt
sie, Sie hätten geparkt

Futur II

ich werde geparkt haben
[ih ve:rdı gıparkt ha:bın]
(park etmiş olacaktım)
du werdest geparkt haben
er, sie, es werde geparkt haben
wir werden geparkt haben
ihr werdet geparkt haben
sie, Sie werden geparkt haben

Kullanım bilgisi ve örnekleri:

Hier dürfen Sie leider nicht parken.
Maalesef buraya park edemezsiniz.

Die Kinder parken ihre Fahrräder auf den Schulhof.
Çocuklar bisikletlerini okulun bahçesine park ediyorlar.

Darf man hier parken?
Buraya park etmek serbest mi?

Sie dürfen den Wagen nicht vor den Laden parken.
Arabayı dükkanın önüne park edemezsiniz.

Wo kann man hier in der Nähe parken?
Burada yakınlarda nereye park edilebilir?

Sie hat das Auto falsch geparkt.
Otomobili yanlış park etti.

Wo hast du dein Auto geparkt?
Otomobilini nereye park ettin?

Deyim şeklindeki kullanılışı:

Parken verboten! Park yapılmaz!

Falsch parken. Yanlış park etmek.

Nur mit Parkschein parken. Sadece park biletiyle park etmek.

Türetilen şekilleri:

einparken [aynparkın] park etmek, yanaşmak

ausparken [ausparkın] parktan çıkmak

Imperativ	Emir şekli
du – park(e)!	park et!
parken wir!	park edelim!
ihr – parkt!	park edin!
parken Sie!	park ediniz!

61 **passen** [pasın] uymak; uygun gelmek

passen [pasın] - **passte** [pastı] - **hat gepasst** [hat gıpast]

INDIKATIV — BİLDİRME KİPİ

Präsens

ich passe
[ih pası]
(uyuyorum)
du passt
er, sie, es passt
wir passen
ihr passt
sie, Sie passen

Perfekt

ich habe gepasst
[ih ha:bı gıpast]
(uydum)
du hast gepasst
er, sie, es hat gepasst
wir haben gepasst
ihr habt gepasst
sie, Sie haben gepasst

Futur I

ich werde passen
[ih ve:rdı pasın]
(uyacağım)
du wirst passen
er, sie, es wird passen
wir werden passen
ihr werdet passen
sie, Sie werden passen

Präteritum

ich passte
[ih pastı]
(uydum)
du passtest
er, sie, es passte
wir passten
ihr passtet
sie, Sie passten

Plusquamperfekt

ich hatte gepasst
[ih hatı gıpast]
(uymuştum)
du hast gepasst
er, sie, es hat gepasst
wir haben gepasst
ihr habt gepasst
sie, Sie haben gepasst

Futur II

ich werde gepasst haben
[ih ve:rdı gıpast ha:bın]
(uymuş olacağım)
du wirst gepasst haben
er, sie, es wird gepasst haben
wir werden gepasst haben
ihr werdet gepasst haben
sie, Sie werden gepasst haben

KONJUNKTIV — DİLEK KİPİ

Konjunktiv I

ich passe
[ih pası]
(uyarım)
du passet
er, sie, es passe
wir passen
ihr passet
sie, Sie passen

Perfekt

ich habe gepasst
[ih ha:bı gıpast]
(uymuşum)
du habest gepasst
er, sie, es habe gepasst
wir haben gepasst
ihr habet gepasst
sie, Sie haben gepasst

Futur I

ich werde passen
[ih ve:rdı pasın]
(uyacaktım)
du werdest passen
er, sie, es werde passen
wir werden passen
ihr werdet passen
sie, Sie werden passen

Konjunktiv II

ich passte
[ih pastı]
(uyardım)
du passtest
er, sie, es passte
wir passten
ihr passtet
sie, Sie passten

Plusquamperfekt

ich hätte gepasst
[ih hetı gıpast]
(uymuş olsaydım)
du hättest gepasst
er, sie, es hätte gepasst
wir hätten gepasst
ihr hättet gepasst
sie, Sie hätten gepasst

Futur II

ich werde gepasst haben
[ih ve:rdı gıpast ha:bın]
(uymuş olacaktım)
du werdest gepasst haben
er, sie, es werde gepasst haben
wir werden gepasst haben
ihr werdet gepasst haben
sie, Sie werden gepasst haben

Kullanım bilgisi ve örnekleri:

Die Kleider passen Lena nicht mehr.
Elbiseler artık Lena'ya olmuyor (uymuyor).

Passen Ihnen die Schuhe?
Ayakkabılar size uyuyor mu?

Der Schlüssel passt nicht.
Anahtar uymuyor.

Diese Farben passen nicht zueinander.
Bu renkler birbirlerine uymuyor.

Das neue Ehepaar passt gut zusammen.
Yeni evli çift birbirlerine uyuyorlar.

Passt es Ihnen am kommenden Dienstag?
Gelecek salı günü size uyar mı?

Deyim şeklindeki kullanılışı:

Pass auf! Dikkat et!

Das passt. Uyar.

Das passt mir nicht. Bu bana uymaz.

Ich passe. Pas geçiyorum.

Türetilen şekilleri:

anpassen [anpasın] uydurmak; uyarlamak

sich anpassen [zih anpasın] uyum sağlamak; adapte olmak, uymak

aufpassen [aufpasın] dikkat etmek

verpassen [fer'pasın] kaçırmak

Imperativ	Emir şekli
du – pass(e)!	uy!
passen wir!	uyalım!
ihr – passt!	uyun!
passen Sie!	uyunuz!

62 **prüfen** [prü:fın] kontrol etmek; sınamak; imtihan etmek

prüfen [prü:fın] - **prüfte** [prü:ftı] - **hat geprüft** [hat gıprü:ft]

INDIKATIV — BİLDİRME KİPİ

Präsens

ich prüfe
[**ih** prü:fı]
(kontrol ediyorum)
du prüfst
er, sie, es prüft
wir prüfen
ihr prüft
sie, Sie prüfen

Präteritum

ich prüfte
[**ih** prü:ftı]
(kontrol ettim)
du prüftest
er, sie, es prüfte
wir prüften
ihr prüftet
sie, Sie prüften

Perfekt

ich habe geprüft
[**ih** ha:bı gıprü:ft]
(kontrol ettim)
du hast geprüft
er, sie, es hat geprüft
wir haben geprüft
ihr habt geprüft
sie, Sie haben geprüft

Plusquamperfekt

ich hatte geprüft
[**ih** hatı gıprü:ft]
(kontrol etmiştim)
du hast geprüft
er, sie, es hat geprüft
wir haben geprüft
ihr habt geprüft
sie, Sie haben geprüft

Futur I

ich werde prüfen
[**ih** ve:rdı prü:fın]
(kontrol edeceğim)
du wirst prüfen
er, sie, es wird prüfen
wir werden prüfen
ihr werdet prüfen
sie, Sie werden prüfen

Futur II

ich werde geprüft haben
[**ih** ve:rdı gıprü:ft ha:bın]
(kontrol etmiş olacağım)
du wirst geprüft haben
er, sie, es wird geprüft haben
wir werden geprüft haben
ihr werdet geprüft haben
sie, Sie werden geprüft haben

KONJUNKTIV — DİLEK KİPİ

Konjunktiv I

ich prüfe
[**ih** prü:fı]
(kontrol ederim)
du prüfest
er, sie, es prüfe
wir prüfen
ihr prüfet
sie, Sie prüfen

Konjunktiv II

ich prüfte
[**ih** prü:ftı]
(kontrol ederdim)
du prüftest
er, sie, es prüfte
wir prüften
ihr prüftet
sie, Sie prüften

Perfekt

ich habe geprüft
[**ih** ha:bı gıprü:ft]
(kontrol etmişim)
du habest geprüft
er, sie, es habe geprüft
wir haben geprüft
ihr habet geprüft
sie, Sie haben geprüft

Plusquamperfekt

ich hätte geprüft
[**ih** hetı gıprü:ft]
(kontrol etmiş olsaydım)
du hättest geprüft
er, sie, es hätte geprüft
wir hätten geprüft
ihr hättet geprüft
sie, Sie hätten geprüft

Futur I

ich werde prüfen
[**ih** ve:rdı prü:fın]
(kontrol edecekmişim)
du werdest prüfen
er, sie, es werde prüfen
wir werden prüfen
ihr werdet prüfen
sie, Sie werden prüfen

Futur II

ich werde geprüft haben
[**ih** ve:rdı gıprü:ft ha:bın]
(kontrol etmiş olacaktım)
du werdest geprüft haben
er, sie, es werde geprüft haben
wir werden geprüft haben
ihr werdet geprüft haben
sie, Sie werden geprüft haben

Kullanım bilgisi ve örnekleri:

Der Lehrer prüft die Schüler in Deutsch.
Öğretmen öğrencilerin Almancasını kontrol ediyor.

Die Kinder prüfen ihre Hausaufgaben.
Çocuklar ev ödevlerini kontrol ediyorlar.

Der Ingenieur prüft die neue Maschine.
Mühendis yeni makineyi kontrol ediyor.

Mein Vater prüft vor der Abfahrt die Reifen.
Babam yola çıkmadan önce lastikleri kontrol ediyor.

Hast du wirklich alles geprüft?
Gerçekten her şeyi kontrol ettin mi?

Deyim şeklindeki kullanılışı:

Jemanden prüfen. Birisini sınamak.

Eine Sache prüfen. Bir konunun doğruluğunu kontrol etmek.

Eine Rechnung prüfen. Bir hesabı kontrol etmek.

Den Geschmack einer Speise prüfen. Bir yemeğin tadını kontrol etmek.

Türetilen şekilleri:

durchprüfen [dur**h**prü:fın] yeniden kontrol etmek

weiterprüfen [vaytı**r**prü:fın] kontrol etmeye devam etmek

nachprüfen [na**h**prü:fın] yeniden kontrol etmek

überprüfen [ü:bı**r**prü:fın] kontrol etmek, gözden geçirmek

Imperativ	Emir şekli
du – prüf(e)!	kontrol et!
prüfen wir!	kontrol edelim!
ihr – prüft!	kontrol edin!
prüfen Sie!	kontrol ediniz!

63 **rauchen** [rauhın] sigara/tütün içmek; duman çıkarmak

rauchen [rauhın] - **rauchte** [rauhtı] - **hat geraucht** [hat gırauht]

INDIKATIV — BİLDİRME KİPİ

Präsens

ich rauche
[ih rauhı]
(sigara içiyorum)
du rauchst
er, sie, es raucht
wir rauchen
ihr raucht
sie, Sie rauchen

Präteritum

ich rauchte
[ih rauhtı]
(sigara içtim)
du rauchtest
er, sie, es rauchte
wir rauchten
ihr rauchtet
sie, Sie rauchten

Perfekt

ich habe geraucht
[ih ha:bı gırauht]
(sigara içtim)
du hast geraucht
er, sie, es hat geraucht
wir haben geraucht
ihr habt geraucht
sie, Sie haben geraucht

Plusquamperfekt

ich hatte geraucht
[ih hatı gırauht]
(sigara içmiştim)
du hast geraucht
er, sie, es hat geraucht
wir haben geraucht
ihr habt geraucht
sie, Sie haben geraucht

Futur I

ich werde rauchen
[ih ve:rdı rauhın]
(sigara içeceğim)
du wirst rauchen
er, sie, es wird rauchen
wir werden rauchen
ihr werdet rauchen
sie, Sie werden rauchen

Futur II

ich werde geraucht haben
[ih ve:rdı gırauht ha:bın]
(sigara içmiş olacağım)
du wirst geraucht haben
er, sie, es wird geraucht haben
wir werden geraucht haben
ihr werdet geraucht haben
sie, Sie werden geraucht haben

KONJUNKTIV — DİLEK KİPİ

Konjunktiv I

ich rauche
[ih rauhı]
(sigara içerim)
du rauchest
er, sie, es rauche
wir rauchen
ihr rauchet
sie, Sie rauchen

Konjunktiv II

ich rauchte
[ih rauhtı]
(sigara içerdim)
du rauchtest
er, sie, es rauchte
wir rauchten
ihr rauchtet
sie, Sie rauchten

Perfekt

ich habe geraucht
[ih ha:bı gırauht]
(sigara içmişim)
du habest geraucht
er, sie, es habe geraucht
wir haben geraucht
ihr habet geraucht
sie, Sie haben geraucht

Plusquamperfekt

ich hätte geraucht
[ih hetı gırauht]
(sigara içmiş olsaydım)
du hättest geraucht
er, sie, es hätte geraucht
wir hätten geraucht
ihr hättet geraucht
sie, Sie hätten geraucht

Futur I

ich werde rauchen
[ih ve:rdı rauhın]
(sigara içecekmişim)
du werdest rauchen
er, sie, es werde rauchen
wir werden rauchen
ihr werdet rauchen
sie, Sie werden rauchen

Futur II

ich werde geraucht haben
[ih ve:rdı gırauht ha:bın]
(sigara içmiş olacaktım)
du werdest geraucht haben
er, sie, es werde geraucht haben
wir werden geraucht haben
ihr werdet geraucht haben
sie, Sie werden geraucht haben

Kullanım bilgisi ve örnekleri:

Sie dürfen hier nicht rauchen!
Burada sigara içemezsiniz!

Rauchen schadet der Gesundheit.
Sigara içmek sağlığa zararlıdır.

Nein danke, ich rauche nicht.
Hayır teşekkürler, sigara içmiyorum.

Mein Großvater raucht seit Jahren Pfeife.
Dedem yıllardır pipo içer.

Siehst du, der Schornstein raucht.
Görüyor musun, baca tütüyor.

Hast du schon mal in Istanbul Wasserpfeife geraucht?
İstanbul'da hiç nargile içtin mi?

Deyim şeklindeki kullanılışı:

Eine (Zigarette) rauchen. Bir sigara içmek.

Tabak rauchen. Tütün içmek.

Zigarre rauchen. Pipo içmek.

Der Ofen raucht. Soba tütüyor.

Rauchen wie ein Schlot. Baca gibi tüttürmek.

Türetilen şekilleri:

anrauchen [anrau**hın**] sigara/tütün içmeye başlamak.

ausrauchen [ausrau**hın**] sigara/tütün içmeye son vermek.

verrauchen [fer'rau**hın**] sigara/tütün için para harcamak

Imperativ	Emir şekli
du – rauch(e)!	sigara iç!
rauchen wir!	sigara içelim!
ihr – raucht!	sigara için!
rauchen Sie!	sigara içiniz!

64 reden [re:dın] konuşmak; konuşma yapmak

reden [re:dın] - **redete** [re:dıtı] - **hat geredet** [hat gıre:dıt]

INDIKATIV — BİLDİRME KİPİ

Präsens

ich rede
[ih re:dı]
(konuşuyorum)
du redest
er, sie, es redet
wir reden
ihr redet
sie, Sie reden

Perfekt

ich habe geredet
[ih ha:bı gıre:dıt]
(konuştum)
du hast geredet
er, sie, es hat geredet
wir haben geredet
ihr habt geredet
sie, Sie haben geredet

Futur I

ich werde reden
[ih ve:rdı re:dın]
(konuşacağım)
du wirst reden
er, sie, es wird reden
wir werden reden
ihr werdet reden
sie, Sie werden reden

Präteritum

ich redete
[ih re:dıtı]
(konuştum)
du redetest
er, sie, es redete
wir redeten
ihr redetet
sie, Sie redeten

Plusquamperfekt

ich hatte geredet
[ih hatı gıre:dıt]
(konuşmuştum)
du hast geredet
er, sie, es hat geredet
wir haben geredet
ihr habt geredet
sie, Sie haben geredet

Futur II

ich werde geredet haben
[ih ve:rdı gıre:dıt ha:bın]
(konuşmuş olacağım)
du wirst geredet haben
er, sie, es wird geredet haben
wir werden geredet haben
ihr werdet geredet haben
sie, Sie werden geredet haben

KONJUNKTIV — DİLEK KİPİ

Konjunktiv I

ich rede
[ih re:dı]
(konuşurum)
du redest
er, sie, es rede
wir reden
ihr redet
sie, Sie reden

Perfekt

ich habe geredet
[ih ha:bı gıre:dıt]
(konuşmuşum)
du habest geredet
er, sie, es habe geredet
wir haben geredet
ihr habet geredet
sie, Sie haben geredet

Futur I

ich werde reden
[ih ve:rdı re:dın]
(konuşacakmışım)
du werdest reden
er, sie, es werde reden
wir werden reden
ihr werdet reden
sie, Sie werden reden

Konjunktiv II

ich redete
[ih re:dıtı]
(konuşurdum)
du redetest
er, sie, es redete
wir redeten
ihr redetet
sie, Sie redeten

Plusquamperfekt

ich hätte geredet
[ih hetı gıre:dıt]
(konuşmuş olsaydım)
du hättest geredet
er, sie, es hätte geredet
wir hätten geredet
ihr hättet geredet
sie, Sie hätten geredet

Futur II

ich werde geredet haben
[ih ve:rdı gıre:dıt ha:bın]
(konuşmuş olacaktım)
du werdest geredet haben
er, sie, es werde geredet haben
wir werden geredet haben
ihr werdet geredet haben
sie, Sie werden geredet haben

AÇIKLAMALAR

Kullanım bilgisi ve örnekleri:

Meine Mutter sagt, dass ich viel rede.
Annem çok konuştuğumu söylüyor.

Die Kinder dürfen während der Klassenarbeit nicht reden.
Çocuklar sınav esnasında konuşamazlar.

Wir reden mit meinem Freund über den Urlaub.
Arkadaşımla tatil hakkında konuşuyoruz.

Mit dir rede ich nicht mehr!
Artık seninle konuşmuyorum!

Deyim şeklindeki kullanılışı:

Lauter reden. Daha yüksek sesle konuşmak.

Du hast gut reden. Tuzu kuru olmak.

Wie ein Buch reden. Çok fazla konuşmak.

Undeutlich reden. Anlaşılmaz şekilde konuşmak.

Türetilen şekilleri:

anreden [anre:dın] seslenmek; hitap etmek

ausreden [ausre:dın] sözünü bitirmek

bereden [bıre:dın] konuşmak, görüşmek

überreden [übır're:dın] ikna etmek; kandırmak

vorbeireden [forbay're:dın] konuyla ilgisiz şeyler konuşmak

zureden [tsu"re:dın] ikna etmeye çalışmak

Imperativ	Emir şekli
du – red(e)!	konuş!
reden wir!	konuşalım!
ihr – redet!	konuşun!
reden Sie!	konuşunuz!

65 reisen [rayzın] seyahat etmek, yolculuğa çıkmak

reisen [rayzın] - **reiste** [rayztı] - **hat gereist** [hat gırayzt]

INDIKATIV — BİLDİRME KİPİ

Präsens

ich reise
[ih rayzı]
(seyahat ediyorum)
du reist
er, sie, es reist
wir reisen
ihr reist
sie, Sie reisen

Perfekt

ich bin gereist
[ih bin gırayzt]
(seyahat ettim)
du bist gereist
er, sie, es ist gereist
wir sind gereist
ihr seid gereist
sie, Sie sind gereist

Futur I

ich werde reisen
[ih ve:rdı rayzın]
(seyahat edeceğim)
du wirst reisen
er, sie, es wird reisen
wir werden reisen
ihr werdet reisen
sie, Sie werden reisen

Präteritum

ich reiste
[ih rayztı]
(seyahat ettim)
du reistest
er, sie, es reiste
wir reisten
ihr reistet
sie, Sie reisten

Plusquamperfekt

ich war gereist
[ih va:r gırayzt]
(seyahat etmiştim)
du warst gereist
er, sie, es war gereist
wir waren gereist
ihr wart gereist
sie, Sie waren gereist

Futur II

ich werde gereist sein
[ih ve:rdı gırayzt zayn]
(seyahat etmiş olacağım)
du wirst gereist sein
er, sie, es wird gereist sein
wir werden gereist sein
ihr werdet gereist sein
sie, Sie werden gereist sein

KONJUNKTIV — DİLEK KİPİ

Konjunktiv I

ich reise
[ih rayzı]
(seyahat ederim)
du reisest
er, sie, es reise
wir reisen
ihr reiset
sie, Sie reisen

Perfekt

ich sei gereist
[ih zay gırayzt]
(seyahat etmişim)
du sei(e)st gereist
er, sie, es sei gereist
wir seien gereist
ihr sei(e)t gereist
sie, Sie seien gereist

Futur I

ich werde reisen
[ih ve:rdı rayzın]
(seyahat edecekmişim)
du werdest reisen
er, sie, es werde reisen
wir werden reisen
ihr werdet reisen
sie, Sie werden reisen

Konjunktiv II

ich reiste
[ih rayztı]
(seyahat ederdim)
du reistest
er, sie, es reiste
wir reisten
ihr reistet
sie, Sie reisten

Plusquamperfekt

ich wäre gereist
[ih ve:rı gırayzt]
(seyahat etmiş olsaydım)
du wär(e)st gereist
er, sie, es wäre gereist
wir wären gereist
ihr wär(e)t gereist
sie, Sie wären gereist

Futur II

ich werde gereist sein
[ih ve:rdı gırayzt zayn]
(seyahat etmiş olacaktım)
du werdest gereist sein
er, sie, es werde gereist sein
wir werden gereist sein
ihr werdet gereist sein
sie, Sie werden gereist sein

Kullanım bilgisi ve örnekleri:

Dieses Jahr sind wir nach Antalya gereist.
Bu yıl Antalya'ya seyahat ettik.

Viele Deutsche reisen gerne in fremde Länder.
Almanların çoğu yabancı ülkelere seyahat etmeyi sever.

Wir reisen meistens mit unserem eigenen Auto.
Biz genellikle kendi otomobilimizle seyahat ederiz.

Wir reisen dieses Jahr in die Berge.
Bu yıl dağlık bölgelere seyahat edeceğiz.

Irgendwann wollen wir nach Italien reisen.
Bir gün İtalya'ya seyahat etmek istiyoruz.

Deyim şeklindeki kullanılışı:

Gerne reisen. Seyahat etmeyi sevmek.

Mit der Bahn reisen. Trenle seyahat etmek.

Ans Meer reisen. Deniz kenarı yerlere seyahat etmek.

Türetilen şekilleri:

abreisen [aprayzın] yola/yolculuğa çıkmak

anreisen [anrayzın] gitmek; gelmek

ausreisen [ausrayzın] yurt dışına çıkmak

bereisen [bırayzın] gezmek

verreisen [fer'rayzın] seyahate çıkmak

durchreisen [durhrayzın] geçmek; gezmek

Imperativ	Emir şekli
du – reis(e)!	seyahat et!
reisen wir!	seyahat edelim!
ihr – reist!	seyahat edin!
reisen Sie!	seyahat ediniz!

66 richten [rihtın] yöneltmek; yönlendirmek

richten [rihtın] - **richtete** [rihtıtı] - **hat gerichtet** [hat gırihtıt]

INDIKATIV — BİLDİRME KİPİ

Präsens

ich richte
[ih rihtı]
(yöneltiyorum)
du richtest
er, sie, es richtet
wir richten
ihr richtet
sie, Sie richten

Perfekt

ich habe gerichtet
[ih ha:bı gırihtıt]
(yöneltim)
du hast gerichtet
er, sie, es hat gerichtet
wir haben gerichtet
ihr habt gerichtet
sie, Sie haben gerichtet

Futur I

ich werde richten
[ih ve:rdı rihtın]
(yönelteceğim)
du wirst richten
er, sie, es wird richten
wir werden richten
ihr werdet richten
sie, Sie werden richten

Präteritum

ich richtete
[ih rihtıtı]
(yönelttim)
du richtetest
er, sie, es richtete
wir richteten
ihr richtetet
sie, Sie richteten

Plusquamperfekt

ich hatte gerichtet
[ih hatı gırihtıt]
(yöneltmiştim)
du hattest gerichtet
er, sie, es hatte gerichtet
wir hatten gerichtet
ihr hattet gerichtet
sie, Sie hatten gerichtet

Futur II

ich werde gerichtet haben
[ih ve:rdı gırihtıt ha:bın]
(yöneltmiş olacağım)
du wirst gerichtet haben
er, sie, es wird gerichtet haben
wir werden gerichtet haben
ihr werdet gerichtet haben
sie, Sie werden gerichtet haben

KONJUNKTIV — DİLEK KİPİ

Konjunktiv I

ich richte
[ih repari:rı]
(yöneltirim)
du richtest
er, sie, es richte
wir richten
ihr richtet
sie, Sie richten

Perfekt

ich habe gerichtet
[ih ha:bı gırihtıt]
(yöneltmişim)
du habest gerichtet
er, sie, es habe gerichtet
wir haben gerichtet
ihr habet gerichtet
sie, Sie haben gerichtet

Futur I

ich werde richten
[ih ve:rdı rihtın]
(yöneltecektim)
du werdest richten
er, sie, es werde richten
wir werden richten
ihr werdet richten
sie, Sie werden richten

Konjunktiv II

ich richtete
[ih rihtıtı]
(yöneltirdim)
du richtetest
er, sie, es richtete
wir richteten
ihr richtetet
sie, Sie richteten

Plusquamperfekt

ich hätte gerichtet
[ih hetı gırihtıt]
(yöneltmiş olsaydım)
du hättest gerichtet
er, sie, es hätte gerichtet
wir hätten gerichtet
ihr hättet gerichtet
sie, Sie hätten gerichtet

Futur II

ich werde gerichtet haben
[ih ve:rdı gırihtıt ha:bın]
(yöneltmiş olacaktım)
du werdest gerichtet haben
er, sie, es werde gerichtet haben
wir werden gerichtet haben
ihr werdet gerichtet haben
sie, Sie werden gerichtet haben

AÇIKLAMALAR

Kullanım bilgisi ve örnekleri:

Er richtete die Frage an dich.
Soruyu sana yöneltti.

Die Lehrerin richtet das Wort an die Kinder.
Öğretmen sözü çocuklara yöneltiyor.

Wir müssen uns nach dem Wetter richten.
Hava durumuna göre davranmamız lâzım.

Er hat mir mein Fahrrad wieder gerichtet.
Bisikletimi tekrar tamir etti (düzeltti).

Deyim şeklindeki kullanılışı:

Sich nach etwas richten. Bir şeye göre hareket etmek.

Über jemanden richten. Birini yargılamak.

Die Betten für die Gäste richten. Misafirler için yatakları hazırlamak.

Türetilen şekilleri:

anrichten [anri**h**tın] hazırlamak

aufrichten [aufri**h**tın] dikmek; doğrultmak

hinrichten [hinri**h**tın] idam etmek

sich richten [zi**h** ri**h**tın] uymak; ayak uydurmak

verrichten [fe**r**'ri**h**tın] yapmak

errichten [erri**h**tın] yapmak, inşa etmek

zurichten [tsu'ri**h**tın] hazırlamak, tertip etmek

Imperativ	Emir şekli
du – richte!	yönelt!
richten wir!	yöneltelim!
ihr – richtet!	yöneltin!
richten Sie!	yöneltiniz!

67 schauen [şauın] bakmak

schauen [şauın] - **schaute** [şautı] - **hat geschaut** [hat gışaut]

INDIKATIV — BİLDİRME KİPİ

Präsens

ich schaue
[ih şauı]
(bakıyorum)
du schaust
er, sie, es schaut
wir schauen
ihr schaut
sie, Sie schauen

Perfekt

ich habe geschaut
[ih ha:bı gışaut]
(baktım)
du hast geschaut
er, sie, es hat geschaut
wir haben geschaut
ihr habt geschaut
sie, Sie haben geschaut

Futur I

ich werde schauen
[ih ve:rdı şauın]
(bakacağım)
du wirst schauen
er, sie, es wird schauen
wir werden schauen
ihr werdet schauen
sie, Sie werden schauen

Präteritum

ich schaute
[ih şautı]
(baktım)
du schautest
er, sie, es schaute
wir schauten
ihr schautet
sie, Sie schauten

Plusquamperfekt

ich hatte geschaut
[ih hatı gışaut]
(bakmıştım)
du hast geschaut
er, sie, es hat geschaut
wir haben geschaut
ihr habt geschaut
sie, Sie haben geschaut

Futur II

ich werde geschaut haben
[ih ve:rdı gışaut ha:bın]
(bakmış olacağım)
du wirst geschaut haben
er, sie, es wird geschaut haben
wir werden geschaut haben
ihr werdet geschaut haben
sie, Sie werden geschaut haben

KONJUNKTIV — DİLEK KİPİ

Konjunktiv I

ich schaue
[ih şauı]
(bakarım)
du schauest
er, sie, es schaue
wir schauen
ihr schauet
sie, Sie schauen

Perfekt

ich habe geschaut
[ih ha:bı gışaut]
(bakmışım)
du habest geschaut
er, sie, es habe geschaut
wir haben geschaut
ihr habet geschaut
sie, Sie haben geschaut

Futur I

ich werde schauen
[ih ve:rdı şauın]
(bakacakmışım)
du werdest schauen
er, sie, es werde schauen
wir werden schauen
ihr werdet schauen
sie, Sie werden schauen

Konjunktiv II

ich schaute
[ih şautı]
(bakardım)
du schautest
er, sie, es schaute
wir schauten
ihr schautet
sie, Sie schauten

Plusquamperfekt

ich hätte geschaut
[ih hetı gışaut]
(bakmış olsaydım)
du hättest geschaut
er, sie, es hätte geschaut
wir hätten geschaut
ihr hättet geschaut
sie, Sie hätten geschaut

Futur II

ich werde geschaut haben
[ih ve:rdı gışaut ha:bın]
(bakmış olacaktım)
du werdest geschaut haben
er, sie, es werde geschaut haben
wir werden geschaut haben
ihr werdet geschaut haben
sie, Sie werden geschaut haben

AÇIKLAMALAR

Kullanım bilgisi ve örnekleri:

Ich habe mir das Fußballspiel angeschaut.
Futbol maçını izledim.

Die Kinder schauen aus dem Fenster.
Çocuklar pencereden bakıyorlar.

Wohin schaut sie denn?
Nereye bakıyor ki?

Der Schiedsrichter schaut auf seine Uhr.
Hakem saatine bakıyor.

Deyim şeklindeki kullanılışı:

Schau doch mal! Baksana!

Jemandem in die Augen schauen. Birinin gözlerinin içine bakmak.

Zur Seite schauen. Yan tarafa bakmak.

Traurig schauen. Üzgün bakmak.

Türetilen şekilleri:

abschauen [apşauın] birisinden bakmak, kopye çekmek

anschauen [anşauın] seyretmek, bakmak

aufschauen [aufşauın] başını kaldırıp yukarıya bakmak

beschauen [bışauın] bakmak, yoklamak

hinschauen [hinşauın] belli bir yere bakmak

überschauen [übır'şauın] görmek, her yönüyle bakmak

zuschauen [tsu'şauın] izlemek, seyretmek

Imperativ	Emir şekli
du – schau(e)!	bak!
schauen wir!	bakalım!
ihr – schaut!	bakın!
schauen Sie!	bakınız!

68 schenken [şenkın] hediye etmek

schenken [şenkın] - **schenkte** [şenktı] - **hat geschenkt** [hat gışenkt]

INDIKATIV — BİLDİRME KİPİ

Präsens

ich schenke
[**ih** şenkı]
(hediye ediyorum)
du schenkst
er, sie, es schenkt
wir schenken
ihr schenkt
sie, Sie schenken

Perfekt

ich habe geschenkt
[**ih** ha:bı gışenkt]
(hediye ettim)
du hast geschenkt
er, sie, es hat geschenkt
wir haben geschenkt
ihr habt geschenkt
sie, Sie haben geschenkt

Futur I

ich werde schenken
[**ih** ve:rdı şenkın]
(hediye edeceğim)
du wirst schenken
er, sie, es wird schenken
wir werden schenken
ihr werdet schenken
sie, Sie werden schenken

Präteritum

ich schenkte
[**ih** şenktı]
(hediye ettim)
du schenktest
er, sie, es schenkte
wir schenkten
ihr schenktet
sie, Sie schenkten

Plusquamperfekt

ich hatte geschenkt
[**ih** hatı gışenkt]
(hediye etmiştim)
du hast geschenkt
er, sie, es hat geschenkt
wir haben geschenkt
ihr habt geschenkt
sie, Sie haben geschenkt

Futur II

ich werde geschenkt haben
[**ih** ve:rdı gışenkt ha:bın]
(hediye etmiş olacağım)
du wirst geschenkt haben
er, sie, es wird geschenkt haben
wir werden geschenkt haben
ihr werdet geschenkt haben
sie, Sie werden geschenkt haben

KONJUNKTIV — DİLEK KİPİ

Konjunktiv I

ich schenke
[**ih** şenkı]
(hediye ederim)
du schenkest
er, sie, es schenke
wir schenken
ihr schenket
sie, Sie schenken

Perfekt

ich habe geschenkt
[**ih** ha:bı gışenkt]
(hediye etmişim)
du habest geschenkt
er, sie, es habe geschenkt
wir haben geschenkt
ihr habet geschenkt
sie, Sie haben geschenkt

Futur I

ich werde schenken
[**ih** ve:rdı şenkın]
(hediye edecekmişim)
du werdest schenken
er, sie, es werde schenken
wir werden schenken
ihr werdet schenken
sie, Sie werden schenken

Konjunktiv II

ich schenkte
[**ih** şenktı]
(hediye ederdim)
du schenktest
er, sie, es schenkte
wir schenkten
ihr schenktet
sie, Sie schenkten

Plusquamperfekt

ich hätte geschenkt
[**ih** hetı gışenkt]
(hediye etmiş olsaydım)
du hättest geschenkt
er, sie, es hätte geschenkt
wir hätten geschenkt
ihr hättet geschenkt
sie, Sie hätten geschenkt

Futur II

ich werde geschenkt haben
[**ih** ve:rdı gışenkt ha:bın]
(hediye etmiş olacaktım)
du werdest geschenkt haben
er, sie, es werde geschenkt haben
wir werden geschenkt haben
ihr werdet geschenkt haben
sie, Sie werden geschenkt haben

AÇIKLAMALAR

Kullanım bilgisi ve örnekleri:

Was schenkt ihr Hans und Helga zur Hochzeit?
Hans ve Helga'ya düğün hediyesi olarak ne alacaksınız?

Ich schenke meiner Tochter eine Uhr zum Geburtstag.
Kızıma doğum gününde bir saat hediye ediyorum.

Sie hat von ihren Eltern ein Auto geschenkt bekommen.
Anne-babasından bir otomobil hediye aldı.

Die Schüler schenken ihrer Lehrerin Blumen.
Öğrenciler öğretmenlerine çiçek hediye ediyor.

Er schenkte ihr zum Geburtstag einen Ring.
Ona doğum gününde bir yüzük hediye etti.

Deyim şeklindeki kullanılışı:

Jemandem etwas schenken. Birisine bir şey hediye etmek.

Jemandem Zeit schenken. Birisine vakit ayırmak.

Jemandem Liebe schenken. Birisine sevgi göstermek.

Das ist geschenkt! Sudan ucuz!

Jemandem Vertrauen schenken. Birisine güven beslemek.

Blumen schenken. Çiçek hediye etmek.

Bier ins Glas schenken. Bardağa bira doldurmak.

Türetilen şekilleri:

beschenken [bışenkın] birine bir şey hediye etmek

einschenken [aynşenkın] doldurmak

verschenken [fer'şenkın] hediye etmek

Imperativ	Emir şekli
du – schenk(e)!	hediye et!
schenken wir!	hediye edelim!
ihr – schenkt!	hediye edin!
schenken Sie!	hediye ediniz!

69 schlafen [şla:fın] uyumak

schlafen [şla:fın] - **schlief** [şli:f] - **hat geschlafen** [hat gışla:fın]

INDIKATIV — BİLDİRME KİPİ

Präsens

ich schlafe
[ih şla:fı]
(uyuyorum)
du schläfst
er, sie, es schläft
wir schlafen
ihr schlaft
sie, Sie schlafen

Perfekt

ich habe geschlafen
[ih ha:bı gışla:fın]
(uyudum)
du hast geschlafen
er, sie, es hat geschlafen
wir haben geschlafen
ihr habt geschlafen
sie, Sie haben geschlafen

Futur I

ich werde schlafen
[ih ve:rdı şla:fın]
(uyuyacağım)
du wirst schlafen
er, sie, es wird schlafen
wir werden schlafen
ihr werdet schlafen
sie, Sie werden schlafen

Präteritum

ich schlief
[ih şli:f]
(uyudum)
du schliefst
er, sie, es schlief
wir schliefen
ihr schlieft
sie, Sie schliefen

Plusquamperfekt

ich hatte geschlafen
[ih hatı gışla:fın]
(uyumuştum)
du hattest geschlafen
er, sie, es hatte geschlafen
wir hatten geschlafen
ihr hattet geschlafen
sie, Sie hatten geschlafen

Futur II

ich werde geschlafen haben
[ih ve:rdı gışla:fın ha:bın]
(uyumuş olacağım)
du wirst geschlafen haben
er, sie, es wird geschlafen haben
wir werden geschlafen haben
ihr werdet geschlafen haben
sie, Sie werden geschlafen haben

KONJUNKTIV — DİLEK KİPİ

Konjunktiv I

ich schlafe
[ih şla:fı]
(uyurum)
du schlafest
er, sie, es schlafe
wir schlafen
ihr schlafet
sie, Sie schlafen

Perfekt

ich habe geschlafen
[ih ha:bı gışla:fın]
(uyumuşum)
du habest geschlafen
er, sie, es habe geschlafen
wir haben geschlafen
ihr habet geschlafen
sie, Sie haben geschlafen

Futur I

ich werde schlafen
[ih ve:rdı şla:fın]
(uyuyacaktım)
du werdest schlafen
er, sie, es werde schlafen
wir werden schlafen
ihr werdet schlafen
sie, Sie werden schlafen

Konjunktiv II

ich schliefe
[ih şli:fı]
(uyurdum)
du schliefest
er, sie, es schliefe
wir schliefen
ihr schliefet
sie, Sie schliefen

Plusquamperfekt

ich hätte geschlafen
[ih hetı gışla:fın]
(uyumuş olsaydım)
du hättest geschlafen
er, sie, es hätte geschlafen
wir hätten geschlafen
ihr hättet geschlafen
sie, Sie hätten geschlafen

Futur II

ich werde geschlafen haben
[ih ve:rdı gışla:fın ha:bın]
(uyumuş olacaktım)
du werdest geschlafen haben
er, sie, es werde geschlafen haben
wir werden geschlafen haben
ihr werdet geschlafen haben
sie, Sie werden geschlafen haben

Kullanım bilgisi ve örnekleri:

Ich konnte gestern Nacht nicht schlafen.
Dün gece uyuyamadım.

Die Kinder schlafen im Bett.
Çocuklar yatakta uyuyor.

Michael hat schlecht geschlafen.
Michael kötü uyumuş.

In diesem Bett kann ich nicht schlafen.
Bu yatakta uyuyamam.

Hast du gestern gut geschlafen?
Dün iyi uyudun mu?

Die Mutter hat ihr Kind schlafen gelegt.
Annesi çocuğunu uyutmak için yatırdı.

Deyim şeklindeki kullanılışı:

Über eine Sache schlafen. Bir konuyu iyi düşünüp taşınmak

Schlafen gehen. Yatmaya gitmek.

Schlaf gut! İyi uykular!

Alles geht schlafen. El ayak çekilmek.

Türetilen şekilleri:

einschlafen [aynşla:fın] uyumak

sich ausschlafen [zih ausşla:fın] uykusunu almak

verschlafen [fer'şla:fın] uyuyakalmak; uyuyup kaçırmak

weiterschlafen [vaytır'şla:fın] uyumaya devam etmek

Imperativ	Emir şekli
du – schlaf(e)!	uyu!
schlafen wir!	uyuyalım!
ihr – schlaft!	uyuyun!
schlafen Sie!	uyuyunuz!

70 schlagen [şla:gın] vurmak; dövmek; yenmek

schlagen [şla:gın] - **schlug** [şlu:g] - **hat geschlagen** [hat gışla:gın]

INDIKATIV BİLDİRME KİPİ

Präsens

ich schlage
[ih şla:gı]
(vuruyorum)
du schlägst
er, sie, es schlägt
wir schlagen
ihr schlagt
sie, Sie schlagen

Perfekt

ich habe geschlagen
[ih ha:bı gışla:gın]
(vurdum)
du hast geschlagen
er, sie, es hat geschlagen
wir haben geschlagen
ihr habt geschlagen
sie, Sie haben geschlagen

Futur I

ich werde schlagen
[ih ve:rdı şla:gın]
(vuracağım)
du wirst schlagen
er, sie, es wird schlagen
wir werden schlagen
ihr werdet schlagen
sie, Sie werden schlagen

Präteritum

ich schlug
[ih şlu:g]
(vurdum)
du schlugst
er, sie, es schlug
wir schlugen
ihr schlugt
sie, Sie schlugen

Plusquamperfekt

ich hatte geschlagen
[ih hatı gışla:gın]
(vurmuştum)
du hattest geschlagen
er, sie, es hatte geschlagen
wir hatten geschlagen
ihr hattet geschlagen
sie, Sie hatten geschlagen

Futur II

ich werde geschlagen haben
[ih ve:rdı gışla:gın ha:bın]
(vurmuş olacağım)
du wirst geschlagen haben
er, sie, es wird geschlagen haben
wir werden geschlagen haben
ihr werdet geschlagen haben
sie, Sie werden geschlagen haben

KONJUNKTIV DİLEK KİPİ

Konjunktiv I

ich schlage
[ih şla:gı]
(vururum)
du schlagest
er, sie, es schlage
wir schlagen
ihr schlaget
sie, Sie schlagen

Perfekt

ich habe geschlagen
[ih ha:bı gışla:gın]
(vurmuşum)
du habest geschlagen
er, sie, es habe geschlagen
wir haben geschlagen
ihr habet geschlagen
sie, Sie haben geschlagen

Futur I

ich werde schlagen
[ih ve:rdı şla:gın]
(vuracaktım)
du werdest schlagen
er, sie, es werde schlagen
wir werden schlagen
ihr werdet schlagen
sie, Sie werden schlagen

Konjunktiv II

ich schlüge
[ih şlü:gı]
(vururdum)
du schlügest
er, sie, es schlüge
wir schlügen
ihr schlüget
sie, Sie schlügen

Plusquamperfekt

ich hätte geschlagen
[ih hetı gışla:gın]
(vurmuş olsaydım)
du hättest geschlagen
er, sie, es hätte geschlagen
wir hätten geschlagen
ihr hättet geschlagen
sie, Sie hätten geschlagen

Futur II

ich werde geschlagen haben
[ih ve:rdı gışla:gın ha:bın]
(vurmuş olacaktım)
du werdest geschlagen haben
er, sie, es werde geschlagen haben
wir werden geschlagen haben
ihr werdet geschlagen haben
sie, Sie werden geschlagen haben

AÇIKLAMALAR

Kullanım bilgisi ve örnekleri:

Martin schlug ihr auf den Rücken.
Martin onun sırtına vurdu.

Die Kinder schlagen sich in der Klasse.
Çocuklar sınıfta kavga ediyorlar.

Die Uhr schlägt neun.
Saat dokuzu vuruyor.

Er hat mir ins Gesicht geschlagen.
Yüzüme vurdu.

Er schlug ihn zu Boden.
Onu yere vurdu.

Deyim şeklindeki kullanılışı:

Jemanden schlagen. Birisini dövmek.

Der Puls schlägt. Nabzı atıyor.

Einen Baum schlagen. Bir ağaç kesmek.

Türetilen şekilleri:

abschlagen [apşla:gın] kaleden vurmak; vurup kesmek

anschlagen [anşla:gın] çivilemek; asmak; yapıştırmak

aufschlagen [aufşla:gın] üzerine zam gelmek; servis atmak

sich schlagen [zi**h** şla:gın] dövüşmek

zerschlagen [tse**r**şla:gın] kırıp dökmek; yok etmek

vorschlagen [fo:**r**'şla:gın] önermek, teklif etmek

zuschlagen [tsu'şla:gın] vurmak; çarparak kapanmak

Imperativ	Emir şekli
du – schlag(e)!	vur!
schlagen wir!	vuralım!
ihr – schlagt!	vurun!
schlagen Sie!	vurunuz!

71 schließen [şli:sın] kapa(t)mak; kapanmak; bitirmek

schließen [şli:sın] - **schloss** [şlos] - **hat geschlossen** [hat gışlosın]

INDIKATIV — BİLDİRME KİPİ

Präsens

ich schließe
[ih şli:sı]
(kapatıyorum)
du schließt
er, sie, es schließt
wir schließen
ihr schließt
sie, Sie schließen

Perfekt

ich habe geschlossen
[ih ha:bı gışlosın]
(kapattım)
du hast geschlossen
er, sie, es hat geschlossen
wir haben geschlossen
ihr habt geschlossen
sie, Sie haben geschlossen

Futur I

ich werde schließen
[ih ve:rdı şli:sın]
(kapatacağım)
du wirst schließen
er, sie, es wird schließen
wir werden schließen
ihr werdet schließen
sie, Sie werden schließen

Präteritum

ich schloss
[ih şlos]
(kapattım)
du schlossest
er, sie, es schloss
wir schlossen
ihr schloss(e)t
sie, Sie schlossen

Plusquamperfekt

ich hatte geschlossen
[ih hatı gışlosın]
(kapatmıştım)
du hattest geschlossen
er, sie, es hatte geschlossen
wir hatten geschlossen
ihr hattet geschlossen
sie, Sie hatten geschlossen

Futur II

ich werde geschlossen haben
[ih ve:rdı gışlosın ha:bın]
(kapatmış olacağım)
du wirst geschlossen haben
er, sie, es wird geschlossen haben
wir werden geschlossen haben
ihr werdet geschlossen haben
sie, Sie werden geschlossen haben

KONJUNKTIV — DİLEK KİPİ

Konjunktiv I

ich schließe
[ih şli:sı]
(kapatırım)
du schließest
er, sie, es schließe
wir schließen
ihr schließet
sie, Sie schließen

Perfekt

ich habe geschlossen
[ih ha:bı gışlosın]
(kapatmışım)
du habest geschlossen
er, sie, es habe geschlossen
wir haben geschlossen
ihr habet geschlossen
sie, Sie haben geschlossen

Futur I

ich werde schließen
[ih ve:rdı şli:sın]
(kapatacaktım)
du werdest schließen
er, sie, es werde schließen
wir werden schließen
ihr werdet schließen
sie, Sie werden schließen

Konjunktiv II

ich schlösse
[ih şlösı]
(kapatırdım)
du schlössest
er, sie, es schlösse
wir schlössen
ihr schlösset
sie, Sie schlössen

Plusquamperfekt

ich hätte geschlossen
[ih hetı gışlosın]
(kapatmış olsaydım)
du hättest geschlossen
er, sie, es hätte geschlossen
wir hätten geschlossen
ihr hättet geschlossen
sie, Sie hätten geschlossen

Futur II

ich werde geschlossen haben
[ih ve:rdı gışlosın ha:bın]
(kapatmış olacaktım)
du werdest geschlossen haben
er, sie, es werde geschlossen haben
wir werden geschlossen haben
ihr werdet geschlossen haben
sie, Sie werden geschlossen haben

Kullanım bilgisi ve örnekleri:

Der Laden schließt um 20 Uhr.
Dükkan saat 20'de kapanıyor.

Die Kinder haben eine Freundschaft geschlossen.
Çocuklar arkadaşlık kurdular.

Sie schloss die Augen und schlief.
Gözlerini kapadı ve uyudu.

Deyim şeklindeki kullanılışı:

Augen schließen. Gözlerini kapamak.

Eine Lücke schließen. Bir boşluğu kapamak.

Einen Betrieb schließen. Bir işletmeyi kapamak.

Einen Vertrag schließen. Bir sözleşme yapmak.

Frieden schließen. Barış yapmak.

Türetilen şekilleri:

abschließen [apşli:sın] kilitlemek; anlaşma yapmak

anschließen [anşli:sın] bağlamak

sich anschließen [zih anşli:sın] katılmak

aufschließen [aufşli:sın] (anahtarla) açmak

verschließen [fer'şli:sın] kapamak

sich entschließen [zih entşli:sın] karar vermek

zuschließen [tsu'şli:sın] kilitlemek

Imperativ	Emir şekli
du – schließ(e)!	kapat!
schließen wir!	kapatalım!
ihr – schließt!	kapatın!
schließen Sie!	kapatınız!

72 schneiden [şnaydın] kesmek

schneiden [şnaydın] - **schnitt** [şnit] - **hat geschnitten** [hat gışnitın]

INDIKATIV — BİLDİRME KİPİ

Präsens

ich schneide
[ih şnaydı]
(kesiyorum)
du schneidest
er, sie, es schneidet
wir schneiden
ihr schneidet
sie, Sie schneiden

Perfekt

ich habe geschnitten
[ih ha:bı gışnitın]
(kestim)
du hast geschnitten
er, sie, es hat geschnitten
wir haben geschnitten
ihr habt geschnitten
sie, Sie haben geschnitten

Futur I

ich werde schneiden
[ih ve:rdı şnaydın]
(keseceğim)
du wirst schneiden
er, sie, es wird schneiden
wir werden schneiden
ihr werdet schneiden
sie, Sie werden schneiden

Präteritum

ich schnitt
[ih şnit]
(kestim)
du schnittst
er, sie, es schnitt
wir schnitten
ihr schnittet
sie, Sie schnitten

Plusquamperfekt

ich hatte geschnitten
[ih hatı gışnitın]
(kesmiştim)
du hattest geschnitten
er, sie, es hatte geschnitten
wir hatten geschnitten
ihr hattet geschnitten
sie, Sie hatten geschnitten

Futur II

ich werde geschnitten haben
[ih ve:rdı gışnitın ha:bın]
(kesmiş olacağım)
du wirst geschnitten haben
er, sie, es wird geschnitten haben
wir werden geschnitten haben
ihr werdet geschnitten haben
sie, Sie werden geschnitten haben

KONJUNKTIV — DİLEK KİPİ

Konjunktiv I

ich schneide
[ih şnaydı]
(keserim)
du schneidest
er, sie, es schneide
wir schneiden
ihr schneidet
sie, Sie schneiden

Perfekt

ich habe geschnitten
[ih ha:bı gışnitın]
(kesmişim)
du habest geschnitten
er, sie, es habe geschnitten
wir haben geschnitten
ihr habet geschnitten
sie, Sie haben geschnitten

Futur I

ich werde schneiden
[ih ve:rdı şnaydın]
(kesecektim)
du werdest schneiden
er, sie, es werde schneiden
wir werden schneiden
ihr werdet schneiden
sie, Sie werden schneiden

Konjunktiv II

ich schnitte
[ih şni:tı]
(keserdim)
du schnittest
er, sie, es schnitte
wir schnitten
ihr schnittet
sie, Sie schnitten

Plusquamperfekt

ich hätte geschnitten
[ih hetı gışnitın]
(kesmiş olsaydım)
du hättest geschnitten
er, sie, es hätte geschnitten
wir hätten geschnitten
ihr hättet geschnitten
sie, Sie hätten geschnitten

Futur II

ich werde geschnitten haben
[ih ve:rdı gışnitın ha:bın]
(kesmiş olacaktım)
du werdest geschnitten haben
er, sie, es werde geschnitten haben
wir werden geschnitten haben
ihr werdet geschnitten haben
sie, Sie werden geschnitten haben

Kullanım bilgisi ve örnekleri:

Kannst du bitte den Kuchen schneiden?
Lütfen pastayı sen keser misin?

Der Gärtner schneidet die Rosen.
Bahçıvan gülleri kesiyor.

Ich habe mich beim Rasieren geschnitten.
Tıraş olurken (yüzümü) kestim.

Sema hat sich in den Finger geschnitten.
Sema parmağını kesti.

Deyim şeklindeki kullanılışı:

Den Ball schneiden. Topu kesmek.

Etwas klein schneiden. Kesip doğramak.

Jemanden schneiden. Birinin yoluna çıkmak, yolları kesişmek.

Papier schneiden. Kağıt kesmek.

Türetilen şekilleri:

abschneiden [apşnaydın] kesmek; yolu kısaltmak

anschneiden [anşnaydın] (ekmek) kesmek; falso vermek

aufschneiden [aufşnaydın] kesip açmak; övünmek

durchschneiden [durhşnaydın] (bıçakla) kesmek

ausschneiden [ausşnaydın] kesip çıkartmak

zerschneiden [tserşnaydın] parça parça kesmek

zuschneiden [tsu'şnaydın] biçmek

Imperativ	Emir şekli
du – schneid(e)!	kes!
schneiden wir!	keselim!
ihr – schneidet!	kesin!
schneiden Sie!	kesiniz!

73 schreiben [şraybın] yazmak

schreiben [şraybın] - **schrieb** [şri:b] - **hat geschrieben** [hat gışri:bın]

INDIKATIV — BİLDİRME KİPİ

Präsens

ich schreibe
[ih şraybı]
(yazıyorum)
du schreibst
er, sie, es schreibt
wir schreiben
ihr schreibt
sie, Sie schreiben

Perfekt

ich habe geschrieben
[ih ha:bı gışri:bın]
(yazdım)
du hast geschrieben
er, sie, es hat geschrieben
wir haben geschrieben
ihr habt geschrieben
sie, Sie haben geschrieben

Futur I

ich werde schreiben
[ih ve:rdı şraybın]
(yazacağım)
du wirst schreiben
er, sie, es wird schreiben
wir werden schreiben
ihr werdet schreiben
sie, Sie werden schreiben

Präteritum

ich schrieb
[ih şri:b]
(yazdım)
du schriebst
er, sie, es schrieb
wir schrieben
ihr schriebt
sie, Sie schrieben

Plusquamperfekt

ich hatte geschrieben
[ih hatı gışri:bın]
(yazmıştım)
du hattest geschrieben
er, sie, es hatte geschrieben
wir hatten geschrieben
ihr hattet geschrieben
sie, Sie hatten geschrieben

Futur II

ich werde geschrieben haben
[ih ve:rdı gışri:bın ha:bın]
(yazmış olacağım)
du wirst geschrieben haben
er, sie, es wird geschrieben haben
wir werden geschrieben haben
ihr werdet geschrieben haben
sie, Sie werden geschrieben haben

KONJUNKTIV — DİLEK KİPİ

Konjunktiv I

ich schreibe
[ih şraybı]
(yazarım)
du schreibest
er, sie, es schreibe
wir schreiben
ihr schreibet
sie, Sie schreiben

Perfekt

ich habe geschrieben
[ih ha:bı gışri:bın]
(yazmışım)
du habest geschrieben
er, sie, es habe geschrieben
wir haben geschrieben
ihr habet geschrieben
sie, Sie haben geschrieben

Futur I

ich werde schreiben
[ih ve:rdı şraybın]
(yazacaktım)
du werdest schreiben
er, sie, es werde schreiben
wir werden schreiben
ihr werdet schreiben
sie, Sie werden schreiben

Konjunktiv II

ich schriebe
[ih şri:bı]
(yazardım)
du schriebest
er, sie, es schriebe
wir schrieben
ihr schriebet
sie, Sie schrieben

Plusquamperfekt

ich hätte geschrieben
[ih hetı gışri:bın]
(yazmış olsaydım)
du hättest geschrieben
er, sie, es hätte geschrieben
wir hätten geschrieben
ihr hättet geschrieben
sie, Sie hätten geschrieben

Futur II

ich werde geschrieben haben
[ih ve:rdı gışri:bın ha:bın]
(yazmış olacaktım)
du werdest geschrieben haben
er, sie, es werde geschrieben haben
wir werden geschrieben haben
ihr werdet geschrieben haben
sie, Sie werden geschrieben haben

Kullanım bilgisi ve örnekleri:

Die Lehrerin schreibt die Aufgaben an die Tafel.
Öğretmen ödevleri tahtaya yazıyor.

Die Journalistin schreibt für eine bekannte Zeitung.
Gazeteci tanınmış bir gazeteye yazı yazıyor.

Tina schreibt mir einen Brief.
Tina bana bir mektup yazıyor.

Er hat mir lange nicht geschrieben.
Bana uzun zamandır yazmadı.

Deyim şeklindeki kullanılışı:

Buchstaben schreiben. Harfleri yazmak.

Sauber schreiben. Temiz bir şekilde yazmak.

Etwas in den Wind schreiben. Kayıp olarak görmek.

Mit der Hand schreiben. Elle yazmak.

Türetilen şekilleri:

abschreiben [apşraybın] kopye etmek; temize çekmek

anschreiben [anşraybın] bir yere yazı yazmak

aufschreiben [aufşraybın] kaydetmek; yazmak

unterschreiben [untırşraybın] imzalamak

verschreiben [fer'şraybın] reçete yazmak

vorschreiben [fo:rşraybın] emretmek; örnek olarak yazmak

zuschreiben [tsu'şraybın] hesaba geçirmek; mahsup etmek

Imperativ	Emir şekli
du – schreib(e)!	yaz!
schreiben wir!	yazalım!
ihr – schreibt!	yazın!
schreiben Sie!	yazınız!

74 schreien [şrayın] bağırmak

schreien [şrayın] - **schrie** [şri:] - **hat geschrien** [hat gışriın]

INDIKATIV — BİLDİRME KİPİ

Präsens

ich schreie
[ih şrayı]
(bağırıyorum)
du schreist
er, sie, es schreit
wir schreien
ihr schreit
sie, Sie schreien

Perfekt

ich habe geschrien
[ih ha:bı gışriın]
(bağırdım)
du hast geschrien
er, sie, es hat geschrien
wir haben geschrien
ihr habt geschrien
sie, Sie haben geschrien

Futur I

ich werde schreien
[ih ve:rdı şrayın]
(bağıracağım)
du wirst schreien
er, sie, es wird schreien
wir werden schreien
ihr werdet schreien
sie, Sie werden schreien

Präteritum

ich schrie
[ih şriı]
(bağırdım)
du schriest
er, sie, es schrie
wir schrieen
ihr schrieet
sie, Sie schrien

Plusquamperfekt

ich hatte geschrien
[ih hatı gışriın]
(bağırmıştım)
du hattest geschrien
er, sie, es hatte geschrien
wir hatten geschrien
ihr hattet geschrien
sie, Sie hatten geschrien

Futur II

ich werde geschrien haben
[ih ve:rdı gışriın ha:bın]
(bağırmış olacağım)
du wirst geschrien haben
er, sie, es wird geschrien haben
wir werden geschrien haben
ihr werdet geschrien haben
sie, Sie werden geschrien haben

KONJUNKTIV — DİLEK KİPİ

Konjunktiv I

ich schreie
[ih şrayı]
(bağırırım)
du schreiest
er, sie, es schreie
wir schreien
ihr schreiet
sie, Sie schreien

Perfekt

ich habe geschrien
[ih ha:bı gışriın]
(bağırmışım)
du habest geschrien
er, sie, es habe geschrien
wir haben geschrien
ihr habet geschrien
sie, Sie haben geschrien

Futur I

ich werde schreien
[ih ve:rdı şrayın]
(bağıracaktım)
du werdest schreien
er, sie, es werde schreien
wir werden schreien
ihr werdet schreien
sie, Sie werden schreien

Konjunktiv II

ich schriee
[ih şriyı]
(bağırırdım)
du schrieest
er, sie, es schriee
wir schrieen
ihr schrieet
sie, Sie schrieen

Plusquamperfekt

ich hätte geschrien
[ih hetı gışriın]
(bağırmış olsaydım)
du hättest geschrien
er, sie, es hätte geschrien
wir hätten geschrien
ihr hättet geschrien
sie, Sie hätten geschrien

Futur II

ich werde geschrien haben
[ih ve:rdı gışriın ha:bın]
(bağırmış olacaktım)
du werdest geschrien haben
er, sie, es werde geschrien haben
wir werden geschrien haben
ihr werdet geschrien haben
sie, Sie werden geschrien haben

Kullanım bilgisi ve örnekleri:

Warum schreist du denn so?
Neden öyle bağırıyorsun?

Die Kinder schreien und spielen auf dem Schulhof.
Çocuklar okulun bahçesinde bağırıyor ve oynuyorlar.

Das Baby hat die ganze Nacht geschrien.
Bebek gece boyunca bağırdı.

Die Frau schrie vor Angst.
Kadın korkudan çığlık attı.

Wir haben geschrien, aber keiner hat uns gehört.
Bağırdık ama kimse sesimizi duymadı.

Lara und Su schrien vor Freude.
Lara ve Su sevinçten çığlık attılar.

Deyim şeklindeki kullanılışı:

Jemanden schreien. Birisine bağırmak.

Um Hilfe schreien. Yardım istemek için bağırmak.

Das ist zum Schreien. Çok komik.

Aus vollem Hals(e) schreien. Cıyak cıyak bağırmak.

Türetilen şekilleri:

anschreien [anşrayın] birisine bağırmak

aufschreien [aufşrayın] çığlık atmak

ausschreien [ausşrayın] bağırarak resmi bir duyuru yapmak

herumschreien [herumşrayın] bağırıp çağırmak

Imperativ	Emir şekli
du – schrei(e)!	bağır!
schreien wir!	bağıralım!
ihr – schreit!	bağırın!
schreien Sie!	bağırınız!

75 schwimmen [şvimın] yüzmek

schwimmen [şvimın] - **schwamm** [şvam] – **ist, hat geschwommen** [hat gışvomın]

INDIKATIV — BİLDİRME KİPİ

Präsens	Perfekt	Futur I
ich schwimme	**ich bin geschwommen**	**ich werde schwimmen**
[ih şvimı]	[ih bin gışvomın]	[ih ve:rdı şvimın]
(yüzüyorum)	(yüzdüm)	(yüzeceğim)
du schwimmst	**du bist geschwommen**	**du wirst schwimmen**
er, sie, es schwimmt	**er, sie, es ist geschwommen**	**er, sie, es wird schwimmen**
wir schwimmen	**wir sind geschwommen**	**wir werden schwimmen**
ihr schwimmt	**ihr seid geschwommen**	**ihr werdet schwimmen**
sie, Sie schwimmen	**sie, Sie sind geschwommen**	**sie, Sie werden schwimmen**

Präteritum	Plusquamperfekt	Futur II
ich schwamm	**ich war geschwommen**	**ich werde geschwommen sein**
[ih şvam]	[ih va:r gıgangın]	[ih ve:rdı gışvomın zayn]
(yüzdüm)	(yüzmüştüm)	(yüzmüş olacağım)
du schwammst	**du warst geschwommen**	**du wirst geschwommen sein**
er, sie, es schwamm	**er, sie, es war geschwommen**	**er, sie, es wird geschwommen sein**
wir schwammen	**wir waren geschwommen**	**wir werden geschwommen sein**
ihr schwammt	**ihr wart geschwommen**	**ihr werdet geschwommen sein**
sie, Sie schwammen	**sie, Sie waren geschwommen**	**sie, Sie werden geschwommen sein**

KONJUNKTIV — DİLEK KİPİ

Konjunktiv I	Perfekt	Futur I
ich schwimme	**ich sei geschwommen**	**ich werde schwimmen**
[ih şvimı]	[ih zay gışvomın]	[ih ve:rdı şvimın]
(yüzerim)	(yüzmüşüm)	(yüzecektim)
du schwimmest	**du sei(e)st geschwommen**	**du werdest schwimmen**
er, sie, es schwimme	**er, sie, es sei geschwommen**	**er, sie, es werde schwimmen**
wir schwimmen	**wir seien geschwommen**	**wir werden schwimmen**
ihr schwimmet	**ihr sei(e)t geschwommen**	**ihr werdet schwimmen**
sie, Sie schwimmen	**sie, Sie seien geschwommen**	**sie, Sie werden schwimmen**

Konjunktiv II	Plusquamperfekt	Futur II
ich schwämme / schwömme	**ich wäre geschwommen**	**ich werde geschwommen sein**
[ih şvemı] / [şvömı]	[ih ve:rı gışvomın]	[ih ve:rdı gışvomın zayn]
(yüzerdim)	(yüzmüş olsaydım)	(yüzmüş olacaktım)
du schwämmest / schwömmest	**du wär(e)st geschwommen**	**du werdest geschwommen sein**
er, sie, es schwämme / schwömme	**er, sie, es wäre geschwommen**	**er, sie, es werde geschwommen sein**
wir schwämmen / schwömmen	**wir wären geschwommen**	**wir werden geschwommen sein**
ihr schwämmet / schwömmet	**ihr wär(e)t geschwommen**	**ihr werdet geschwommen sein**
sie, Sie schwämmen / schwömmen	**sie, Sie wären geschwommen**	**sie, Sie werden geschwommen sein**

Kullanım bilgisi ve örnekleri:

Kannst du schon schwimmen?
Yüzme biliyor musun?

Die Kinder schwimmen vor unseren Augen.
Çocuklar gözümüzün önünde yüzüyorlar.

Ich habe lange unter Wasser geschwommen.
Uzun süre su altında yüzdüm.

Schwimmen ist ein gesunder Sport.
Yüzmek sağlıklı bir spordur.

Der kleine Junge schwimmt wie ein Fisch.
Küçük çocuk balık gibi yüzüyor.

Wollen wir heute schwimmen gehen?
Bugün yüzmeye gidelim mi?

Deyim şeklindeki kullanılışı:

Einen Rekord schwimmen. Rekora yüzmek.

Im Glück schwimmen. Mutluluk içinde yüzmek.

Schwimmen gehen. Yüzmeye gitmek.

Auf dem Rücken schwimmen. Sırtüstü yüzmek.

Stromaufwärts schwimmen. Akıntıya karşı yüzmek.

Benzer fiiller ve anlamları:

fortschwimmen [fortşvimın] yüzerek uzaklaşmak

sich freischwimmen [zih frayşvimın] kendi başına yüzebilmek

zurückschwimmen [tsu'rükşvimın] yüzerek geri dönmek

Imperativ	Emir şekli
du – schwimm(e)!	yüz!
schwimmen wir!	yüzelim!
ihr – schwimmt!	yüzün!
schwimmen Sie!	yüzünüz!

76 sehen [ze:ın] görmek, bakmak

sehen [ze:ın] - **sah** [za:] - **hat gesehen** [hat gıze:ın]

INDIKATIV — BİLDİRME KİPİ

Präsens

ich sehe
[ih ze:ı]
(görüyorum)
du siehst
er, sie, es sieht
wir sehen
ihr seht
sie, Sie sehen

Präteritum

ich sah
[ih za:]
(gördüm)
du sahst
er, sie, es sah
wir sahen
ihr saht
sie, Sie sahen

Perfekt

ich habe gesehen
[ih ha:bı gıze:ın]
(gördüm)
du hast gesehen
er, sie, es hat gesehen
wir haben gesehen
ihr habt gesehen
sie, Sie haben gesehen

Plusquamperfekt

ich hatte gesehen
[ih hatı gıze:ın]
(görmüştüm)
du hattest gesehen
er, sie, es hatte gesehen
wir hatten gesehen
ihr hattet gesehen
sie, Sie hatten gesehen

Futur I

ich werde sehen
[ih ve:rdı ze:ın]
(göreceğim)
du wirst sehen
er, sie, es wird sehen
wir werden sehen
ihr werdet sehen
sie, Sie werden sehen

Futur II

ich werde gesehen haben
[ih ve:rdı gıze:ın ha:bın]
(görmüş olacağım)
du wirst gesehen haben
er, sie, es wird gesehen haben
wir werden gesehen haben
ihr werdet gesehen haben
sie, Sie werden gesehen haben

KONJUNKTIV — DİLEK KİPİ

Konjunktiv I

ich gehe
[ih ze:ı]
(görürüm)
du sehest
er, sie, es sehe
wir sehen
ihr sehet
sie, Sie sehen

Konjunktiv II

ich sähe
[ih ze:ı]
(görürdüm)
du sähest
er, sie, es sähe
wir sähen
ihr sähet
sie, Sie sähen

Perfekt

ich habe gesehen
[ih ha:bı gıze:ın]
(görmüşüm)
du habest gesehen
er, sie, es habe gesehen
wir haben gesehen
ihr habet gesehen
sie, Sie haben gesehen

Plusquamperfekt

ich hätte gesehen
[ih he:tı gıze:ın]
(görmüş olsaydım)
du hättest gesehen
er, sie, es hätte gesehen
wir hätten gesehen
ihr hättet gesehen
sie, Sie hätten gesehen

Futur I

ich werde sehen
[ih ve:rdı ze:ın]
(görecektim)
du werdest sehen
er, sie, es werde sehen
wir werden sehen
ihr werdet sehen
sie, Sie werden sehen

Futur II

ich werde gesehen haben
[ih ve:rdı gıze:ın ha:bın]
(görmüş olacaktım)
du werdest gesehen haben
er, sie, es werde gesehen haben
wir werden gesehen haben
ihr werdet gesehen haben
sie, Sie werden gesehen haben

AÇIKLAMALAR

Kullanım bilgisi ve örnekleri:

Wir sehen uns nur selten.
Birbirimizi çok nadir görüyoruz.

Ich habe im See große Fische gesehen.
Gölde büyük balıklar gördüm.

Hast du die Katze von Lara gesehen?
Lara'nın kedisini gördün mü?

Von hier kann man die ganze Stadt übersehen.
Buradan şehrin tamamı görülebilir.

Deyim şeklindeki kullanılışı:

Sich sehen lassen können. Dikkat çekici olmak.

Eine Sache klar sehen. Konuyu anlamak.

Alles doppelt sehen. (Sarhoş olup) çift görmek.

Benzer fiiller ve anlamları:

absehen [apze:ın] hesaba katmamak; saymamak

ansehen [anze:ın] bakmak; incelemek

aufsehen [aufze:ın] başını kaldırp bakmak

aussehen [ausze:ın] görünmek

wegsehen [vekze:ın] gözlerini başka tarafa çevirmek

einsehen [aynze:ın] gözden geçirmek; anlamak

übersehen [ü:bırze:ın] tamamını görmek; görmezlikten gelmek

zusehen [tsu'ze:ın] seyretmek; bakmak

fernsehen [fernze:ın] televizyon izlemek

Imperativ	Emir şekli
du – sieh!	gör!
sehen wir!	görelim!
ihr – seht!	görün!
sehen Sie!	görünüz!

77 senden [zendın] göndermek, yollamak; yayınlamak

senden [zendın] - **sandte** [zandtı] - **hat gesandt** [hat gızant]

INDIKATIV — BİLDİRME KİPİ

Präsens

ich sende
[ih zendı]
(gönderiyorum)
du sendest
er, sie, es sendet
wir senden
ihr sendet
sie, Sie senden

Perfekt

ich habe gesandt
[ih ha:bı gızant]
(gönderdim)
du hast gesandt
er, sie, es hat gesandt
wir haben gesandt
ihr habt gesandt
sie, Sie haben gesandt

Futur I

ich werde senden
[ih ve:rdı zendın]
(göndereceğim)
du wirst senden
er, sie, es wird senden
wir werden senden
ihr werdet senden
sie, Sie werden senden

Präteritum

ich sandte
[ih zandtı]
(gönderdim)
du sandtest
er, sie, es sandte
wir sandten
ihr sandtet
sie, Sie sandten

Plusquamperfekt

ich hatte gesandt
[ih hatı gızant]
(göndermiştim)
du hast gesandt
er, sie, es hat gesandt
wir haben gesandt
ihr habt gesandt
sie, Sie haben gesandt

Futur II

ich werde gesandt haben
[ih ve:rdı gızant ha:bın]
(göndermiş olacağım)
du wirst gesandt haben
er, sie, es wird gesandt haben
wir werden gesandt haben
ihr werdet gesandt haben
sie, Sie werden gesandt haben

KONJUNKTIV — DİLEK KİPİ

Konjunktiv I

ich sende
[ih zendı]
(gönderirim)
du sendest
er, sie, es sende
wir senden
ihr sendet
sie, Sie senden

Perfekt

ich habe gesandt
[ih ha:bı gızant]
(göndermişim)
du habest gesandt
er, sie, es habe gesandt
wir haben gesandt
ihr habet gesandt
sie, Sie haben gesandt

Futur I

ich werde senden
[ih ve:rdı zendın]
(gönderecektim)
du werdest senden
er, sie, es werde senden
wir werden senden
ihr werdet senden
sie, Sie werden senden

Konjunktiv II

ich sendete
[ih zendıtı]
(gönderirdim)
du sendetest
er, sie, es sendete
wir sendeten
ihr sendetet
sie, Sie sendeten

Plusquamperfekt

ich hätte gesandt
[ih hetı gızant]
(göndermiş olsaydım)
du hättest gesandt
er, sie, es hätte gesandt
wir hätten gesandt
ihr hättet gesandt
sie, Sie hätten gesandt

Futur II

ich werde gesandt haben
[ih ve:rdı gızant ha:bın]
(göndermiş olacaktım)
du werdest gesandt haben
er, sie, es werde gesandt haben
wir werden gesandt haben
ihr werdet gesandt haben
sie, Sie werden gesandt haben

Kullanım bilgisi ve örnekleri:

Er hat den Brief mit der Post gesandt.
Mektubu postayla gönderdi.

Sie sandte eine Nachricht an ihn.
Ona bir haber gönderdi.

Das Fernsehen sendet 24 Stunden am Tag.
Televizyon günde 24 saat yayın yapıyor.

Wird die Zusammenfassung der Spiele im Fernsehen gesendet?
Maçların özeti televizyonda yayınlanacak mı?

Der Film wird im ersten Programm gesendet.
Film birinci kanalda gösterilecek.

Deyim şeklindeki kullanılışı:

Jemandem etwas senden. Birisine bir şey göndermek.

Jemandem Grüße senden. Birisine selâm göndermek.

Jemandem Glückwünsche senden. Birisine tebrik mesajı göndermek.

Türetilen şekilleri:

absenden [apz**e**ndın] göndermek

aussenden [ausz**e**ndın] yollamak; yaymak

nachsenden [na:**h**zendın] peşinden göndermek

versenden [fer'z**e**ndın] göndermek

entsenden [entz**e**ndın] göndermek

zusenden [tsu'z**e**ndın] birisine göndermek; bir yere yollamak

Imperativ	Emir şekli
du – send(e)!	gönder!
senden wir!	gönderelim!
ihr – sendet!	gönderin!
senden Sie!	gönderiniz!

78 singen [zingın] şarkı söylemek

singen [zingın] - **sang** [zang] - **hat gesungen** [hat gızungın]

INDIKATIV — BİLDİRME KİPİ

Präsens

ich singe
[ih zingı]
(şarkı söylüyorum)
du singst
er, sie, es singt
wir singen
ihr singt
sie, Sie singen

Perfekt

ich habe gesungen
[ih ha:bı gızungın]
(şarkı söyledim)
du hast gesungen
er, sie, es hat gesungen
wir haben gesungen
ihr habt gesungen
sie, Sie haben gesungen

Futur I

ich werde singen
[ih ve:rdı zingın]
(şarkı söyleyeceğim)
du wirst singen
er, sie, es wird singen
wir werden singen
ihr werdet singen
sie, Sie werden singen

Präteritum

ich sang
[ih zang]
(şarkı söyledim)
du sang(e)st
er, sie, es sang
wir sangen
ihr sang(e)t
sie, Sie sangen

Plusquamperfekt

ich hatte gesungen
[ih hatı gızungın]
(şarkı söylemiştim)
du hattest gesungen
er, sie, es hatte gesungen
wir hatten gesungen
ihr hattet gesungen
sie, Sie hatten gesungen

Futur II

ich werde gesungen haben
[ih ve:rdı gızungın ha:bın]
(şarkı söylemiş olacağım)
du wirst gesungen haben
er, sie, es wird gesungen haben
wir werden gesungen haben
ihr werdet gesungen haben
sie, Sie werden gesungen haben

KONJUNKTIV — DİLEK KİPİ

Konjunktiv I

ich singe
[ih zingı]
(şarkı söylerim)
du singest
er, sie, es singe
wir singen
ihr singet
sie, Sie singen

Perfekt

ich habe gesungen
[ih ha:bı gızungın]
(şarkı söylemişim)
du habest gesungen
er, sie, es habe gesungen
wir haben gesungen
ihr habet gesungen
sie, Sie haben gesungen

Futur I

ich werde singen
[ih ve:rdı zingın]
(şarkı söyleyecektim)
du werdest singen
er, sie, es werde singen
wir werden singen
ihr werdet singen
sie, Sie werden singen

Konjunktiv II

ich sänge
[ih zengı]
(şarkı söylerdim)
du sängest
er, sie, es sänge
wir sängen
ihr sänget
sie, Sie sängen

Plusquamperfekt

ich hätte gesungen
[ih he:tı gızungın]
(şarkı söylemiş olsaydım)
du hättest gesungen
er, sie, es hätte gesungen
wir hätten gesungen
ihr hättet gesungen
sie, Sie hätten gesungen

Futur II

ich werde gesungen haben
[ih ve:rdı gızungın ha:bın]
(şarkı söylemiş olacaktım)
du werdest gesungen haben
er, sie, es werde gesungen haben
wir werden gesungen haben
ihr werdet gesungen haben
sie, Sie werden gesungen haben

Kullanım bilgisi ve örnekleri:

Mein Vater singt immer unter der Dusche.
Babam duşta hep şarkı söyler.

Wer kann uns ein Lied singen?
Kim bize bir şarkı söyleyebilir?

Sie singt Lieder von Madonna.
Madonna'nın şarkılarını söylüyor.

Meine Tochter hat in Deutschland im Chor gesungen.
Kızım Almanya'da koroda şarkı söyledi.

Sie singen ein Lied.
Onlar bir şarkı söylüyor.

Wann wollt ihr denn singen?
Ne zaman şarkı söyleyeceksiniz?

Ich kann nicht singen.
Ben şarkı söylemesini bilmem.

Deyim şeklindeki kullanılışı:

Gut singen. İyi şarkı söylemek.

Gemeinsam singen. Birlikte şarkı söylemek.

In einem Chor singen. Koroda şarkı söylemek.

Davon kann ich ein Lied singen. Avucunun içi gibi bilmek.

Benzer fiiller ve anlamları:

mitsingen [mitzingın] birlikte şarkı söylemek

nachsingen [na:**h**zingın] şarkıyı tekrar etmek

vorsingen [fo:**r**'zingın] birinin önünde şarkı söylemek

Imperativ	Emir şekli
du – sing(e)!	şarkı söyle!
singen wir!	şarkı söyleyelim!
ihr – singet!	şarkı söyleyin!
singen Sie!	şarkı söyleyiniz!

79 sitzen [zitsın] oturmak

sitzen [zitsın] - **saß** [za:s] - **hat gesessen** [hat gızesın]

INDIKATIV — BİLDİRME KİPİ

Präsens

ich sitze
[ih zitsı]
(oturuyorum)
du sitzt
er, sie, es sitzt
wir sitzen
ihr sitzt
sie, Sie sitzen

Perfekt

ich habe gesessen
[ih ha:bı gızesın]
(oturdum)
du hast gesessen
er, sie, es hat gesessen
wir haben gesessen
ihr habt gesessen
sie, Sie haben gesessen

Futur I

ich werde sitzen
[ih ve:rdı zitsın]
(oturacağım)
du wirst sitzen
er, sie, es wird sitzen
wir werden sitzen
ihr werdet sitzen
sie, Sie werden sitzen

Präteritum

ich saß
[ih za:s]
(oturdum)
du saßest
er, sie, es saß
wir saßen
ihr saß(e)t
sie, Sie saßen

Plusquamperfekt

ich hatte gesessen
[ih hatı gızesın]
(oturmuştum)
du hattest gesessen
er, sie, es hatte gesessen
wir hatten gesessen
ihr hattet gesessen
sie, Sie hatten gesessen

Futur II

ich werde gesessen haben
[ih ve:rdı gızesın ha:bın]
(oturmuş olacağım)
du wirst gesessen haben
er, sie, es wird gesessen haben
wir werden gesessen haben
ihr werdet gesessen haben
sie, Sie werden gesessen haben

KONJUNKTIV — DİLEK KİPİ

Konjunktiv I

ich sitze
[ih zitsı]
(otururum)
du sitzest
er, sie, es sitze
wir sitzen
ihr sitzet
sie, Sie sitzen

Perfekt

ich habe gesessen
[ih ha:bı gızesın]
(oturmuşum)
du habest gesessen
er, sie, es habe gesessen
wir haben gesessen
ihr habet gesessen
sie, Sie haben gesessen

Futur I

ich werde sitzen
[ih ve:rdı zitsın]
(oturacaktım)
du werdest sitzen
er, sie, es werde sitzen
wir werden sitzen
ihr werdet sitzen
sie, Sie werden sitzen

Konjunktiv II

ich säße
[ih ze:sı]
(otururdum)
du säßest
er, sie, es säße
wir säßen
ihr säßet
sie, Sie säßen

Plusquamperfekt

ich hätte gesessen
[ih he:tı gızesın]
(oturmuş olsaydım)
du hättest gesessen
er, sie, es hätte gesessen
wir hätten gesessen
ihr hättet gesessen
sie, Sie hätten gesessen

Futur II

ich werde gesessen haben
[ih ve:rdı gızesın ha:bın]
(oturmuş olacaktım)
du werdest gesessen haben
er, sie, es werde gesessen haben
wir werden gesessen haben
ihr werdet gesessen haben
sie, Sie werden gesessen haben

Kullanım bilgisi ve örnekleri:

Viele Menschen sitzen im Sommer in der Eisdiele.
Birçok insan yazın dondurmacıda oturur.

Lena und ihre Mutter sitzen am Tisch.
Lena ve annesi masada oturuyorlar.

Sie sitzt schon wieder auf ihrem Stuhl.
Yine kendi sandalyesinde oturuyor.

Der Hund sitzt neben dem Sofa.
Köpek kanepenin yanında oturuyor.

Deyim şeklindeki kullanılışı:

Sitzen bleiben. Sınıfta kalmak.

Einen sitzen haben. Sarhoş olmak.

Wegen Diebstahls sitzen. Hırsızlıktan cezaevinde yatmak.

Benzer fiiller ve anlamları:

absitzen [apzitsın] inmek; hapiste cezasını çekmek

aussitzen [auszitsın] sonuna kadar oturmak

besitzen [bızitsın] sahip olmak

herumsitzen [herum'zitsın] pineklemek

nachsitzen [na:**h**zitsın] cezaya kalmak

dasitzen [da:zitsın] orada oturmak

gegenübersitzen [ge:gınü:b**ı**rzitsın]] karşısında oturmak

stillsitzen [ştilzitsın] uslu uslu oturmak

Imperativ	Emir şekli
du – sitz(e)!	otur!
sitzen wir!	oturalım!
ihr – sitzt!	oturun!
sitzen Sie!	oturunuz!

80 sollen [zolın] gerekli olmak

sollen [zolın] - **sollte** [zoltı] - **hat gesollt** [hat gızolt]

INDIKATIV — BİLDİRME KİPİ

Präsens

ich soll
[ih zol]
(olmam gerek)
du sollst
er, sie, es soll
wir sollen
ihr sollt
sie, Sie sollen

Perfekt

ich habe gesollt
[ih ha:bı gezolt]
(olmam gerekliydi)
du hast gesollt
er, sie, es hat gesollt
wir haben gesollt
ihr habt gesollt
sie, Sie haben gesollt

Futur I

ich werde sollen
[ih ve:rdı zolın]
(gerekli olacağım)
du wirst sollen
er, sie, es wird sollen
wir werden sollen
ihr werdet sollen
sie, Sie werden sollen

Präteritum

ich sollte
[ih zoltı]
(olmam gerekliydi)
du solltest
er, sie, es sollte
wir sollten
ihr solltet
sie, Sie sollten

Plusquamperfekt

ich hatte gesollt
[ih hatı gızolt]
(olmam gerekmişti)
du hattest gesollt
er, sie, es hatte gesollt
wir hatten gesollt
ihr hattet gesollt
sie, Sie hatten gesollt

Futur II

ich werde gesollt haben
[ih ve:rdı gızolt ha:bın]
(gerekli olmuş olacağım)
du wirst gesollt haben
er, sie, es wird gesollt haben
wir werden gesollt haben
ihr werdet gesollt haben
sie, Sie werden gesollt haben

KONJUNKTIV — DİLEK KİPİ

Konjunktiv I

ich solle
[ih zolı]
(gerekli olurum)
du sollest
er, sie, es solle
wir sollen
ihr sollet
sie, Sie sollen

Perfekt

ich habe gesollt
[ih ha:bı gızolt]
(gerekli olmuştum)
du habest gesollt
er, sie, es habe gesollt
wir haben gesollt
ihr habet gesollt
sie, Sie haben gesollt

Futur I

ich werde sollen
[ih ve:rdı zolın]
(gerekli olacakmışım)
du werdest sollen
er, sie, es werde sollen
wir werden sollen
ihr werdet sollen
sie, Sie werden sollen

Konjunktiv II

ich sollte
[ih zoltı]
(gerekli olurdum)
du solltest
er, sie, es sollte
wir sollten
ihr solltet
sie, Sie sollten

Plusquamperfekt

ich hätte gesollt
[ih hetı gızolt]
(gerekli olmuş olsaydım)
du hättest gesollt
er, sie, es hätte gesollt
wir hätten gesollt
ihr hättet gesollt
sie, Sie hätten gesollt

Futur II

ich werde gesollt haben
[ih ve:rdı gızolt ha:bın]
(gerekli olmuş olacaktım)
du werdest gesollt haben
er, sie, es werde gesollt haben
wir werden gesollt haben
ihr werdet gesollt haben
sie, Sie werden gesollt haben

AÇIKLAMALAR

Kullanım bilgisi ve örnekleri:

"**Sollen**" yardımcı fiili "bir işi yapması gerekmek/gerekli olmak" anlamına gelir. Şahıs zamirleriyle birlikte çekimlenir, yardımcı olduğu tam fiil ise "**Infinitiv**" yani "mastar" halinde sona gelir.

Wir sollen die Lichter ausmachen.
Işıkları kapatmamız gerekiyor.

Was soll das, bist du verrückt?
Ne oluyor, delirdin mi?

Ich soll für die Prüfung mehr üben.
Sınav için daha fazla alıştırma yapmam gerekiyor.

Was soll ich jetzt tun?
Ben şimdi ne yapacağım?

Das hättest du nicht tun sollen.
Bunu yapmamalıydın.

Er soll sofort nach Hause kommen.
Hemen eve gelmesi gerekiyor.

Was soll denn das heißen?
Bu ne demek şimdi?

Das sollte er längst gemacht haben.
Bunu çoktan yapmış olması gerekirdi.

Deyim şeklindeki kullanılışı:

Was soll denn das? Ne oluyor?

Du sollst ihn anrufen. Ona telefon etmelisin.

Was soll's? Ne olmuş yani?

Soll ich kommen? Gelmem gerekir mi?

Er soll nur kommen! Hele bir gelsin!

Imperativ	Emir şekli
-	-
-	-
-	-
-	-

81 spielen [şpi:lın] oynamak; enstrüman çalmak

spielen [şpi:lın] - **spielte** [şpi:ltı] - **hat gespielt** [hat gışpi:lt]

INDIKATIV — BİLDİRME KİPİ

Präsens	Perfekt	Futur I
ich spiele [ih şpi:lı] (oynuyorum) **du spielst** **er, sie, es spielt** **wir spielen** **ihr spielt** **sie, Sie spielen**	**ich habe gespielt** [ih ha:bı gışpi:lt] (oynadım) **du hast gespielt** **er, sie, es hat gespielt** **wir haben gespielt** **ihr habt gespielt** **sie, Sie haben gespielt**	**ich werde spielen** [ih ve:rdı şpi:lın] (oynayacağım) **du wirst spielen** **er, sie, es wird spielen** **wir werden spielen** **ihr werdet spielen** **sie, Sie werden spielen**

Präteritum	Plusquamperfekt	Futur II
ich spielte [ih şpi:ltı] (oynadım) **du spielst** **er, sie, es spielt** **wir spielen** **ihr spielt** **sie, Sie spielen**	**ich hatte gespielt** [ih hatı gışpi:lt] (oynamıştım) **du hast gespielt** **er, sie, es hat gespielt** **wir haben gespielt** **ihr habt gespielt** **sie, Sie haben gespielt**	**ich werde gespielt haben** [ih ve:rdı gışpi:lt ha:bın] (oynamış olacağım) **du wirst gespielt haben** **er, sie, es wird gespielt haben** **wir werden gespielt haben** **ihr werdet gespielt haben** **sie, Sie werden gespielt haben**

KONJUNKTIV — DİLEK KİPİ

Konjunktiv I	Perfekt	Futur I
ich spiele [ih şpi:lı] (oynarım) **du spielest** **er, sie, es spiele** **wir spielen** **ihr spielet** **sie, Sie spielen**	**ich habe gespielt** [ih ha:bı gışpi:lt] (oynamışım) **du habest gespielt** **er, sie, es habe gespielt** **wir haben gespielt** **ihr habet gespielt** **sie, Sie haben gespielt**	**ich werde spielen** [ih ve:rdı şpi:lın] (oynayacaktım) **du werdest spielen** **er, sie, es werde spielen** **wir werden spielen** **ihr werdet spielen** **sie, Sie werden spielen**

Konjunktiv II	Plusquamperfekt	Futur II
ich spielte [ih şpi:ltı] (oynardım) **du spieltest** **er, sie, es spielte** **wir spielten** **ihr spieltet** **sie, Sie spielten**	**ich hätte gespielt** [ih hetı gışpi:lt] (oynamış olsaydım) **du hättest gespielt** **er, sie, es hätte gespielt** **wir hätten gespielt** **ihr hättet gespielt** **sie, Sie hätten gespielt**	**ich werde gespielt haben** [ih ve:rdı gışpi:lt ha:bın] (oynamış olacaktım) **du werdest gespielt haben** **er, sie, es werde gespielt haben** **wir werden gespielt haben** **ihr werdet gespielt haben** **sie, Sie werden gespielt haben**

Kullanım bilgisi ve örnekleri:

Ich habe mit meinen Freunden Fußball gespielt.
Arkadaşlarımla futbol oynadım.

Können wir dieses Spiel auch zu dritt spielen?
Bu oyunu üç kişiyle de oynayabilir miyiz?

Sera kann Geige spielen.
Sera keman çalmasını biliyor.

Die Kinder spielen auf dem Schulhof.
Çocuklar okulun bahçesinde oynuyorlar.

Deyim şeklindeki kullanılışı:

Den Ball abspielen. Topu atmak, pas vermek.

Ins Grünliche spielen. Yeşile çalmak.

Eine Rolle spielen. Bir rol oynamak.

Gitarre spielen. Gitar çalmak.

Türetilen şekilleri:

abspielen [apşpi:lın] notadan çalmak; pas vermek

anspielen [anşpi:lın] (müzik) çalmaya başlamak; (iskambilde) oyuna başlamak

aufspielen [aufşpi:lın] müzik aleti çalmak

sich abspielen [zih apşpi:lın] olmak, geçmek

verspielen [fer'şpi:lın] (kumarda) kaybetmek

vorspielen [fo:r'şpi:lın] rol yapmak, dinleyici önünde çalmak

zuspielen [tsu'şpi:lın] pas atmak/vermek; sızdırmak

Imperativ	Emir şekli
du – spiel(e)!	oyna!
spielen wir!	oynayalım!
ihr – spielt!	oynayın!
spielen Sie!	oynayınız!

82 sprechen [şprehın] konuşmak

sprechen [şprehın] - **sprach** [şpra:h] - **hat gesprochen** [hat gışprohın]

INDIKATIV — BİLDİRME KİPİ

Präsens

ich spreche
[ih şprehı]
(konuşuyorum)
du sprichst
er, sie, es spricht
wir sprechen
ihr sprecht
sie, Sie sprechen

Perfekt

ich habe gesprochen
[ih ha:bı gışprohın]
(konuştum)
du hast gesprochen
er, sie, es hat gesprochen
wir haben gesprochen
ihr habt gesprochen
sie, Sie haben gesprochen

Futur I

ich werde sprechen
[ih ve:rdı şprehın]
(konuşacağım)
du wirst sprechen
er, sie, es wird sprechen
wir werden sprechen
ihr werdet sprechen
sie, Sie werden sprechen

Präteritum

ich sprach
[ih şprah]
(konuştum)
du sprachst
er, sie, es sprach
wir sprachen
ihr spracht
sie, Sie sprachen

Plusquamperfekt

ich hatte gesprochen
[ih hatı gışprohın]
(konuşmuştum)
du hattest gesprochen
er, sie, es hatte gesprochen
wir hatten gesprochen
ihr hattet gesprochen
sie, Sie hatten gesprochen

Futur II

ich werde gesprochen haben
[ih ve:rdı gışprohın ha:bın]
(konuşmuş olacağım)
du wirst gesprochen haben
er, sie, es wird gesprochen haben
wir werden gesprochen haben
ihr werdet gesprochen haben
sie, Sie werden gesprochen haben

KONJUNKTIV — DİLEK KİPİ

Konjunktiv I

ich spreche
[ih şprehı]
(konuşurum)
du sprechest
er, sie, es spreche
wir sprechen
ihr sprechet
sie, Sie sprechen

Perfekt

ich habe gesprochen
[ih ha:bı gışprohın]
(konuşmuşum)
du habest gesprochen
er, sie, es habe gesprochen
wir haben gesprochen
ihr habet gesprochen
sie, Sie haben gesprochen

Futur I

ich werde sprechen
[ih ve:rdı şprehın]
(konuşacaktım)
du werdest sprechen
er, sie, es werde sprechen
wir werden sprechen
ihr werdet sprechen
sie, Sie werden sprechen

Konjunktiv II

ich spräche
[ih şprehı]
(konuşurdum)
du sprächest
er, sie, es spräche
wir sprächen
ihr sprächet
sie, Sie sprächen

Plusquamperfekt

ich hätte gesprochen
[ih he:tı gışprohın]
(konuşmuş olsaydım)
du hättest gesprochen
er, sie, es hätte gesprochen
wir hätten gesprochen
ihr hättet gesprochen
sie, Sie hätten gesprochen

Futur II

ich werde gesprochen haben
[ih ve:rdı gışprohın ha:bın]
(konuşmuş olacaktım)
du werdest gesprochen haben
er, sie, es werde gesprochen haben
wir werden gesprochen haben
ihr werdet gesprochen haben
sie, Sie werden gesprochen haben

Kullanım bilgisi ve örnekleri:

Eva spricht sehr gut Englisch und Schwedisch.
Eva çok iyi İngilizce ve İsveççe konuşur.

Die Außenminister sprachen über Lösungen des Konflikts.
Dışişleri bakanları anlaşmazlığın çözümleri hakkında konuştular.

Wir sprechen über unseren Ausflug nach Berlin.
Berlin'e yaptığımız geziyi konuşuyoruz.

Dieses mal hat er nur kurz gesprochen.
Bu defa sadece kısa konuştu.

Deyim şeklindeki kullanılışı:

Mit jemandem sprechen. Birisiyle konuşmak.

Laut sprechen. Yüksek sesle konuşmak.

Die Sache spricht für ihn. Konu lehine görünüyor.

Deutsch sprechen. Almanca konuşmak.

Benzer fiiller ve anlamları:

absprechen [apşpre**h**:ın] kararlaştırmak

ansprechen [anşpre**h**:ın] bahsetmek; hitap etmek

aussprechen [ausşpre**h**:ın] sözünü bitirmek

besprechen [bışpre**h**:ın] görüşmek

widersprechen [vidı**r**şpr**eh**ın] karşı çıkmak

versprechen [fe**r**'şpre**h**:ın] söz vermek

Imperativ	Emir şekli
du – sprich!	konuş!
sprechen wir!	konuşalım!
ihr – sprecht!	konuşun!
sprechen Sie!	konuşunuz!

83 springen [şpringın] atlamak, sıçramak; zıplamak

springen [şpringın] - **sprang** [şprang] - **ist gesprungen** [ist gışprungın]

INDIKATIV — BİLDİRME KİPİ

Präsens

ich springe
[ih şpringı]
(atlıyorum)
du springst
er, sie, es springt
wir springen
ihr springt
sie, Sie springen

Perfekt

ich bin gesprungen
[ih bin gışprungın]
(atladım)
du bist gesprungen
er, sie, es ist gesprungen
wir sind gesprungen
ihr seid gesprungen
sie, Sie sind gesprungen

Futur I

ich werde springen
[ih ve:rdı şpringın]
(atlayacağım)
du wirst springen
er, sie, es wird springen
wir werden springen
ihr werdet springen
sie, Sie werden springen

Präteritum

ich sprang
[ih şprang]
(atladım)
du sprangst
er, sie, es sprang
wir sprangen
ihr sprangt
sie, Sie sprangen

Plusquamperfekt

ich war gesprungen
[ih va:r gışprungın]
(atlamıştım)
du warst gesprungen
er, sie, es war gesprungen
wir waren gesprungen
ihr wart gesprungen
sie, Sie waren gesprungen

Futur II

ich werde gesprungen sein
[ih ve:rdı gışprungın zayn]
(atlamış olacağım)
du wirst gesprungen sein
er, sie, es wird gesprungen sein
wir werden gesprungen sein
ihr werdet gesprungen sein
sie, Sie werden gesprungen sein

KONJUNKTIV — DİLEK KİPİ

Konjunktiv I

ich springe
[ih şpringı]
(atlarım)
du springest
er, sie, es springe
wir springen
ihr springet
sie, Sie springen

Perfekt

ich sei gesprungen
[ih zay gışprungın]
(atlamışım)
du sei(e)st gesprungen
er, sie, es sei gesprungen
wir seien gesprungen
ihr sei(e)t gesprungen
sie, Sie seien gesprungen

Futur I

ich werde springen
[ih ve:rdı şpringın]
(atlayacaktım)
du werdest springen
er, sie, es werde springen
wir werden springen
ihr werdet springen
sie, Sie werden springen

Konjunktiv II

ich spränge
[ih şprengı]
(atlardım)
du sprängest
er, sie, es spränge
wir sprängen
ihr spränget
sie, Sie sprängen

Plusquamperfekt

ich wäre gesprungen
[ih ve:rı gışprungın]
(atlamış olsaydım)
du wärest gesprungen
er, sie, es wäre gesprungen
wir wären gesprungen
ihr wär(e)t gesprungen
sie, Sie wären gesprungen

Futur II

ich werde gesprungen sein
[ih ve:rdı gışprungın zayn]
(atlamış olacaktım)
du werdest gesprungen sein
er, sie, es werde gesprungen sein
wir werden gesprungen sein
ihr werdet gesprungen sein
sie, Sie werden gesprungen sein

Kullanım bilgisi ve örnekleri:

Er springt über ein Hindernis.
Bir engelin üzerinden atlıyor.

Die Kinder springen ins Wasser.
Çocuklar suya atlıyorlar.

Der Mann ist aus dem Fenster gesprungen.
Adam pencereden atladı.

Die Quelle springt aus der Erde.
Kaynak topraktan fışkırıyor.

Deyim şeklindeki kullanılışı:

Etwas springt ins Auge. Göze batmak.

Der springende Punkt. En önemlisi.

Zur Seite springen. Kenara çekilmek.

Aus dem Bett springen. Yataktan fırlamak.

Hoch springen. Yüksek atlamak.

Türetilen şekilleri:

abspringen [apşpringın] aşağı atlamak

anspringen [anşpringın] çalışmak, işlemek; üzerine atlamak

aufspringen [aufşpringın] sıçramak; ayağa fırlamak

einspringen [aynşpringın] birinin yerine geçmek

überspringen [ü:bırşpringın] atlamak, sıçramak

umspringen [umşpringın] birdenbire dönmek

vorspringen [fo:r'şpringın] öne doğru atlamak

Imperativ	Emir şekli
du – spring(e)!	atla!
springen wir!	atlayalım!
ihr – springt!	atlayın!
springen Sie!	atlayınız!

84 stehen [şte:ın] (dik olarak) durmak; olmak, bulunmak

stehen [şte:ın] - **stand** [ştant] – **hat gestanden** [hat gıştandın]

INDIKATIV — BİLDİRME KİPİ

Präsens

ich stehe
[ih şte:ı]
(duruyorum)
du stehst
er, sie, es steht
wir stehen
ihr steht
sie, Sie stehen

Präteritum

ich stand
[ih ştant]
(durdum)
du stand(e)st
er, sie, es stand
wir standen
ihr standet
sie, Sie standen

Perfekt

ich habe gestanden
[ih ha:bı gıştandın]
(durdum)
du hast gestanden
er, sie, es hat gestanden
wir haben gestanden
ihr habt gestanden
sie, Sie haben gestanden

Plusquamperfekt

ich hatte gestanden
[ih hatı gıştandın]
(durmuştum)
du hattest gestanden
er, sie, es hatte gestanden
wir hatten gestanden
ihr hattet gestanden
sie, Sie hatten gestanden

Futur I

ich werde stehen
[ih ve:rdı şte:ın]
(duracağım)
du wirst stehen
er, sie, es wird stehen
wir werden stehen
ihr werdet stehen
sie, Sie werden stehen

Futur II

ich werde gestanden haben
[ih ve:rdı gıştandın ha:bın]
(durmuş olacağım)
du wirst gestanden haben
er, sie, es wird gestanden haben
wir werden gestanden haben
ihr werdet gestanden haben
sie, Sie werden gestanden haben

KONJUNKTIV — DİLEK KİPİ

Konjunktiv I

ich stehe
[ih şte:ı]
(dururum)
du stehest
er, sie, es stehe
wir stehen
ihr stehet
sie, Sie stehen

Konjunktiv II

ich stünde / stände
[ih ştündı] / [ştendı]
(dururdum)
du stündest / ständest
er, sie, es stünde / stände
wir stünden / ständen
ihr stündet / ständet
sie, Sie stünden / ständen

Perfekt

ich habe gestanden
[ih ha:bı gıştandın]
(durmuştum)
du habest gestanden
er, sie, es habe gestanden
wir haben gestanden
ihr habet gestanden
sie, Sie haben gestanden

Plusquamperfekt

ich hätte gestanden
[ih hetı gıştandın]
(durmuş olsaydım)
du hättest gestanden
er, sie, es hätte gestanden
wir hätten gestanden
ihr hättet gestanden
sie, Sie hätten gestanden

Futur I

ich werde stehen
[ih ve:rdı şte:ın]
(duracaktım)
du werdest stehen
er, sie, es werde stehen
wir werden stehen
ihr werdet stehen
sie, Sie werden stehen

Futur II

ich werde gestanden haben
[ih ve:rdı gıştandın ha:bın]
(durmuş olacaktım)
du werdest gestanden haben
er, sie, es werde gestanden haben
wir werden gestanden haben
ihr werdet gestanden haben
sie, Sie werden gestanden haben

Kullanım bilgisi ve örnekleri:

Das Essen steht auf dem Tisch.
Yemek masada duruyor.

Die Kinder standen vor der Schule.
Çocuklar okulun önünde duruyorlardı.

Auf welcher Seite stehst du?
Sen kimden tarafsın?

Ich kann nicht mehr stehen.
Ayakta duracak gücüm kalmadı.

Deyim şeklindeki kullanılışı:

Alles steht auf dem Kopf. Her şey karmakarışık (tersine).

Wie stehst du dazu? Bu konuda düşüncelerin nedir?

Jemandem gut stehen. Birisini giydirmek, yakışmak.

Die Uhr steht. Saat durdu.

Jemandem nahe stehen. Birisine yakın olmak.

Türetilen şekilleri:

anstehen [anşte:ın] kuyrukta durmak; sıra olmak

aufstehen [aufşte:ın] ayağa kalkmak

ausstehen [ausşte:ın] ödenmemiş olmak

bestehen [bışte:ın] var olmak

widerstehen [vidır'şte:ın] karşı koymak

beistehen [bayşte:ın] pas atmak/vermebirine yardım etmek

zustehen [tsu'şte:ın] hakkı olmak

Imperativ	Emir şekli
du – steh(e)!	dur!
stehen wir!	duralım!
ihr – steht!	durun!
stehen Sie!	durunuz!

85 stellen [ştelın] (dik olarak) koymak; ayarlamak

stellen [ştelın] - **stellte** [şteltı] - **hat gestellt** [hat gıştelt]

INDIKATIV — BİLDİRME KİPİ

Präsens

ich stelle
[ih ştelı]
(koyuyorum)
du stellst
er, sie, es stellt
wir stellen
ihr stellt
sie, Sie stellen

Perfekt

ich habe gestellt
[ih ha:bı gıştelt]
(koydum)
du hast gestellt
er, sie, es hat gestellt
wir haben gestellt
ihr habt gestellt
sie, Sie haben gestellt

Futur I

ich werde stellen
[ih ve:rdı ştelın]
(koyacağım)
du wirst stellen
er, sie, es wird stellen
wir werden stellen
ihr werdet stellen
sie, Sie werden stellen

Präteritum

ich stellte
[ih şteltı]
(koydum)
du stelltest
er, sie, es stellte
wir stellten
ihr stelltet
sie, Sie stellten

Plusquamperfekt

ich hatte gestellt
[ih hatı gıştelt]
(koymuştum)
du hattest gestellt
er, sie, es hatte gestellt
wir hatten gestellt
ihr hattet gestellt
sie, Sie hatten gestellt

Futur II

ich werde gestellt haben
[ih ve:rdı gıştelt ha:bın]
(koymuş olacağım)
du wirst gestellt haben
er, sie, es wird gestellt haben
wir werden gestellt haben
ihr werdet gestellt haben
sie, Sie werden gestellt haben

KONJUNKTIV — DİLEK KİPİ

Konjunktiv I

ich stelle
[ih ştelı]
(koyarım)
du stellest
er, sie, es stelle
wir stellen
ihr stellet
sie, Sie stellen

Perfekt

ich habe gestellt
[ih ha:bı gıştelt]
(koymuşum)
du habest gestellt
er, sie, es habe gestellt
wir haben gestellt
ihr habet gestellt
sie, Sie haben gestellt

Futur I

ich werde stellen
[ih ve:rdı ştelın]
(koymuştum)
du werdest stellen
er, sie, es werde stellen
wir werden stellen
ihr werdet stellen
sie, Sie werden stellen

Konjunktiv II

ich stellte
[ih şteltı]
(koyardım)
du stelltest
er, sie, es stellte
wir stellten
ihr stelltet
sie, Sie stellten

Plusquamperfekt

ich hätte gestellt
[ih hetı gıştelt]
(koymuş olsaydım)
du hättest gestellt
er, sie, es hätte gestellt
wir hätten gestellt
ihr hättet gestellt
sie, Sie hätten gestellt

Futur II

ich werde gestellt haben
[ih ve:rdı gıştelt ha:bın]
(koymuş olacaktım)
du werdest gestellt haben
er, sie, es werde gestellt haben
wir werden gestellt haben
ihr werdet gestellt haben
sie, Sie werden gestellt haben

AÇIKLAMALAR

Kullanım bilgisi ve örnekleri:

Ich stelle die Bücher ins Regal.
Kitapları rafa koyuyorum.

Wir müssen die Uhren stellen.
Saatleri ayarlamamız lâzım.

Habt ihr den Schrank vor die Haustür gestellt?
Dolabı ev kapısının önüne koydunuz mu?

Er stellt mir eine Aufgabe.
O bana bir görev veriyor.

Deyim şeklindeki kullanılışı:

Auf sich gestellt sein. Yardımsız, desteksiz olmak.

Sich dumm stellen. Kendini aptal gibi göstermek.

Sich der Polizei stellen. Polise teslim olmak.

Fragen stellen. Soru sormak.

Türetilen şekilleri:

abstellen [apştelın] yere koymak; park etmek

anstellen [anştelın] çalıştırmak; açmak

aufstellen [aufştelın] kurmak; dikmek; koymak

ausstellen [ausştelın] sergilemek

verstellen [fer'ştelın] yerini değiştirmek; ayarlamak

vorstellen [fo:**r**'ştelın] tanıştırmak; önüne geçmek

zustellen [tsu'ştelın] önünü kapamak; tebliğ etmek

Imperativ	Emir şekli
du – stell(e)!	koy!
stellen wir!	koyalım!
ihr – stellt!	koyun!
stellen Sie!	koyunuz!

86 **suchen** [zu:hın] aramak

suchen [zu:**h**ın] - **suchte** [zu:**h**tı] - **hat gesucht** [hat gızu:**ht**]

INDIKATIV — BİLDİRME KİPİ

Präsens

ich suche
[ih zu:hı]
(arıyorum)
du suchst
er, sie, es sucht
wir suchen
ihr sucht
sie, Sie suchen

Perfekt

ich habe gesucht
[ih ha:bı gızu:ht]
(aradım)
du hast gesucht
er, sie, es hat gesucht
wir haben gesucht
ihr habt gesucht
sie, Sie haben gesucht

Futur I

ich werde suchen
[ih ve:rdı zu:hın]
(arayacağım)
du wirst suchen
er, sie, es wird suchen
wir werden suchen
ihr werdet suchen
sie, Sie werden suchen

Präteritum

ich suchte
[ih zu:htı]
(aradım)
du suchtest
er, sie, es suchte
wir suchten
ihr suchtet
sie, Sie suchten

Plusquamperfekt

ich hatte gesucht
[ih hatı gızu:ht]
(aramıştım)
du hast gesucht
er, sie, es hat gesucht
wir haben gesucht
ihr habt gesucht
sie, Sie haben gesucht

Futur II

ich werde gesucht haben
[ih ve:rdı gızu:ht ha:bın]
(aramış olacağım)
du wirst gesucht haben
er, sie, es wird gesucht haben
wir werden gesucht haben
ihr werdet gesucht haben
sie, Sie werden gesucht haben

KONJUNKTIV — DİLEK KİPİ

Konjunktiv I

ich suche
[ih zu:hı]
(ararım)
du suchest
er, sie, es suche
wir suchen
ihr suchet
sie, Sie suchen

Perfekt

ich habe gesucht
[ih ha:bı gızu:ht]
(aramışım)
du habest gesucht
er, sie, es habe gesucht
wir haben gesucht
ihr habet gesucht
sie, Sie haben gesucht

Futur I

ich werde suchen
[ih ve:rdı zu:hın]
(arayacakmışım)
du werdest suchen
er, sie, es werde suchen
wir werden suchen
ihr werdet suchen
sie, Sie werden suchen

Konjunktiv II

ich suchte
[ih zu:htı]
(arardım)
du suchtest
er, sie, es suchte
wir suchten
ihr suchtet
sie, Sie suchten

Plusquamperfekt

ich hätte gesucht
[ih hetı gızu:ht]
(aramış olsaydım)
du hättest gesucht
er, sie, es hätte gesucht
wir hätten gesucht
ihr hättet gesucht
sie, Sie hätten gesucht

Futur II

ich werde gesucht haben
[ih ve:rdı gızu:ht ha:bın]
(aramış olacaktım)
du werdest gesucht haben
er, sie, es werde gesucht haben
wir werden gesucht haben
ihr werdet gesucht haben
sie, Sie werden gesucht haben

Kullanım bilgisi ve örnekleri:

Ich habe meinen Freund gesucht, aber nicht gefunden.
Arkadaşımı aradım, fakat bulamadım.

Wir suchen unser Recht.
Hakkımızı arıyoruz.

Der Hund sucht seinen Knochen.
Köpek kemiğini arıyor.

Er sucht den verlorenen Schlüssel.
Kaybolan anahtarı arıyor.

Deyim şeklindeki kullanılışı:

Nach etwas suchen. Bir şeyi aramak.

Nach jemandem suchen. Birisini aramak.

Eine Wohnung suchen. Bir ev aramak.

Einen Fehler suchen. Bir hata aramak.

Türetilen şekilleri:

absuchen [apzu:**hın**] iyice aramak

ansuchen [anzu:**hın**] talep etmek; ricada bulunmak

aufsuchen [aufzu:**hın**] uğramak; başvurmak

besuchen [bızu:**hın**] ziyaret etmek

ersuchen [erzu:**hın**] bir şey için istekte bulunmak

versuchen [fer'zu:**hın**] denemek

aussuchen [auszu:**hın**] seçmek, seçip ayırmak

Imperativ	Emir şekli
du – such(e)!	ara!
suchen wir!	arayalım!
ihr – sucht!	arayın!
suchen Sie!	arayınız!

87 tanzen [tantsın] dans etmek

tanzen [tantsın] - **tanzte** [tantstı] - **hat getanzt** [hat gıtantst]

INDIKATIV — BİLDİRME KİPİ

Präsens

ich tanze
[ih tantsı]
(dans ediyorum)
du tanzt
er, sie, es tanzt
wir tanzen
ihr tanzt
sie, Sie tanzen

Perfekt

ich habe getanzt
[ih ha:bı gıtantst]
(dans ettim)
du hast getanzt
er, sie, es hat getanzt
wir haben getanzt
ihr habt getanzt
sie, Sie haben getanzt

Futur I

ich werde tanzen
[ih ve:rdı tantsın]
(dans edeceğim)
du wirst tanzen
er, sie, es wird tanzen
wir werden tanzen
ihr werdet tanzen
sie, Sie werden tanzen

Präteritum

ich tanzte
[ih tantstı]
(dans ettim)
du tanztest
er, sie, es tanzte
wir tanzten
ihr tanztet
sie, Sie tanzten

Plusquamperfekt

ich hatte getanzt
[ih hatı gıtantst]
(dans etmiştim)
du hast getanzt
er, sie, es hat getanzt
wir haben getanzt
ihr habt getanzt
sie, Sie haben getanzt

Futur II

ich werde getanzt haben
[ih ve:rdı gıtantst ha:bın]
(dans etmiş olacağım)
du wirst getanzt haben
er, sie, es wird getanzt haben
wir werden getanzt haben
ihr werdet getanzt haben
sie, Sie werden getanzt haben

KONJUNKTIV — DİLEK KİPİ

Konjunktiv I

ich tanze
[ih tantsı]
(dans ederim)
du tanzest
er, sie, es tanze
wir tanzen
ihr tanzet
sie, Sie tanzen

Perfekt

ich habe getanzt
[ih ha:bı gıtantst]
(dans etmişim)
du habest getanzt
er, sie, es habe getanzt
wir haben getanzt
ihr habet getanzt
sie, Sie haben getanzt

Futur I

ich werde tanzen
[ih ve:rdı tantsın]
(dans edecekmişim)
du werdest tanzen
er, sie, es werde tanzen
wir werden tanzen
ihr werdet tanzen
sie, Sie werden tanzen

Konjunktiv II

ich tanzte
[ih tantstı]
(dans ederdim)
du tanztest
er, sie, es tanzte
wir tanzten
ihr tanztet
sie, Sie tanzten

Plusquamperfekt

ich hätte getanzt
[ih hetı gıtantst]
(dans etmiş olsaydım)
du hättest getanzt
er, sie, es hätte getanzt
wir hätten getanzt
ihr hättet getanzt
sie, Sie hätten getanzt

Futur II

ich werde getanzt haben
[ih ve:rdı gıtantst ha:bın]
(dans etmiş olacaktım)
du werdest getanzt haben
er, sie, es werde getanzt haben
wir werden getanzt haben
ihr werdet getanzt haben
sie, Sie werden getanzt haben

Kullanım bilgisi ve örnekleri:

Sie tanzen einen Walzer.
Vals yapıyorlar.

Oma und Opa tanzen gern.
Anneanne ve dede dans etmeyi seviyorlar.

Sie tanzten stundenlang in der Disco.
Saatlerce diskotekte dans ettiler.

Würden Sie mit mir tanzen?
Benimle dans eder misiniz?

Das Schiff tanzt auf den Wellen.
Gemi dalgaların üzerinde dans ediyor.

Wollen wir heute Abend tanzen gehen?
Bu akşam dans etmeye gidelim mi?

Sie tanzt sehr gut.
Çok güzel dans ediyor.

Auf der Party haben alle getanzt.
Partide herkes dans etti.

Deyim şeklindeki kullanılışı:

Einen Tango tanzen. Tango yapmak.

Tanzen gehen. Dansa gitmek.

Mit jemandem tanzen. Birisiyle dans etmek.

Walzer tanzen. Vals yapmak.

Mir tanzt das Herz vor Freude. Çok sevinçliyim.

Sie muss ganz nach seiner Pfeife tanzen. Onun istediğini yapmak zorunda.

Mir tanzt alles vor den Augen. Başım dönüyor.

Imperativ	Emir şekli
du – tanz(e)!	dans et!
tanzen wir!	dans edelim!
ihr – tanzt!	dans edin!
tanzen Sie!	dans ediniz!

88 telefonieren [telefo'ni:rın] telefon etmek

telefonieren [telefo'ni:rın] - **telefonierte** [telefo'ni:rtı] - **hat telefoniert** [hat telefo'ni:rt]

INDIKATIV — BİLDİRME KİPİ

Präsens

ich telefoniere
[ih telefo'ni:rı]
(telefon ediyorum)
du telefonierst
er, sie, es telefoniert
wir telefonieren
ihr telefoniert
sie, Sie telefonieren

Perfekt

ich habe telefoniert
[ih ha:bı telefo'ni:rt]
(telefon ettim)
du hast telefoniert
er, sie, es hat telefoniert
wir haben telefoniert
ihr habt telefoniert
sie, Sie haben telefoniert

Futur I

ich werde telefonieren
[ih ve:rdı telefo'ni:rın]
(telefon edeceğim)
du wirst telefonieren
er, sie, es wird telefonieren
wir werden telefonieren
ihr werdet telefonieren
sie, Sie werden telefonieren

Präteritum

ich telefonierte
[ih telefo'ni:rtı]
(telefon ettim)
du telefoniertest
er, sie, es telefonierte
wir telefonierten
ihr telefoniertet
sie, Sie telefonierten

Plusquamperfekt

ich hatte telefoniert
[ih hatı telefo'ni:rt]
(telefon etmiştim)
du hast telefoniert
er, sie, es hat telefoniert
wir haben telefoniert
ihr habt telefoniert
sie, Sie haben telefoniert

Futur II

ich werde telefoniert haben
[ih ve:rdı telefo'ni:rt ha:bın]
(telefon etmiş olacağım)
du wirst telefoniert haben
er, sie, es wird telefoniert haben
wir werden telefoniert haben
ihr werdet telefoniert haben
sie, Sie werden telefoniert haben

KONJUNKTIV — DİLEK KİPİ

Konjunktiv I

ich telefoniere
[ih telefo'ni:rı]
(telefon ederim)
du telefonierest
er, sie, es telefoniere
wir telefonieren
ihr telefonieret
sie, Sie telefonieren

Perfekt

ich habe telefoniert
[ih ha:bı telefo'ni:rt]
(telefon etmişim)
du habest telefoniert
er, sie, es habe telefoniert
wir haben telefoniert
ihr habet telefoniert
sie, Sie haben telefoniert

Futur I

ich werde telefonieren
[ih ve:rdı telefo'ni:rın]
(telefon edecekmişim)
du werdest telefonieren
er, sie, es werde telefonieren
wir werden telefonieren
ihr werdet telefonieren
sie, Sie werden telefonieren

Konjunktiv II

ich telefonierte
[ih telefo'ni:rtı]
(telefon ederdim)
du telefoniertest
er, sie, es telefonierte
wir telefonierten
ihr telefoniertet
sie, Sie telefonierten

Plusquamperfekt

ich hätte telefoniert
[ih hetı telefo'ni:rt]
(telefon etmiş olsaydım)
du hättest telefoniert
er, sie, es hätte telefoniert
wir hätten telefoniert
ihr hättet telefoniert
sie, Sie hätten telefoniert

Futur II

ich werde telefoniert haben
[ih ve:rdı telefo'ni:rt ha:bın]
(telefon etmiş olacaktım)
du werdest telefoniert haben
er, sie, es werde telefoniert haben
wir werden telefoniert haben
ihr werdet telefoniert haben
sie, Sie werden telefoniert haben

Kullanım bilgisi ve örnekleri:

Wir telefonieren jeden Tag.
Her gün telefonlaşırız.

Er telefonierte mit seinem neuen Handy.
Yeni cep telefonuyla telefon etti.

Die Kinder telefonieren nach der Schule.
Çocuklar okuldan sonra telefonlaşıyorlar.

Sie telefoniert mit ihrem Mann.
Kocasıyla telefonlaşıyor.

Ich telefoniere nach einem Taxi.
Telefon ile taksi çağırıyorum.

Darf ich kurz mit deinem Handy telefonieren?
Cep telefonunla kısa bir telefon görüşmesi yapabilir miyim?

Telefonierst du immer noch, ich warte auf dich.
Halâ telefonla mı görüşüyorsun, seni bekliyorum.

Deyim şeklindeki kullanılışı:

Mit jemandem telefonieren. Birisiyle telefonda konuşmak.

Mit der Telefonkarte telefonieren. Telefon kartıyla telefon konuşmak.

Stundenlang telefonieren. Saatlerce telefonda konuşmak.

Mit dem Handy telefonieren. Cep telefonuyla telefon konuşmak.

Mit der Münze telefonieren. Jetonla telefon konuşmak.

Ganz kurz telefonieren. Çok kısa telefon etmek.

Nach Amerika telefonieren. Amerikaya telefon açmak.

Imperativ	Emir şekli
du – telefonier(e)!	telefon et!
telefonieren wir!	telefon edelim!
ihr – telefoniert!	telefon edin!
telefonieren Sie!	telefon ediniz!

89 tragen [tra:gın] taşımak

tragen [tra:gın] - trug [tru:g] - **hat getragen** [hat gıtra:gın]

INDIKATIV — BİLDİRME KİPİ

Präsens

ich trage
[ih tra:gı]
(taşıyorum)
du trägst
er, sie, es trägt
wir tragen
ihr tragt
sie, Sie tragen

Perfekt

ich habe getragen
[ih ha:bı gıtra:gın]
(taşıdım)
du hast getragen
er, sie, es hat getragen
wir haben getragen
ihr habt getragen
sie, Sie haben getragen

Futur I

ich werde tragen
[ih ve:rdı tra:gın]
(taşıyacağım)
du wirst tragen
er, sie, es wird tragen
wir werden tragen
ihr werdet tragen
sie, Sie werden tragen

Präteritum

ich trug
[ih tru:g]
(taşıdım)
du trugst
er, sie, es trug
wir trugen
ihr trugt
sie, Sie trugen

Plusquamperfekt

ich hatte getragen
[ih hatı gıtra:gın]
(taşımıştım)
du hattest getragen
er, sie, es hatte getragen
wir hatten getragen
ihr hattet getragen
sie, Sie hatten getragen

Futur II

ich werde getragen haben
[ih ve:rdı gıtra:gın ha:bın]
(taşımış olacağım)
du wirst getragen haben
er, sie, es wird getragen haben
wir werden getragen haben
ihr werdet getragen haben
sie, Sie werden getragen haben

KONJUNKTIV — DİLEK KİPİ

Konjunktiv I

ich trage
[ih tra:gı]
(taşırım)
du tragest
er, sie, es trage
wir tragen
ihr traget
sie, Sie tragen

Perfekt

ich habe getragen
[ih ha:bı gıtra:gın]
(taşımışım)
du habest getragen
er, sie, es habe getragen
wir haben getragen
ihr habet getragen
sie, Sie haben getragen

Futur I

ich werde tragen
[ih ve:rdı tra:gın]
(taşıyacaktım)
du werdest tragen
er, sie, es werde tragen
wir werden tragen
ihr werdet tragen
sie, Sie werden tragen

Konjunktiv II

ich trüge
[ih trü:gı]
(taşırdım)
du trügest
er, sie, es trüge
wir trügen
ihr trüget
sie, Sie trügen

Plusquamperfekt

ich hätte getragen
[ih he:tı gıtra:gın]
(taşımış olsaydım)
du hättest getragen
er, sie, es hätte getragen
wir hätten getragen
ihr hättet getragen
sie, Sie hätten getragen

Futur II

ich werde getragen haben
[ih ve:rdı gıtra:gın ha:bın]
(taşımış olacaktım)
du werdest getragen haben
er, sie, es werde getragen haben
wir werden getragen haben
ihr werdet getragen haben
sie, Sie werden getragen haben

Kullanım bilgisi ve örnekleri:

Unser Lehrer trägt immer einen Füller bei sich.
Öğretmenimiz daima yanında bir dolmakalem taşır.

Kannst du diesen Koffer tragen?
Bu bavulu taşıyabilir misin?

Lena trägt lieber Hosen als Röcke.
Lena etekten çok pantolon giyer.

Er trägt die Verantwortung für die Sicherheit.
Güvenlik bakımından sorumluluğu o taşır.

Deyim şeklindeki kullanılışı:

Jemanden auf Händen tragen. El üstünde tutmak.

Sich selbst tragen. Kendi kendini finanse etmek.

Etwas bei sich tragen. Yanında bir şey taşımak.

Auf dem Rücken tragen. Sırtında taşımak.

Benzer fiiller ve anlamları:

forttragen [fort'tra:gın] alıp götürmek

austragen [austra:gın] dağıtmak; yapmak

betragen [bıtra:gın] (hesap) tutmak; bulmak

eintragen [ayntra:gın] kaydetmek, yazmak

übertragen [ü:bır'tra:gın] aktarmak, nakletmek

vertragen [fer'tra:gın] dayanmak; kaldırmak

vortragen [fo:r'tra:gın] sunum yapmak, göstermek; açıklamak

Imperativ	Emir şekli
du – trag(e)!	taşı!
tragen wir!	taşıyalım!
ihr – tragt!	taşıyın!
tragen Sie!	taşıyınız!

90 trinken [trinkın] içmek

trinken [trinkın] - **trank** [trank] - **hat getrunken** [hat gıtrunkın]

INDIKATIV — BİLDİRME KİPİ

Präsens	Perfekt	Futur I
ich trinke	**ich habe getrunken**	**ich werde trinken**
[ih trinkı]	[ih ha:bı gıtrunkın]	[ih ve:rdı trinkın]
(içiyorum)	(içtim)	(içeceğim)
du trinkst	**du hast getrunken**	**du wirst trinken**
er, sie, es trinkt	**er, sie, es hat getrunken**	**er, sie, es wird trinken**
wir trinken	**wir haben getrunken**	**wir werden trinken**
ihr trinkt	**ihr habt getrunken**	**ihr werdet trinken**
sie, Sie trinken	**sie, Sie haben getrunken**	**sie, Sie werden trinken**

Präteritum	Plusquamperfekt	Futur II
ich trank	**ich hatte getrunken**	**ich werde getrunken haben**
[ih trank]	[ih hatı gıtrunkın]	[ih ve:rdı gıtrunkın ha:bın]
(içtim)	(içmiştim)	(içmiş olacağım)
du trankst	**du hattest getrunken**	**du wirst getrunken haben**
er, sie, es trank	**er, sie, es hatte getrunken**	**er, sie, es wird getrunken haben**
wir tranken	**wir hatten getrunken**	**wir werden getrunken haben**
ihr trankt	**ihr hattet getrunken**	**ihr werdet getrunken haben**
sie, Sie tranken	**sie, Sie hatten getrunken**	**sie, Sie werden getrunken haben**

KONJUNKTIV — DİLEK KİPİ

Konjunktiv I	Perfekt	Futur I
ich trinke	**ich habe getrunken**	**ich werde trinken**
[ih trinkı]	[ih ha:bı gıtrunkın]	[ih ve:rdı trinkın]
(içerim)	(içmişim)	(içecektim)
du trinkest	**du habest getrunken**	**du werdest trinken**
er, sie, es trinke	**er, sie, es habe getrunken**	**er, sie, es werde trinken**
wir trinken	**wir haben getrunken**	**wir werden trinken**
ihr trinket	**ihr habet getrunken**	**ihr werdet trinken**
sie, Sie trinken	**sie, Sie haben getrunken**	**sie, Sie werden trinken**

Konjunktiv II	Plusquamperfekt	Futur II
ich tränke	**ich hätte getrunken**	**ich werde getrunken haben**
[ih trenkı]	[ih he:tı gıtrunkın]	[ih ve:rdı gıtrunkın ha:bın]
(içerdim)	(içmiş olsaydım)	(içmiş olacaktım)
du tränkest	**du hättest getrunken**	**du werdest getrunken haben**
er, sie, tränke	**er, sie, es hätte getrunken**	**er, sie, es werde getrunken haben**
wir tränken	**wir hätten getrunken**	**wir werden getrunken haben**
ihr tränket	**ihr hättet getrunken**	**ihr werdet getrunken haben**
sie, Sie tränken	**sie, Sie hätten getrunken**	**sie, Sie werden getrunken haben**

AÇIKLAMALAR

Kullanım bilgisi ve örnekleri:

Ich möchte eine Tasse Kaffee trinken.
Bir fincan kahve içmek istiyorum.

Trinkst du gern Tee?
Çay içmeyi sever misin?

Großmutter trinkt gern Tee.
Anneanne çay içmeyi sever.

Der Mann trank ein Glas Bier.
Adam bir bardak bira içti.

Die Kinder wollen Eistee trinken.
Çocuklar buzlu çay içmek istiyor.

Möchtest du ein Glas Wasser trinken?
Bir bardak su içmek ister misin?

Deyim şeklindeki kullanılışı:

Milch trinken. Süt içmek.

Aus der Flasche trinken. Şişeden içmek.

Schnell trinken. Çabuk içmek.

Wein trinken. Şarap içmek.

Schnaps trinken. Kafayı çekmek.

Benzer fiiller ve anlamları:

austrinken [austrinkın] içip bitirmek

sich betrinken [bıtrinkın] içki içmek

ertrinken [ertrinkın] suda boğulmak

mittrinken [mittrinkın] birlikte içmek

Imperativ	Emir şekli
du – trink(e)!	iç!
trinken wir!	içelim!
ihr – trinkt!	için!
trinken Sie!	içiniz!

91 tun [tu:n] yapmak; etmek

tun [tu:n] - **tat** [ta:t] - **hat getan** [hat gıta:n]

INDIKATIV — BİLDİRME KİPİ

Präsens

ich tu(e)
[ih tu(ı)]
(yapıyorum)
du tust
er, sie, es tut
wir tun
ihr tut
sie, Sie tun

Perfekt

ich habe getan
[ih ha:bı gıtan]
(yaptım)
du hast getan
er, sie, es hat getan
wir haben getan
ihr habt getan
sie, Sie haben getan

Futur I

ich werde tun
[ih ve:rdı tu:n]
(yapacağım)
du wirst tun
er, sie, es wird tun
wir werden tun
ihr werdet tun
sie, Sie werden tun

Präteritum

ich tat
[ih ta:t]
(yaptım)
du tat(e)st
er, sie, es tat
wir taten
ihr tatet
sie, Sie taten

Plusquamperfekt

ich hatte getan
[ih hatı gıtan]
(yapmıştım)
du hattest getan
er, sie, es hatte getan
wir hatten getan
ihr hattet getan
sie, Sie hatten getan

Futur II

ich werde getan haben
[ih ve:rdı gıtan ha:bın]
(yapmış olacağım)
du wirst getan haben
er, sie, es wird getan haben
wir werden getan haben
ihr werdet getan haben
sie, Sie werden getan haben

KONJUNKTIV — DİLEK KİPİ

Konjunktiv I

ich tue
[ih tuı]
(yaparım)
du tuest
er, sie, es tue
wir tun
ihr tuet
sie, Sie tun

Perfekt

ich habe getan
[ih ha:bı gıtan]
(yapmışım)
du habest getan
er, sie, es habe getan
wir haben getan
ihr habet getan
sie, Sie haben getan

Futur I

ich werde tun
[ih ve:rdı tu:n]
(yapmış olacaktım)
du werdest tun
er, sie, es werde tun
wir werden tun
ihr werdet tun
sie, Sie werden tun

Konjunktiv II

ich täte
[ih te:tı]
(yapardım)
du tätest
er, sie, es täte
wir täten
ihr tätet
sie, Sie täten

Plusquamperfekt

ich hätte getan
[ih he:tı gıtan]
(yapmış olsaydım)
du hättest getan
er, sie, es hätte getan
wir hätten getan
ihr hättet getan
sie, Sie hätten getan

Futur II

ich werde getan haben
[ih ve:rdı gıtan ha:bın]
(yapmış olacaktım)
du werdest getan haben
er, sie, es werde getan haben
wir werden getan haben
ihr werdet getan haben
sie, Sie werden getan haben

Kullanım bilgisi ve örnekleri:

Meine Mutter tut Zucker in ihren Kaffee.
Annem kahvesine şeker atıyor.

Ich habe mein Bestes getan.
Elimden gelen en iyisini yaptım.

Du musst etwas für deine Gesundheit tun.
Sağlığın için bir şeyler yapmalısın.

Was kann ich für Sie tun?
Sizin için ne yapabilirim?

Deyim şeklindeki kullanılışı:

Etwas tun. Bir şey yapmak.

Gut tun. İyi gelmek.

Etwas Böses tun. Kötü bir şey yapmak.

Etwas aus Neid tun. Kıskançlıktan dolayı bir şey yapmak.

Benzer fiiller ve anlamları:

abtun [aptu:n] (gözlük) çıkarmak; geçiştirmek

antun [antu:n] iyilik/kötülük yapmak

groß tun [gro:s tu:n] böbürlenmek

vertun [fer'tu:n] harcamak

sich vertun [zih fer'tu:n] yanılmak

weh tun [ve: tu:n] acımak

Imperativ	Emir şekli
du – tu(e)!	yap!
tun wir!	yapalım!
ihr – tut!	yapın!
tun Sie!	yapınız!

92 **vergessen** [fer'gesın] unutmak

vergessen [fer'gesın] - **vergaß** [fer'ga:s] - **hat vergessen** [hat fer'gesın]

INDIKATIV — BİLDİRME KİPİ

Präsens

ich vergesse
[ih fer'gesı]
(unutuyorum)
du vergisst
er, sie, es vergisst
wir vergessen
ihr vergesst
sie, Sie vergessen

Perfekt

ich habe vergessen
[ih ha:bı fer'gesın]
(unuttum)
du hast vergessen
er, sie, es hat vergessen
wir haben vergessen
ihr habt vergessen
sie, Sie haben vergessen

Futur I

ich werde vergessen
[ih ve:rdı fer'gesın]
(unutacağım)
du wirst vergessen
er, sie, es wird vergessen
wir werden vergessen
ihr werdet vergessen
sie, Sie werden vergessen

Präteritum

ich vergaß
[ih fer'ga:s]
(unuttum)
du vergaßt
er, sie, es vergaß
wir vergaßen
ihr vergaßt
sie, Sie vergaßen

Plusquamperfekt

ich hatte vergessen
[ih hatı fer'gesın]
(unutmuştum)
du hattest vergessen
er, sie, es hatte vergessen
wir hatten vergessen
ihr hattet vergessen
sie, Sie hatten vergessen

Futur II

ich werde vergessen haben
[ih ve:rdı fer'gesın ha:bın]
(unutmuş olacağım)
du wirst vergessen haben
er, sie, es wird vergessen haben
wir werden vergessen haben
ihr werdet vergessen haben
sie, Sie werden vergessen haben

KONJUNKTIV — DİLEK KİPİ

Konjunktiv I

ich vergesse
[ih fer'gesı]
(unuturum)
du vergessest
er, sie, es vergesse
wir vergessen
ihr vergesset
sie, Sie vergessen

Perfekt

ich habe vergessen
[ih ha:bı fer'gesın]
(unutmuşum)
du habest vergessen
er, sie, es habe vergessen
wir haben vergessen
ihr habet vergessen
sie, Sie haben vergessen

Futur I

ich werde vergessen
[ih ve:rdı fer'gesın]
(unutacaktım)
du werdest vergessen
er, sie, es werde vergessen
wir werden vergessen
ihr werdet vergessen
sie, Sie werden vergessen

Konjunktiv II

ich vergäße
[ih fer'ge:sı]
(unuturdum)
du vergäßest
er, sie, es vergäße
wir vergäßen
ihr vergäßet
sie, Sie vergäßen

Plusquamperfekt

ich hätte vergessen
[ih hetı fer'gesın]
(unutmuş olsaydım)
du hättest vergessen
er, sie, es hätte vergessen
wir hätten vergessen
ihr hättet vergessen
sie, Sie hätten vergessen

Futur II

ich werde vergessen haben
[ih ve:rdı fer'gesın ha:bın]
(unutmuş olacaktım)
du werdest vergessen haben
er, sie, es werde vergessen haben
wir werden vergessen haben
ihr werdet vergessen haben
sie, Sie werden vergessen haben

Kullanım bilgisi ve örnekleri:

Lara hat ihre Zahnspange vergessen.
Lara diş telini unuttu.

Ich habe meine Hausaufgaben in der Schule vergessen.
Ev ödevlerimi okulda unuttum.

Sie vergisst immer uns zu begrüßen.
Hep bize selam vermeyi unutuyor.

Ich habe wieder vergessen, ihr eine E-Mail zu schreiben.
Ona e-posta yazmayı yine unuttum.

Meine Mutter hatte den Namen der Straße vergessen.
Annem sokağın adını unutmuştu.

Er vergisst, sein Auto zu reparieren.
Otomobilini tamir etmeyi unutuyor.

Deyim şeklindeki kullanılışı:

Eine Telefonnummer vergessen. Bir telefon numarasını unutmak.

Den Schlüssel vergessen. Anahtarı unutmak.

Etwas sein Leben lang nicht vergessen. Bir şeyi ömrü boyunca unutmamak.

Das kannst du vergessen! Unut gitsin!

Ehe ich es vergesse. Sahi unutmadan.

Auf den Termin vergessen. Randevusunu unutmak.

Türetilen şekilleri:

sich vergessen [zih fer'gesın] kendini unutmak

Imperativ	Emir şekli
du – vergiss(e)!	unut!
vergessen wir!	unutalım!
ihr – vergesst!	unutun!
vergessen Sie!	unutunuz!

93 verkaufen [fer'kaufın] satmak

verkaufen [fer'kaufın] - **verkaufte** [fer'kauftı] - **hat verkauft** [hat fer'kauft]

INDIKATIV — BİLDİRME KİPİ

Präsens

ich verkaufe
[ih fer'kaufı]
(satıyorum)
du verkaufst
er, sie, es verkauft
wir verkaufen
ihr verkauft
sie, Sie verkaufen

Präteritum

ich verkaufte
[ih fer'kauftı]
(sattım)
du verkauftest
er, sie, es verkaufte
wir verkauften
ihr verkauftet
sie, Sie verkauften

Perfekt

ich habe verkauft
[ih ha:bı fer'kauft]
(sattım)
du hast verkauft
er, sie, es hat verkauft
wir haben verkauft
ihr habt verkauft
sie, Sie haben verkauft

Plusquamperfekt

ich hatte verkauft
[ih hatı fer'kauft]
(satmıştım)
du hast verkauft
er, sie, es hat verkauft
wir haben verkauft
ihr habt verkauft
sie, Sie haben verkauft

Futur I

ich werde verkaufen
[ih ve:rdı fer'kaufın]
(satacağım)
du wirst verkaufen
er, sie, es wird verkaufen
wir werden verkaufen
ihr werdet verkaufen
sie, Sie werden verkaufen

Futur II

ich werde verkauft haben
[ih ve:rdı fer'kauft ha:bın]
(satmış olacağım)
du wirst verkauft haben
er, sie, es wird verkauft haben
wir werden verkauft haben
ihr werdet verkauft haben
sie, Sie werden verkauft haben

KONJUNKTIV — DİLEK KİPİ

Konjunktiv I

ich verkaufe
[ih fer'kaufı]
(satarım)
du verkaufest
er, sie, es verkaufe
wir verkaufen
ihr verkaufet
sie, Sie verkaufen

Konjunktiv II

ich verkaufte
[ih fer'kauftı]
(satardım)
du verkauftest
er, sie, es verkaufte
wir verkauften
ihr verkauftet
sie, Sie verkauften

Perfekt

ich habe verkauft
[ih ha:bı fer'kauft]
(satmışım)
du habest verkauft
er, sie, es habe verkauft
wir haben verkauft
ihr habet verkauft
sie, Sie haben verkauft

Plusquamperfekt

ich hätte verkauft
[ih hetı fer'kauft]
(satmış olsaydım)
du hättest verkauft
er, sie, es hätte verkauft
wir hätten verkauft
ihr hättet verkauft
sie, Sie hätten verkauft

Futur I

ich werde verkaufen
[ih ve:rdı fer'kaufın]
(satacaktım)
du werdest verkaufen
er, sie, es werde verkaufen
wir werden verkaufen
ihr werdet verkaufen
sie, Sie werden verkaufen

Futur II

ich werde verkauft haben
[ih ve:rdı fer'kauft ha:bın]
(satmış olacaktım)
du werdest verkauft haben
er, sie, es werde verkauft haben
wir werden verkauft haben
ihr werdet verkauft haben
sie, Sie werden verkauft haben

Kullanım bilgisi ve örnekleri:

Unsere Nachbarn verkaufen ihr Haus.
Komşularımız evini satıyor.

Verkaufst du nicht deinen Laptop?
Dizüstü bilgisayarını satmıyor musun?

Der Musiker will sein Klavier verkaufen.
Müzisyen piyanosunu satmak istiyor.

Er möchte sein Auto so teuer wie möglich verkaufen.
Otomobilini mümkün olduğunca pahalıya satmak istiyor.

Die neuen Häuser mit Garten verkaufen sich gut.
Bahçeli yeni evler iyi satılıyor.

Wir wollen unser Auto doch nicht verkaufen.
Otomobilimizi yine de satmak istemiyoruz.

Deyim şeklindeki kullanılışı:

Billig verkaufen. Ucuza satmak.

Für 100 Euro verkaufen. 100 Euro'ya satmak.

Für wenig Geld verkaufen. Az paraya satmak.

Sich teuer verkaufen. Kendini pahalıya satmak.

Jemanden für dumm verkaufen. Birini aptal yerine koymak.

Sich gut verkaufen. İyi satılmak.

Zu Schleuderpreisen verkaufen. Yok pahasına (ucuza) satmak.

Türetilen şekilleri:

sich verkaufen [zih fer'kaufın] satılmak; kendini satmak

Imperativ	Emir şekli
du – verkauf(e)!	sat!
verkaufen wir!	satalım!
ihr – verkauft!	satın!
verkaufen Sie!	satınız!

94 **wählen** [ve:lın] seçmek; seçim yapmak; oy vermek

wählen [ve:lın] - **wählte** [ve:ltı] - **hat gewählt** [hat gıve:lt]

INDIKATIV — BİLDİRME KİPİ

Präsens

ich wähle
[ih ve:lı]
(seçiyorum)
du wählst
er, sie, es wählt
wir wählen
ihr wählt
sie, Sie wählen

Perfekt

ich habe gewählt
[ih ha:bı gıve:lt]
(seçtim)
du hast gewählt
er, sie, es hat gewählt
wir haben gewählt
ihr habt gewählt
sie, Sie haben gewählt

Futur I

ich werde wählen
[ih ve:rdı ve:lın]
(seçeceğim)
du wirst wählen
er, sie, es wird wählen
wir werden wählen
ihr werdet wählen
sie, Sie werden wählen

Präteritum

ich wählte
[ih ve:ltı]
(seçtim)
du wähltest
er, sie, es wählte
wir wählten
ihr wähltet
sie, Sie wählten

Plusquamperfekt

ich hatte gewählt
[ih hatı gıve:lt]
(seçmiştim)
du hast gewählt
er, sie, es hat gewählt
wir haben gewählt
ihr habt gewählt
sie, Sie haben gewählt

Futur II

ich werde gewählt haben
[ih ve:rdı gıve:lt ha:bın]
(seçmiş olacağım)
du wirst gewählt haben
er, sie, es wird gewählt haben
wir werden gewählt haben
ihr werdet gewählt haben
sie, Sie werden gewählt haben

KONJUNKTIV — DİLEK KİPİ

Konjunktiv I

ich wähle
[ih ve:lı]
(seçerim)
du wählest
er, sie, es wähle
wir wählen
ihr wählet
sie, Sie wählen

Perfekt

ich habe gewählt
[ih ha:bı gıve:lt]
(seçmişim)
du habest gewählt
er, sie, es habe gewählt
wir haben gewählt
ihr habet gewählt
sie, Sie haben gewählt

Futur I

ich werde wählen
[ih ve:rdı ve:lın]
(seçecekmişim)
du werdest wählen
er, sie, es werde wählen
wir werden wählen
ihr werdet wählen
sie, Sie werden wählen

Konjunktiv II

ich wählte
[ih ve:ltı]
(seçerdim)
du wähltest
er, sie, es wählte
wir wählten
ihr wähltet
sie, Sie wählten

Plusquamperfekt

ich hätte gewählt
[ih hetı gıve:lt]
(seçmiş olsaydım)
du hättest gewählt
er, sie, es hätte gewählt
wir hätten gewählt
ihr hättet gewählt
sie, Sie hätten gewählt

Futur II

ich werde gewählt haben
[ih ve:rdı gıve:lt ha:bın]
(seçmiş olacaktım)
du werdest gewählt haben
er, sie, es werde gewählt haben
wir werden gewählt haben
ihr werdet gewählt haben
sie, Sie werden gewählt haben

Kullanım bilgisi ve örnekleri:

Welche Partei hast du zuletzt gewählt?
En son hangi partiye oy verdin?

Ich habe die falsche Nummer gewählt.
Yanlış numara çevirdim.

Du kannst zwischen zwei Möglichkeiten wählen.
İki fırsattan birini seçebilirsin.

Sie wurde zur Präsidentin gewählt.
Başkanlığa seçildi.

Als Nachspeise wählte sie Milchreis.
Yemek sonrası soğukluk olarak sütlacı seçti.

Ich wähle unsere Hausnummer, aber niemand ist zu Hause.
Ev numaramızı çeviriyorum, fakat evde kimse yok.

Deyim şeklindeki kullanılışı:

Einen Beruf wählen. Bir meslek seçmek.

Jemanden wählen. Birisini seçmek; birisine oy vermek.

Konservativ wählen. Muhafazakâr oy vermek.

Die Nummer 112 wählen. 112'yi çevirmek.

Türetilen şekilleri:

abwählen [apve:lın] seçimle görevden alınmak; seçmemek

auswählen [ausve:lın] seçmek; ayırmak

durchwählen [durhve:lın] otomatik olarak aramak

sich verwählen [zih fer've:lın] yanlış numara çevirmek

Imperativ	Emir şekli
du – wähl(e)!	seç!
wählen wir!	seçelim!
ihr – wählt!	seçin!
wählen Sie!	seçiniz!

95 **warten** [va:rtın] beklemek; bakımını yapmak

warten [va:rtın] - **wartete** [va:rtıtı] - **hat gewartet** [hat gıva:rtıt]

INDIKATIV — BİLDİRME KİPİ

Präsens

ich warte
[**ih** va:**r**tı]
(bekliyorum)
du wartest
er, sie, es wartet
wir warten
ihr wartet
sie, Sie warten

Perfekt

ich habe gewartet
[**ih** ha:bı gıva:**r**tıt]
(bekledim)
du hast gewartet
er, sie, es hat gewartet
wir haben gewartet
ihr habt gewartet
sie, Sie haben gewartet

Futur I

ich werde warten
[**ih** ve:**r**dı va:**r**tın]
(bekleyeceğim)
du wirst warten
er, sie, es wird warten
wir werden warten
ihr werdet warten
sie, Sie werden warten

Präteritum

ich wartete
[**ih** va:**r**tıtı]
(bekledim)
du wartetest
er, sie, es wartete
wir warteten
ihr wartetet
sie, Sie warteten

Plusquamperfekt

ich hatte gewartet
[**ih** hatı gıva:**r**tıt]
(beklemiştim)
du hast gewartet
er, sie, es hat gewartet
wir haben gewartet
ihr habt gewartet
sie, Sie haben gewartet

Futur II

ich werde gewartet haben
[**ih** ve:**r**dı gıva:**r**tıt ha:bın]
(beklemiş olacağım)
du wirst gewartet haben
er, sie, es wird gewartet haben
wir werden gewartet haben
ihr werdet gewartet haben
sie, Sie werden gewartet haben

KONJUNKTIV — DİLEK KİPİ

Konjunktiv I

ich warte
[**ih** va:**r**tı]
(beklerim)
du wartest
er, sie, es warte
wir warten
ihr wartet
sie, Sie warten

Perfekt

ich habe gewartet
[**ih** ha:bı gıva:**r**tıt]
(beklemişim)
du habest gewartet
er, sie, es habe gewartet
wir haben gewartet
ihr habet gewartet
sie, Sie haben gewartet

Futur I

ich werde warten
[**ih** ve:**r**dı va:**r**tın]
(bekleyecektim)
du werdest warten
er, sie, es werde warten
wir werden warten
ihr werdet warten
sie, Sie werden warten

Konjunktiv II

ich wartete
[**ih** va:**r**tıtı]
(beklerdim)
du wartetest
er, sie, es wartete
wir warteten
ihr wartetet
sie, Sie warteten

Plusquamperfekt

ich hätte gewartet
[**ih** hetı gıva:**r**tıt]
(beklemiş olsaydım)
du hättest gewartet
er, sie, es hätte gewartet
wir hätten gewartet
ihr hättet gewartet
sie, Sie hätten gewartet

Futur II

ich werde gewartet haben
[**ih** ve:**r**dı gıva:**r**tıt ha:bın]
(beklemiş olacaktım)
du werdest gewartet haben
er, sie, es werde gewartet haben
wir werden gewartet haben
ihr werdet gewartet haben
sie, Sie werden gewartet haben

Kullanım bilgisi ve örnekleri:

Wir haben gewartet bis alle da waren.
Hepsi oraya gelene kadar bekledik.

Ich will nicht mehr länger warten.
Daha fazla beklemek istemiyorum.

Worauf warten wir denn noch?
Halâ neyi bekliyoruz ki?

Er wartet an der Bushaltestelle.
Otobüs durağında bekliyor.

Wartest du immer noch auf deinen Mann?
Halâ kocanı mı bekliyorsun?

Könnten Sie einen Augenblick warten?
Bir dakika bekler misiniz?

Deyim şeklindeki kullanılışı:

Das kann warten. Daha vakti var.

Tagelang warten. Günlerce beklemek.

Ungeduldig warten. Sabırsızca beklemek.

Warte auf mich! Bekle beni!

Warte nur ab! Bekle bakalım!

Das war zu erwarten. Bu zaten bekleniyordu.

Türetilen şekilleri:

abwarten [apvartın] beklemek

erwarten [ervartın] beklemek; ummak

Imperativ	Emir şekli
du – warte!	bekle!
warten wir!	bekleyelim!
ihr – wartet!	bekleyin!
warten Sie!	bekleyiniz!

96 waschen [vaşın] yıkamak

waschen [vaşın] - **wusch** [vuş] - **hat gewaschen** [hat gıvaşın]

INDIKATIV — BİLDİRME KİPİ

Präsens

ich wasche
[**ih** vaşı]
(yıkıyorum)
du wäschst
er, sie, es wäscht
wir waschen
ihr wascht
sie, Sie waschen

Perfekt

ich habe gewaschen
[**ih** ha:bı gıvaşın]
(yıkadım)
du hast gewaschen
er, sie, es hat gewaschen
wir haben gewaschen
ihr habt gewaschen
sie, Sie haben gewaschen

Futur I

ich werde waschen
[**ih** ve:rdı vaşın]
(yıkayacağım)
du wirst waschen
er, sie, es wird waschen
wir werden waschen
ihr werdet waschen
sie, Sie werden waschen

Präteritum

ich wusch
[**ih** vuş]
(yıkadım)
du wuschst
er, sie, es wusch
wir wuschen
ihr wuscht
sie, Sie wuschen

Plusquamperfekt

ich hatte gewaschen
[**ih** hatı gıvaşın]
(yıkamıştım)
du hattest gewaschen
er, sie, es hatte gewaschen
wir hatten gewaschen
ihr hattet gewaschen
sie, Sie hatten gewaschen

Futur II

ich werde gewaschen haben
[**ih** ve:rdı gıvaşın ha:bın]
(yıkamış olacağım)
du wirst gewaschen haben
er, sie, es wird gewaschen haben
wir werden gewaschen haben
ihr werdet gewaschen haben
sie, Sie werden gewaschen haben

KONJUNKTIV — DİLEK KİPİ

Konjunktiv I

ich wasche
[**ih** vaşı]
(yıkarım)
du waschest
er, sie, es wasche
wir waschen
ihr waschet
sie, Sie waschen

Perfekt

ich habe gewaschen
[**ih** ha:bı gıvaşın]
(yıkamışım)
du habest gewaschen
er, sie, es habe gewaschen
wir haben gewaschen
ihr habet gewaschen
sie, Sie haben gewaschen

Futur I

ich werde waschen
[**ih** ve:rdı vaşın]
(yıkamış olacakmışım)
du werdest waschen
er, sie, es werde waschen
wir werden waschen
ihr werdet waschen
sie, Sie werden waschen

Konjunktiv II

ich wüsche
[**ih** vüşı]
(yıkardım)
du wüschest
er, sie, es wüsche
wir wüschen
ihr wüschet
sie, Sie wüschen

Plusquamperfekt

ich hätte gewaschen
[**ih** he:tı gıvaşın]
(yıkamış olsaydım)
du hättest gewaschen
er, sie, es hätte gewaschen
wir hätten gewaschen
ihr hättet gewaschen
sie, Sie hätten gewaschen

Futur II

ich werde gewaschen haben
[**ih** ve:rdı gıvaşın ha:bın]
(yıkamış olacaktım)
du werdest gewaschen haben
er, sie, es werde gewaschen haben
wir werden gewaschen haben
ihr werdet gewaschen haben
sie, Sie werden gewaschen haben

AÇIKLAMALAR

Kullanım bilgisi ve örnekleri:

Hast du schon deine Hände gewaschen?
Ellerini yıkadın mı?

Die Kinder waschen sich mit Wasser und Seife.
Çocuklar su ve sabunla yıkanıyorlar.

Er wäscht sich zweimal täglich.
Günde iki kez yıkanır.

Wo kann ich mir die Hände gewaschen?
Ellerimi nerede yıkayabilirim?

Er hat sich das Haar gewaschen.
Saçlarını yıkadı.

Herr Schwarz wäscht sein Auto.
Bay Schwarz otomobilini yıkıyor.

Deyim şeklindeki kullanılışı:

Gründlich waschen. İyice yıkamak.

Wäsche waschen. Çamaşır yıkamak.

Sich warm waschen. Sıcak suyla yıkanmak.

Einen Pullover waschen. Bir kazak yıkamak.

Benzer fiiller ve anlamları:

abwaschen [apvaşın] bulaşık yıkamak

aufwaschen [aufvaşın] yıkamak

auswaschen [ausvaşın] yıkamak, yıkayarak çıkarmak

sich waschen [zih vaşın] yıkanmak

Imperativ	Emir şekli
du – wasch(e)!	yıka!
waschen wir!	yıkayalım!
ihr – wascht!	yıkayın!
waschen Sie!	yıkayınız!

97 **wissen** [visın] bilmek

wissen [visın] - **wusste** [vustı] - **hat gewusst** [hat gıvust]

INDIKATIV — BİLDİRME KİPİ

Präsens

ich weiß
[ih vays]
(biliyorum)
du weißt
er, sie, es weiß
wir wissen
ihr wisst
sie, Sie wissen

Perfekt

ich habe gewusst
[ih ha:bı gıvust]
(bildim)
du hast gewusst
er, sie, es hat gewusst
wir haben gewusst
ihr habt gewusst
sie, Sie haben gewusst

Futur I

ich werde wissen
[ih ve:rdı visın]
(bileceğim)
du wirst wissen
er, sie, es wird wissen
wir werden wissen
ihr werdet wissen
sie, Sie werden wissen

Präteritum

ich wusste
[ih vustı]
(biliyordum)
du wusstest
er, sie, es wusste
wir wussten
ihr wusstet
sie, Sie wussten

Plusquamperfekt

ich hatte gewusst
[ih hatı gıvust]
(bilmiştim)
du hattest gewusst
er, sie, es hatte gewusst
wir hatten gewusst
ihr hattet gewusst
sie, Sie hatten gewusst

Futur II

ich werde gewusst haben
[ih ve:rdı gıvust ha:bın]
(bilmiş olacağım)
du wirst gewusst haben
er, sie, es wird gewusst haben
wir werden gewusst haben
ihr werdet gewusst haben
sie, Sie werden gewusst haben

KONJUNKTIV — DİLEK KİPİ

Konjunktiv I

ich wisse
[ih visı]
(bilirim)
du wissest
er, sie, es wisse
wir wissen
ihr wisset
sie, Sie wissen

Perfekt

ich habe gewusst
[ih ha:bı gıvust]
(bilmiştim)
du habest gewusst
er, sie, es habe gewusst
wir haben gewusst
ihr habet gewusst
sie, Sie haben gewusst

Futur I

ich werde wissen
[ih ve:rdı visın]
(bilmiş olacakmışım)
du werdest wissen
er, sie, es werde wissen
wir werden wissen
ihr werdet wissen
sie, Sie werden wissen

Konjunktiv II

ich wüsste
[ih vüstı]
(bilirdim)
du wüsstest
er, sie, es wüsste
wir wüssten
ihr wüsstet
sie, Sie wüssten

Plusquamperfekt

ich hätte gewusst
[ih hetı gıvust]
(bilmiş olsaydım)
du hättest gewusst
er, sie, es hätte gewusst
wir hätten gewusst
ihr hättet gewusst
sie, Sie hätten gewusst

Futur II

ich werde gewusst haben
[ih ve:rdı gıvust ha:bın]
(bilmiş olacaktım)
du werdest gewusst haben
er, sie, es werde gewusst haben
wir werden gewusst haben
ihr werdet gewusst haben
sie, Sie werden gewusst haben

Kullanım bilgisi ve örnekleri:

Sie wollte wissen, wann wir sie besuchen kommen.
Kendisini ne zaman ziyarete geleceğimizi bilmek istedi.

Weißt du schon, dass Markus bald Vater wird?
Markus'un yakında baba olacağını biliyor musun?

Ich weiß nicht, ob er mitkommt.
Onun da gelip gelmeyeceğini bilmiyorum.

Ali hat die Antwort sofort gewusst.
Ali cevabı hemen bildi.

Woher soll ich das wissen?
Ben nereden bileyim?

Weißt du noch, wie es damals in Deutschland war?
Eskiden Almanya nasıldı biliyor musun?

Mehr weiß ich nicht.
Daha fazlasını bilmiyorum.

Weißt du vielleicht, wo er wohnt?
Nerede oturduğunu belki sen biliyor musun?

Sie möchte wissen, ob sie Recht hat.
Haklı olup olmadığını bilmek istiyor.

Deyim şeklindeki kullanılışı:

Ich weiß. Biliyorum.

Ich weiß nicht. Bilmiyorum.

Nicht, dass ich wüsste. Haberim yok.

Weißt du was? Biliyor musun?

Weiß Gott! Allah (Tanrı) bilir?

Imperativ	Emir şekli
du – wisse!	bil!
wissen wir!	bilelim!
ihr – wisst!	bilin!
wissen Sie!	biliniz!

98 wollen [volın] istemek

wollen [volın] - **wollte** [voltı] - **hat gewollt** [hat gıvolt]

INDIKATIV — BİLDİRME KİPİ

Präsens

ich will
[ih vil]
(istiyorum)
du willst
er, sie, es will
wir wollen
ihr wollt
sie, Sie wollen

Perfekt

ich habe gewollt
[ih ha:bı gevolt]
(istedim)
du hast gewollt
er, sie, es hat gewollt
wir haben gewollt
ihr habt gewollt
sie, Sie haben gewollt

Futur I

ich werde wollen
[ih ve:rdı volın]
(isteyeceğim)
du wirst wollen
er, sie, es wird wollen
wir werden wollen
ihr werdet wollen
sie, Sie werden wollen

Präteritum

ich wollte
[ih voltı]
(istedim)
du wolltest
er, sie, es wollte
wir wollten
ihr wolltet
sie, Sie wollten

Plusquamperfekt

ich hatte gewollt
[ih hatı gıvolt]
(istemiştim)
du hattest gewollt
er, sie, es hatte gewollt
wir hatten gewollt
ihr hattet gewollt
sie, Sie hatten gewollt

Futur II

ich werde gewollt haben
[ih ve:rdı gıvolt ha:bın]
(istemiş olacağım)
du wirst gewollt haben
er, sie, es wird gewollt haben
wir werden gewollt haben
ihr werdet gewollt haben
sie, Sie werden gewollt haben

KONJUNKTIV — DİLEK KİPİ

Konjunktiv I

ich wolle
[ih volı]
(isterim)
du wollest
er, sie, es wolle
wir wollen
ihr wollet
sie, Sie wollen

Perfekt

ich habe gewollt
[ih ha:bı gıvolt]
(istemiş olmuştum)
du habest gewollt
er, sie, es habe gewollt
wir haben gewollt
ihr habet gewollt
sie, Sie haben gewollt

Futur I

ich werde wollen
[ih ve:rdı volın]
(istemiş olacakmışım)
du werdest wollen
er, sie, es werde wollen
wir werden wollen
ihr werdet wollen
sie, Sie werden wollen

Konjunktiv II

ich wollte
[ih voltı]
(isterdim)
du wolltest
er, sie, es wollte
wir wollten
ihr wolltet
sie, Sie wollten

Plusquamperfekt

ich hätte gewollt
[ih hetı gıvolt]
(istemiş olsaydım)
du hättest gewollt
er, sie, es hätte gewollt
wir hätten gewollt
ihr hättet gewollt
sie, Sie hätten gewollt

Futur II

ich werde gewollt haben
[ih ve:rdı gıvolt ha:bın]
(istemiş olacaktım)
du werdest gewollt haben
er, sie, es werde gewollt haben
wir werden gewollt haben
ihr werdet gewollt haben
sie, Sie werden gewollt haben

AÇIKLAMALAR

Kullanım bilgisi ve örnekleri:

"**Wollen**" yardımcı fiili "bir şeyi ya da o işi yapmayı kesin istemek" anlamına gelir. Şahıs zamirleriyle birlikte çekimlenir, yardımcı olduğu tam fiil ise "**Infinitiv**" yani "mastar" halinde sona gelir.

Ich will heute nicht Basketball spielen.
Bugün basketbol oynamak istemiyorum.

Er will den Arzt sehen.
Doktoru görmek istiyor.

Willst du ein Stück Kuchen?
Bir parça pasta ister misin?

Oma wollte noch nicht ins Bett.
Babaanne henüz yatmak istemedi.

Wir wollen jetzt nicht in die Schule gehen.
Şimdi okula gitmek istemiyoruz.

Ich will sehen, was passiert.
Ne olacağını görmek istiyorum.

Deyim şeklindeki kullanılışı:

Das ist nichts zu wollen. Bundan bir şey çıkmaz.

Wir wollen gehen! Gidelim!

Etwas machen wollen. Bir şeyi yapmayı istemek.

Ohne es zu wollen. İstemeden.

Ob wir wollen oder nicht. İstesek de istemesek de.

Türetilen şekilleri:

zurückwollen [tsu'rükwolın] geri dönmeyi istemek

mitwollen [mitvolın] birisiyle gitmeyi istemek

Imperativ	Emir şekli
-	-
-	-
-	-
-	-

99 zahlen [tsa:lın] ödemek

zahlen [tsa:lın] - **zahlte** [tsa:ltı] - **hat gezahlt** [hat gıtsa:lt]

INDIKATIV — BİLDİRME KİPİ

Präsens

ich zahle
[ih tsa:lı]
(ödeyorum)
du zahlst
er, sie, es zahlt
wir zahlen
ihr zahlt
sie, Sie zahlen

Perfekt

ich habe gezahlt
[ih ha:bı gıtsa:lt]
(ödedim)
du hast gezahlt
er, sie, es hat gezahlt
wir haben gezahlt
ihr habt gezahlt
sie, Sie haben gezahlt

Futur I

ich werde zahlen
[ih ve:rdı tsa:lın]
(ödeyeceğim)
du wirst zahlen
er, sie, es wird zahlen
wir werden zahlen
ihr werdet zahlen
sie, Sie werden zahlen

Präteritum

ich zahlte
[ih tsa:ltı]
(ödedim)
du zahltest
er, sie, es zahlte
wir zahlten
ihr zahltet
sie, Sie zahlten

Plusquamperfekt

ich hatte gezahlt
[ih hatı gıtsa:lt]
(ödemiştim)
du hast gezahlt
er, sie, es hat gezahlt
wir haben gezahlt
ihr habt gezahlt
sie, Sie haben gezahlt

Futur II

ich werde gezahlt haben
[ih ve:rdı gıtsa:lt ha:bın]
(ödemiş olacağım)
du wirst gezahlt haben
er, sie, es wird gezahlt haben
wir werden gezahlt haben
ihr werdet gezahlt haben
sie, Sie werden gezahlt haben

KONJUNKTIV — DİLEK KİPİ

Konjunktiv I

ich zahle
[ih tsa:lı]
(öderim)
du zahlest
er, sie, es zahle
wir zahlen
ihr zahlet
sie, Sie zahlen

Perfekt

ich habe gezahlt
[ih ha:bı gıtsa:lt]
(ödemişim)
du habest gezahlt
er, sie, es habe gezahlt
wir haben gezahlt
ihr habet gezahlt
sie, Sie haben gezahlt

Futur I

ich werde zahlen
[ih ve:rdı tsa:lın]
(ödeyecekmişim)
du werdest zahlen
er, sie, es werde zahlen
wir werden zahlen
ihr werdet zahlen
sie, Sie werden zahlen

Konjunktiv II

ich zahlte
[ih tsa:ltı]
(öderdim)
du zahltest
er, sie, es zahlte
wir zahlten
ihr zahltet
sie, Sie zahlten

Plusquamperfekt

ich hätte gezahlt
[ih hetı gıtsa:lt]
(ödemiş olsaydım)
du hättest gezahlt
er, sie, es hätte gezahlt
wir hätten gezahlt
ihr hättet gezahlt
sie, Sie hätten gezahlt

Futur II

ich werde gezahlt haben
[ih ve:rdı gıtsa:lt ha:bın]
(ödemiş olacaktım)
du werdest gezahlt haben
er, sie, es werde gezahlt haben
wir werden gezahlt haben
ihr werdet gezahlt haben
sie, Sie werden gezahlt haben

AÇIKLAMALAR

Kullanım bilgisi ve örnekleri:

Hast du die Reise nach Antalya bezahlt?
Antalya seyahatini sen mi ödedin?

Dieser Kunde zahlt immer pünktlich.
Bu müşteri daima zamanında ödeme yapar.

Zahlen Sie bar oder mit der Kreditkarte?
Nakit mi yoksa kredi kartı ile mi ödeyeceksiniz?

Deyim şeklindeki kullanılışı:

Ich möchte bitte zahlen! Hesap lütfen!

Bar zahlen. Nakit ödemek.

Mit einem Scheck zahlen. Çek ile ödemek.

Gut bezahlt. Ücreti iyi.

Türetilen şekilleri:

abzahlen [aptsa:lın] taksitle ödemek

anzahlen [antsa:lın] peşinat ödemek

auszahlen [austsa:lın] ödeme yapmak

bezahlen [bıtsa:lın] ödemek

einzahlen [ayntsa:lın] ödemek, yatırmak

nachzahlen [na:htsa:lın] parasının farkını ödemek

zurückzahlen [tsu'rüktsa:lın] geri ödemek

Imperativ	Emir şekli
du – zahl(e)!	öde!
zahlen wir!	ödeyelim!
ihr – zahlt!	ödeyin!
zahlen Sie!	ödeyiniz!

100 zeigen [tsaygın] göstermek

zeigen [tsaygın] - **zeigte** [tsayktı] - **hat gezeigt** [hat gıtsaykt]

INDIKATIV — BİLDİRME KİPİ

Präsens

ich zeige
[ih tsaygı]
(gösteriyorum)
du zeigst
er, sie, es zeigt
wir zeigen
ihr zeigt
sie, Sie zeigen

Perfekt

ich habe gezeigt
[ih ha:bı gıtsaygt]
(gösterdim)
du hast gezeigt
er, sie, es hat gezeigt
wir haben gezeigt
ihr habt gezeigt
sie, Sie haben gezeigt

Futur I

ich werde zeigen
[ih ve:rdı tsaygın]
(göstereceğim)
du wirst zeigen
er, sie, es wird zeigen
wir werden zeigen
ihr werdet zeigen
sie, Sie werden zeigen

Präteritum

ich zeigte
[ih tsaygtı]
(gösterdim)
du zeigtest
er, sie, es zeigte
wir zeigten
ihr zeigtet
sie, Sie zeigten

Plusquamperfekt

ich hatte gezeigt
[ih hatı gıtsaygt]
(göstermiştim)
du hast gezeigt
er, sie, es hat gezeigt
wir haben gezeigt
ihr habt gezeigt
sie, Sie haben gezeigt

Futur II

ich werde gezeigt haben
[ih ve:rdı gıtsaygt ha:bın]
(göstermiş olacağım)
du wirst gezeigt haben
er, sie, es wird gezeigt haben
wir werden gezeigt haben
ihr werdet gezeigt haben
sie, Sie werden gezeigt haben

KONJUNKTIV — DİLEK KİPİ

Konjunktiv I

ich zeige
[ih tsaygı]
(gösteririm)
du zeigest
er, sie, es zeige
wir zeigen
ihr zeiget
sie, Sie zeigen

Perfekt

ich habe gezeigt
[ih ha:bı gıtsaygt]
(göstermişim)
du habest gezeigt
er, sie, es habe gezeigt
wir haben gezeigt
ihr habet gezeigt
sie, Sie haben gezeigt

Futur I

ich werde zeigen
[ih ve:rdı tsaygın]
(gösterecekmişim)
du werdest zeigen
er, sie, es werde zeigen
wir werden zeigen
ihr werdet zeigen
sie, Sie werden zeigen

Konjunktiv II

ich zeigte
[ih tsaygtı]
(gösterirdim)
du zeigtest
er, sie, es zeigte
wir zeigten
ihr zeigtet
sie, Sie zeigten

Plusquamperfekt

ich hätte gezeigt
[ih hetı gıtsaygt]
(göstermiş olsaydım)
du hättest gezeigt
er, sie, es hätte gezeigt
wir hätten gezeigt
ihr hättet gezeigt
sie, Sie hätten gezeigt

Futur II

ich werde gezeigt haben
[ih ve:rdı gıtsaygt ha:bın]
(göstermiş olacaktım)
du werdest gezeigt haben
er, sie, es werde gezeigt haben
wir werden gezeigt haben
ihr werdet gezeigt haben
sie, Sie werden gezeigt haben

Kullanım bilgisi ve örnekleri:

Zeigst du mir deinen neuen Laptop?
Bana yeni diz üstü bilgisayarını gösterir misin?

Die Kinder zeigen uns ihre Lehrer.
Çocuklar bize öğretmenlerini gösteriyor.

Sie zeigt mir ihr neues Kleid.
Bana yeni elbisesini gösteriyor.

Er zeigt den Gästen die Wohnung.
Misafirlere evi gösteriyor.

Sie zeigt, was sie gelernt hat.
Neler öğrendiğini gösteriyor.

Deyim şeklindeki kullanılışı:

Jemandem etwas zeigen. Birisine bir şey göstermek.

Seinen Ärger zeigen. Kızgınlığını göstermek.

Seine Freude zeigen. Sevincini göstermek.

Dir werde ich's zeigen! Ben sana gösteririm!

Türetilen şekilleri:

anzeigen [antsaygın] ihbar etmek

aufzeigen [auftsaygın] göstermek

sich zeigen [zi**h** tsaygın] ortaya çıkmak, anlaşılmak

vorzeigen [fo:**r**tsaygın] göstermek

Imperativ	Emir şekli
du – zeig(e)!	göster!
zeigen wir!	gösterelim!
ihr – zeigt!	gösterin!
zeigen Sie!	gösteriniz!

UNREGELMÄSSIGE VERBEN – DÜZENSİZ FİİLLER LİSTESİ

Infinitiv	**Präteritum**	**Perfekt**
Mastar	Şimdiki Zamanın Hikayesi	Di'li Geçmiş Zaman
backen	**backte**	**hat gebacken**
befehlen	**befahl**	**hat befohlen**
beginnen	**begann**	**hat begonnen**
beißen	**biss**	**hat gebissen**
bewegen	**bewog**	**hat bewogen**
biegen	**bog**	**hat gebogen**
bieten	**bot**	**hat geboten**
binden	**band**	**hat gebunden**
bitten	**bat**	**hat gebeten**
blasen	**blies**	**hat geblasen**
bleiben	**blieb**	**ist geblieben**
braten	**briet**	**hat gebraten**
brechen	**brach**	**hat gebrochen**
brennen	**brannte**	**hat gebrannt**
bringen	**brachte**	**hat gebracht**
denken	**dachte**	**hat gedacht**
dürfen	**durfte**	**hat gedurft**
empfangen	**empfing**	**hat empfangen**
empfehlen	**empfahl**	**hat empfohlen**
empfinden	**empfand**	**hat empfunden**
erlöschen	**erlosch**	**ist erloschen**
erschrecken	**erschrak**	**ist erschrocken**
essen	**aß**	**hat gegessen**
fahren	**fuhr**	**ist/hat gefahren**
fallen	**fiel**	**hat gefallen**
fangen	**fing**	**hat gefangen**
finden	**fand**	**hat gefunden**
fliegen	**flog**	**ist/hat geflogen**
fliehen	**floh**	**ist geflohen**

Infinitiv Mastar	Präteritum Şimdiki Zamanın Hikayesi	Perfekt Di'li Geçmiş Zaman
fließen	**floss**	**hat geflossen**
fressen	**fraß**	**hat gefressen**
frieren	**fror**	**hat gefroren**
geben	**gab**	**hat gegeben**
gehen	**ging**	**ist gegangen**
gelingen	**gelang**	**ist gelungen**
gelten	**galt**	**hat gegolten**
genesen	**genas**	**hat genesen**
genießen	**genoss**	**hat genossen**
geschehen	**geschah**	**ist geschehen**
gewinnen	**gewann**	**hat gewonnen**
gießen	**goss**	**hat gegossen**
gleichen	**glich**	**hat geglichen**
graben	**grub**	**hat gegraben**
greifen	**griff**	**hat gegriffen**
haben	**hatte**	**hat gehabt**
halten	**hielt**	**hat gehalten**
hängen	**hing**	**ist, hat gehangen**
hauen	**haute**	**hat gehauen**
heben	**hob**	**hat gehoben**
heißen	**hieß**	**hat geheißen**
helfen	**half**	**hat geholfen**
kennen	**kannte**	**hat gekannt**
klingen	**klang**	**hat geklungen**
kommen	**kam**	**ist gekommen**
können	**konnte**	**hat gekonnt**
laden	**lud**	**hat geladen**
lassen	**ließ**	**hat gelassen**
laufen	**lief**	**ist gelaufen**
leiden	**litt**	**hat gelitten**
leihen	**lieh**	**hat geliehen**

Infinitiv	**Präteritum**	**Perfekt**
Mastar	Şimdiki Zamanın Hikayesi	Di'li Geçmiş Zaman
lesen	**las**	**hat gelesen**
liegen	**lag**	**hat gelegen**
lügen	**log**	**hat gelogen**
messen	**maß**	**hat gemessen**
mögen	**mochte**	**hat gemocht**
müssen	**müsste**	**hat gemusst**
nehmen	**nahm**	**hat genommen**
nennen	**nannte**	**hat genannt**
pfeifen	**pfiff**	**hat gepfiffen**
raten	**riet**	**hat geraten**
reiben	**rieb**	**hat gerieben**
reiten	**ritt**	**hat geritten**
rennen	**rannte**	**ist, hat gerannt**
riechen	**roch**	**hat gerochen**
ringen	**rang**	**hat gerungen**
rufen	**rief**	**hat gerufen**
salzen	**salzte**	**hat gesalzen**
schaffen	**schaffte**	**hat geschafft**
scheiden	**schied**	**hat geschieden**
scheinen	**schien**	**hat geschienen**
schieben	**schob**	**hat geschoben**
schießen	**schoss**	**hat geschossen**
schlafen	**schlief**	**hat geschlafen**
schlagen	**schlug**	**hat geschlagen**
schließen	**schloss**	**hat geschlossen**
schmeißen	**schmiss**	**hat geschmissen**
schmelzen	**schmolz**	**ist geschmolzen**
schneiden	**schnitt**	**hat geschnitten**
schreiben	**schrieb**	**hat geschrieben**
schreien	**schrie**	**hat geschri(e)en**
schweigen	**schwieg**	**hat geschwiegen**

Infinitiv	Präteritum	Perfekt
Mastar	Şimdiki Zamanın Hikayesi	Di'li Geçmiş Zaman
sehen	**sah**	**hat gesehen**
sein	**war**	**ist gewesen**
senden	**sandte, sendete**	**hat gesandt, gesendet**
singen	**sang**	**hat gesungen**
sitzen	**saß**	**hat gesessen**
sollen	**sollte**	**hat gesollt**
sprechen	**sprach**	**hat gesprochen**
springen	**sprang**	**ist gesprungen**
stechen	**stach**	**hat gestochen**
stehen	**stand**	**ist, hat gestanden**
stehlen	**stahl**	**hat gestohlen**
steigen	**stieg**	**ist, hat gestiegen**
sterben	**starb**	**ist gestorben**
stinken	**stank**	**hat gestunken**
stoßen	**stieß**	**hat gestoßen**
streiten	**stritt**	**hat gestritten**
tragen	**trug**	**hat getragen**
treffen	**traf**	**hat getroffen**
treiben	**trieb**	**hat getrieben**
treten	**tritt**	**hat getreten**
trinken	**trank**	**hat getrunken**
tun	**tat**	**hat getan**
vergessen	**vergaß**	**hat vergessen**
verlieren	**verlor**	**hat verloren**
verzeihen	**verzieh**	**hat verziehen**
wachsen	**wuchs**	**ist gewachsen**
waschen	**wusch**	**hat gewaschen**
werden	**wurde**	**ist geworden**
werfen	**warf**	**hat geworfen**
wiegen	**wog**	**hat gewogen**

wissen	**wusste**	**hat gewusst**
wollen	**wollte**	**hat gewollt**
ziehen	**zog**	**hat gezogen**
zwingen	**zwang**	**hat gezwungen**

KONJUNKTIV I und II DER UNREGELMÄSSIGEN VERBEN
DÜZENSİZ FİİLLERİN KONJUNKTIV I ve KONJUNKTIV II şekilleri

Fiil Infinitiv / Mastar	Konjunktiv I (er, sie, es / ich)	Konjunktiv II (er, sie, es / ich)
backen	backe	backte
befehlen	befehle	beföhle
beginnen	beginne	begönne
beißen	beiße	bisse
bergen	berge	bärge
betrügen	betrüge	betröge
bewegen	bewege	bewöge
biegen	biege	böge
bieten	biete	böte
binden	binde	bände
bitten	bitte	bäte
blasen	blase	bliese
bleiben	bleibe	bliebe
bleichen	bleiche	bliche
braten	brate	briete
brechen	breche	bräche
brennen	brenne	brennte
bringen	bringe	brächte
denken	denke	dächte
dringen	dringe	dränge
dürfen	dürfe	dürfte
empfangen	empfange	empfinge
empfehlen	empfehle	empföhle
empfinden	empfinde	empfände
erschrecken	erschrecke	erschräke
essen	esse	äße
fahren	fahre	führe
fallen	falle	fiele
fangen	fange	finge
fechten	fechte	föchte
finden	finde	fände
fliegen	fliege	flöge
fliehen	fliehe	flöhe

Fiil Infinitiv / Mastar	Konjunktiv I (er, sie, es / ich)	Konjunktiv II (er, sie, es / ich)
fließen	**fließe**	**flösse**
fressen	**fresse**	**fräße**
frieren	**friere**	**fröre**
gebären	**gebäre**	**gebäre**
geben	**gebe**	**gäbe**
gehen	**gehe**	**ginge**
gelingen	**gelinge**	**gelänge**
gelten	**gelte**	**gölte**
genesen	**genese**	**genäse**
genießen	**genieße**	**genösse**
geschehen	**geschehe**	**geschähe**
gewinnen	**gewinne**	**gewönne**
gießen	**gieße**	**gösse**
gleichen	**gleiche**	**gliche**
gleiten	**gleite**	**glitte**
glimmen	**glimme**	**glömme**
graben	**grabe**	**grübe**
greifen	**greife**	**griffe**
haben	**habe**	**hätte**
halten	**halte**	**hielte**
hängen	**hänge**	**hinge**
heben	**hebe**	**höbe**
heißen	**heiße**	**hieße**
helfen	**helfe**	**hülfe**
kennen	**kenne**	**kennte**
klingen	**klinge**	**klänge**
kneifen	**kneife**	**kniffe**
kommen	**komme**	**käme**
können	**könne**	**könnte**
kriechen	**krieche**	**kröche**
laden	**lade**	**lüde**
lassen	**lasse**	**liesse**
laufen	**laufe**	**liefe**
leiden	**leide**	**litte**
leihen	**leihe**	**liehe**

Fiil Infinitiv / Mastar	Konjunktiv I (er, sie, es / ich)	Konjunktiv II (er, sie, es / ich)
lesen	lese	läse
liegen	liege	läge
lügen	lüge	löge
mahlen	mahle	mahlte
meiden	meide	miede
melken	melke	melkte
messen	messe	mäße
misslingen	misslinge	misslänge
mögen	möge	möchte
müssen	müsse	müsste
nehmen	nehme	nähme
nennen	nenne	nennte
pfeifen	pfeife	pfiffe
preisen	preise	priese
quellen	quelle	quölle
raten	rate	riete
reiben	riebe	riebe
reißen	reiße	risse
reiten	reite	ritte
rennen	renne	rennte
riechen	rieche	röche
ringen	ringe	ränge
rinnen	rinne	ränne
rufen	rufe	riefe
saufen	saufe	söffe
saugen	sauge	söge
schaffen	schaffe	schüfe
schallen	schalle	schölle
scheiden	scheide	schiede
scheren	schere	schöre
schieben	schiebe	schöbe
schießen	schieße	schösse
schlafen	schlafe	schliefe
schlagen	schlage	schlüge
schleichen	schleiche	schliche

Fiil Infinitiv / Mastar	Konjunktiv I (er, sie, es / ich)	Konjunktiv II (er, sie, es / ich)
schleifen	schleife	schliffe
schließen	schließe	schlösse
schmeißen	schmeiße	schmisse
schmelzen	schmelze	schmölze
schneiden	schneide	schnitte
schreiben	schreibe	schriebe
schreien	schreie	schrie
schreiten	schreite	schritte
schweigen	schweige	schwiege
schwellen	schwelle	schwölle
schwimmen	schwimme	schwömme
schwingen	schwinge	schwänge
schwören	schwöre	schwüre
sehen	sehe	sähe
sein	sei	wäre
senden	sende	sendete
singen	singe	sänge
sinken	sinke	sänke
sitzen	sitze	säße
sollen	solle	sollte
sprechen	spreche	spräche
sprießen	sprieße	sprösse
springen	springe	spränge
stechen	steche	stäche
stehen	stehe	stände
stehlen	stehle	stähle
steigen	steige	stiege
sterben	sterbe	stürbe
stinken	stinke	stänke
stoßen	stoße	stieße
streichen	streiche	striche
streiten	streite	stritte
tragen	trage	trüge
treffen	treffe	träfe
treiben	treibe	triebe

Fiil Infinitiv / Mastar	Konjunktiv I (er, sie, es / ich)	Konjunktiv II (er, sie, es / ich)
treten	trete	träte
trinken	trinke	tränke
tun	tue	täte
verbieten	verbiete	verböte
vergessen	vergesse	vergäße
verlieren	verliere	verlöre
verzeihen	verzeihe	verziehe
wachsen	wachse	wüchse
waschen	wasche	wüsche
weben	webe	wöbe
weichen	weiche	wiche
wenden	wende	wendete
werden	werde	würde
werfen	werfe	würfe
wiegen	wiege	wöge
wissen	wisse	wüsste
wollen	wolle	wöllte
ziehen	ziehe	zöge
zwingen	zwinge	zwänge

VERBTABELLEN IN ALPHABETISCHER REIHENFOLGE
ALFABETİK FİİL TABLOSU

Fiil No	Almancası	Okunuşu	Türkçesi	Sayfa
01	haben	[ha:bın]	sahip (var) olmak	20
02	sein	[zayn}	olmak	22
03	werden	[ve:rdın]	olmak	24
04	sagen	[za:gın]	söylemek	26
05	anziehen	[antsiın]	giymek	28
06	verstehen	[fer'şte:ın]	anlamak	30
07	sich freuen	[zih froyın]	sevinmek	32
08	sich überlegen	[zih übırle:gın]	düşünüp taşınmak	34
09	gebraucht werden	[gıbrauht ve:rdın]	kullanılmak	36
10	geflogen sein	[gıflo:gın zayn]	uçmuş olmak	38
-----	-----	-----	-----	-----
11	antworten	[antvortın]	cevap vermek	40
12	arbeiten	[arbaytın]	çalışmak	42
13	bauen	[bauın]	kurmak	44
14	beginnen	[bıginın]	başlamak	46
15	beißen	[baysın]	ısırmak	48
16	bleiben	[blaybın]	kalmak	50

Fiil No	Almancası	Okunuşu	Türkçesi	Sayfa
17	**danken**	[dankın]	teşekkür etmek	52
18	**denken**	[denkın]	düşünmek	54
19	**drücken**	[drükın]	basmak	56
20	**dürfen**	[dürfın]	izinli olmak	58
21	**essen**	[esın]	yemek yemek	60
22	**fahren**	[fa:rın]	(araçla) gitmek	62
23	**fangen**	[fangın]	yakalamak	64
24	**finden**	[findın]	bulmak	66
25	**fliegen**	[fli:gın]	uçmak	68
26	**fragen**	[fra:gın]	(soru) sormak	70
27	**frühstücken**	[frü:ştükın]	kahvaltı etmek	72
28	**führen**	[fü:rın]	yönetmek	74
29	**füllen**	[fülın]	doldurmak	76
30	**geben**	[ge:bın]	vermek	78
31	**gehen**	[ge:ın]	gitmek	80
32	**glauben**	[glaubın]	inanmak	82
33	**gratulieren**	[gratu'li:rın]	tebrik etmek	84

Fiil No	Almancası	Okunuşu	Türkçesi	Sayfa
34	**heißen**	[haysın]	adı/ismi ... olmak	86
35	**helfen**	[helfın]	yardım etmek	88
36	**holen**	[ho:lın]	(gidip) almak	90
37	**informieren**	[informi:rın]	bilgi vermek	92
38	**kaufen**	[kaufın]	satın almak	94
39	**kennen**	[kenın]	tanımak	96
40	**kochen**	[kohın]	pişirmek	98
41	**kommen**	[komın]	gelmek	100
42	**können**	[könın]	(bir şeyi) yapabilmek	102
43	**küssen**	[küsın]	öpmek	104
44	**lachen**	[lahın]	gülmek	106
45	**laden**	[la:dın]	yüklemek	108
46	**lassen**	[lasın]	bırakmak	110
47	**laufen**	[laufın]	koşmak	112
48	**legen**	[le:gın]	(yatık olarak) koymak	114
49	**lernen**	[lernın]	öğrenmek	116

Fiil No	Almancası	Okunuşu	Türkçesi	Sayfa
50	**lesen**	[le:zın]	okumak	118
51	**lieben**	[li:bın]	sevmek	120
52	**liegen**	[li:gın]	yatmak	122
53	**machen**	[ma**h**ın]	yapmak	124
54	**malen**	[ma:lın]	boyamak	126
55	**messen**	[mesın]	ölçmek	128
56	**mögen**	[mö:gın]	beğenmek	130
57	**müssen**	[müsın]	zorunda olmak	132
58	**nehmen**	[ne:mın]	almak	134
59	**öffnen**	[öfnın]	açmak	136
60	**parken**	[parkın]	park etmek	138
61	**passen**	[pasın]	uymak	140
62	**prüfen**	[prü:fın]	kontrol etmek	142
63	**rauchen**	[rau**h**ın]	sigara içmek	144
64	**reisen**	[rayzın]	seyahat etmek	146
65	**tanzen**	[tantsın]	dans etmek	148

Fiil No	Almancası	Okunuşu	Türkçesi	Sayfa
66	**richten**	[rihtın]	yöneltmek	150
67	**schauen**	[şauın]	bakmak	152
68	**schenken**	[şenkın]	hediye etmek	154
69	**schlafen**	[şla:fın]	uyumak	156
70	**schlagen**	[şla:gın]	vurmak	158
71	**schließen**	[şli:sın]	kapa(t)mak	160
72	**schneiden**	[şnaydın]	kesmek	162
73	**schreiben**	[şraybın]	yazmak	164
74	**schreien**	[şrayın]	bağırmak	166
75	**schwimmen**	[şvimın]	yüzmek	168
76	**sehen**	[ze:ın]	görmek	170
77	**senden**	[zendın]	göndermek	172
78	**singen**	[zingın]	şarkı söylemek	174
79	**sitzen**	[zitsın]	oturmak	176
80	**sollen**	[zolın]	gerekli olmak	178
81	**spielen**	[şpi:lın]	oynamak	180
82	**sprechen**	[şprehın]	konuşmak	182

Fiil No	Almancası	Okunuşu	Türkçesi	Sayfa
83	**springen**	[şpringın]	atlamak	184
84	**stehen**	[şte:ın]	(dik olarak) durmak	186
85	**stellen**	[ştelın]	(dik olarak) koymak	188
86	**suchen**	[zu:hın]	aramak	190
87	**tanzen**	[tantsın]	dans etmek	192
88	**telefonieren**	[telefo'ni:rın]	telefon etmek	194
89	**tragen**	[tra:gın]	taşımak	196
90	**trinken**	[trinkın]	içmek	198
91	**tun**	[tu:n]	yapmak	200
92	**vergessen**	[fer'gesın]	unutmak	202
93	**verkaufen**	[fer'kaufın]	satmak	204
94	**wählen**	[ve:lın]	seçmek	206
95	**warten**	[va:rtın]	beklemek	208
96	**waschen**	[vaşın]	yıkamak	210
97	**wissen**	[visın]	bilmek	212
98	**wollen**	[volın]	istemek	214
99	**zahlen**	[tsa:lın]	ödemek	216
100	**zeigen**	[tsaygın]	göstermek	218

„Die Tanzenden wurden für verrückt gehalte
von denjenigen, die die Musik nicht
hören konnten"

Nietzsche